¡El libro de Olga es absolutamente extraordinario! Es un relato asombroso de sanación que seguramente ayudará a cualquier profesional en el campo de ayuda quien quiera tener una mayor comprensión sobre el TID, la complejidad de la dinámica del abuso sexual infantil y el proceso de sanación. Este libro nos proporciona una perspectiva única acerca del poder de una relación terapéutica, de la increíble travesía a la sanación y de la magnífica fuerza y mecanismos de supervivencia de las/os sobrevivientes de trauma. Olga, gracias por compartir esto con el mundo.

—Josephine V. Serrata, Ph.D. Psicóloga Certificada

"Sincero, profundo e inspirador, como su autora.
En *La suma de mis partes* Olga Trujillo comparte su vida y nos brinda la posibilidad de entender el desarrollo y evolución del Trastorno de identidad disociativo. Una historia atravesada tanto por el dolor como por la esperanza. Un relato que refleja la importancia de un comprometido proceso terapéutico, así como de todas aquellas miradas llenas de amor que tienen la fuerza suficiente como para transformar la vida."

—Lic. Luciana Rossi, miembro titular del Centro de terapia cognitiva de Buenos Aires

LA SUMA DE MIS PARTES

la historia de una mujer que pudo sobrevivir abuso
durante su infancia
gracias a haber desarrollado
trastorno de identidad disociativo (TID)

Olga Trujillo

Copyright © 2019 por Olga Trujillo

Todos los derechos reservados. No está permitida la reproducción, distribución o trasmisión de esta publicación de ninguna manera ni por medio alguno, lo que incluye fotocopiar, grabar o usar cualquier otro método o mecanismo electrónico, a menos que se haga con autorización por escrito de la autora, que sean citas breves incluidas en artículos de análisis crítico sobre la publicación, o en el caso de otros usos con un fin comercial expresado dentro de lo que está permitido por la Ley de Derechos de Autor. Cualquier solicitud de permiso debe ser enviada por escrito a la autora, indicando en el encabezamiento lo siguiente "Solicitud de Reproducción", a la siguiente dirección electrónica:
olga@olgatrujillo.com o escribiendo un mensaje a la página web de la autora http://olgatrujillo.com/contact/

Nota de la editora: En esta obra algunos nombres de personas, lugares y eventos fueron cambiados con la intención de respetar la privacidad o de crear ciertas atmósferas que pudieran facilitar la comprensión del contenido.

El diseño de este libro fue realizado por ©2019 BookDesignTemplates.com

Información para ordenar el libro:
Ventas al por mayor: Se conceden descuentos especiales para compras al por mayor realizadas por corporaciones, asociaciones o cualquier otra persona o entidad. Si le interesa recibir información más detallada sobre cómo realizar un pedido, puede ponerse en contacto con la autora, escribiéndole al correo electrónico arriba provisto.

La Suma de Mis Partes / Olga Trujillo. – 1a edición.
ISBN 978-1-7333080-0-7

Nota al lector

Nota de la editora: Para la autora es de suma importancia el uso de un lenguaje inclusivo en cuanto al género, haciendo honor a la existencia de identidades múltiples y actitudes en cuanto a la orientación sexual de las personas. Sin embargo, aunque su preferencia normalmente hubiera sido usar en esta traducción una de las opciones que reflejan una actitud inclusiva de ambos géneros (como podría ser el uso de la "x", "@" o "las/los"), la autora ha elegido, no obstante, el empleo de un uso más tradicional del idioma español, con el objetivo de evitar cualquier posible confusión para aquellos/as lectores/as que tal vez no se hallen familiarizados/as con dichas opciones inclusivas. Los/as lectores/as observarán en ocasiones, a lo largo del libro, el uso de "os/as" en aquellas instancias que hacerlo se volvió necesario con el propósito de resaltar el hecho de que se hace referencia ambos géneros.

Dedico este libro a Doña Graciela, mi vecina, y a quienes le siguieron: directores de programas para jóvenes, maestros, entrenadores, tutores y padres de amistades. Sus actos de bondad, por pequeños que puedan haberles parecido, y la motivación cotidiana que de ellos recibí, me ayudaron a sobrevivir e hicieron posible que pudiera llegar a convertirme en la persona que soy hoy.

Índice

Agradecimientos — xi

Prólogo — xiii

Cómo sobreviví el infierno — 1

Cómo aprendí a ver en la oscuridad — 101

Abriendo puertas — 173

Elegir no huir — 251

Epílogo — 303

Acerca de la autora — 315

Agradecimientos

Mi compañera Casey y yo hemos creado un hogar lleno de amor en el que he hallado más felicidad de la que jamás creí posible. Es aquí que pude encontrar la paz y fortaleza necesarias para poder escribir con claridad y humildad. Sin su apoyo y su amor no me hubiera sido posible escribir este libro.

Decir gracias no podría siquiera empezar a expresar lo agradecida que estoy a mi psiquiatra por andar el sendero conmigo. Siempre voy a sentirme agradecida por la profundidad y el alcance de su compasión y por su dedicación a mi proceso de sanación.

Gracias Dr. Rich Chefetz (Dr. Summer) por salvarme la vida. Nuestro trabajo en terapia es lo mejor que he hecho y sigo cosechando los beneficios muchos años después de ese tiempo juntos.

Angela Autry Gorden recordó que hace como diecisiete años yo tenía el sueño de escribir un libro y ella me ha ayudado a lo largo de todo este proceso, con infinita bondad y paciencia. También gracias a ella fue que pasé de no saber cómo lo haría, a confiar en que yo poseía capacidad para escribirlo. ¡Angela sin dudas tiene un talento indiscutible!

El profundo conocimiento de Jess Beebe y sus maravillosas contribuciones al manuscrito hicieron posible en gran medida que este sea un libro claro y entendible.

Gracias, Heidi Notario, una amiga increíble y parte de mi familia elegida por todo su apoyo para que mi libro sea traducido al español.

¡Gracias Marisela Chaplin por cuidar tan bien de mi libro como lo tradujo al español!

Finalmente, gracias a Rosemi Mederos por editar esta traducción al español de mi libro con tanto cuidado.

Prólogo

A veces siento como que pertenezco a un club secreto cuyos miembros se entienden entre sí de una manera que otras personas no se entenderían. Cuando hablo con otros miembros de este club, les podría decir que, "Mi mente parecía una casa con muchas puertas". Los miembros de este club me podrían responder que la mente de ellos era como un autobús o un gavetero.

Ser capaz de conversar con alguien y poder mencionar algo relacionado con las partes que conforman mi yo y que la persona que está sentada frente a mí me pueda responder de forma afirmativa con un simple gesto de cabeza, es algo indescriptible para mí. Son este tipo de momentos que me permiten saber que no me encuentro sola.

En 1993 se me diagnosticó con trastorno de identidad disociativo (TID) cuando tenía treinta y un años de edad. Llevo ya desde entonces muchos años aprendiendo sobre la condición de TID: qué es, cómo afecta mi vida, cómo llegaron a formarse distintas partes de mí misma y cómo, aún teniendo TID, me es posible vivir una vida normal y llena de alegría. En este libro describo en detalle mi historia.

Por veinte años me he dedicado profesionalmente a ofrecer charlas y a asesorar sobre cómo educar sobre el tema del trauma y cómo diseñar sistemas comunitarios de apoyo para supervivientes de violencia. En conferencias y reuniones en que he participado a lo largo del país, tuve la oportunidad de conocer a personas que me dijeron que ellas, también, padecen de TID. Cuando eso ha sucedido, nos hemos puesto de inmediato en la búsqueda de algún sitio tranquilo para hablar y empezamos a comparar nuestras experiencias.

Hace poco conocí a una mujer que se sentía devastada porque hacía poco tiempo la habían diagnosticado con TID. Le dije, "Recuerdo cuando estaba en la misma situación que estás ahora. Tenía miedo de mí misma, pero pronto entendí que continuaba siendo la misma persona de siempre, a diferencia de que ahora tenía más conocimiento de mí misma". La mujer me miró con los ojos llenos de lágrimas y me dijo, "Nunca se me había ocurrido verlo de esa manera".

Lo que espero al escribir sobre mi experiencia de TID es que otras personas que hayan sido diagnosticadas con esta condición puedan sentir que no están solas y puedan adquirir más información sobre el trastorno. Estas personas necesitan saber que la manera creativa que les hizo posible sobrellevar su trauma no es su culpa. Me entristece que este club al que pertenecemos sea secreto, pues no debería serlo. Quiero ponerle cara humana a lo que algunos piensan es una enfermedad psiquiátrica de horror y misterio.

Existe una mala fama que es asociada al TID (y a su forma más extrema de expresión: el trastorno de personalidad múltiple) y es mi propósito que se llegue a ver más allá de la etiqueta y, en mi caso específico, que puedan verme a mí; a una mujer de éxito, elocuente, cuya condición de TID hizo posible sobrevivir. Muchas otras personas como yo han logrado triunfar a pesar de, o tal vez precisamente gracias a, haber desarrollado TID. Podemos vivir (y vivimos) unas vidas plenas y felices, a pesar de lo que nos hicieron. Somos más que la legendaria suma de nuestras partes.

Este libro está basado solamente en mi experiencia personal y no pretende describir ni definir la experiencia de nadie más. Toda persona que tiene TID los experimenta de una manera diferente y única. Mi esperanza es poder ayudar a que, partiendo de mi experiencia personal, el TID pueda llegar a entenderse mejor, ya sea si usted como lector/a padece de esta condición o si conoce a alguien que la padece.

Si usted ha sido diagnosticado/a con TID, espero que este libro le sirva para poder comunicar a otras personas hasta qué punto su experiencia es similar a la mía y/o cómo es la suya diferente. Y si usted tiene un compañero/a de trabajo que padece de TID o se encuentra en una relación íntima con alguien que tiene esta condición; me gustaría que recuerdes que esa persona es la experta con respecto a su situación y es quien está mejor capacitada para explicar cómo se siente y lo que piensa. Probablemente la experiencia de otras personas que también tienen TID va a ser en gran medida similar a la mía, aunque tal vez es posible que sea muy diferente.

…

Este libro está basado en mis recuerdos de lo que aconteció. Algunos de estos hechos sucedieron hace ya más de cuarenta años, cuando yo era muy joven. Como sabemos, los recuerdos no son siempre perfectos. Además, la mayoría de los estudiosos del cerebro y de cómo se desarrollan los recuerdos son de la opinión de que los niños/as, a edades tan tempranas como los tres años de edad, no son capaces de retener recuerdos a la manera ni en la secuencia que acontecen los hechos en la vida cotidiana. Encima de esto, estudios también han revelado que el trauma cambia la forma en que el cerebro captura en la memoria los recuerdos.

Muchas cosas serias acontecieron que estaban repletas de terror y violencia y quedaron grabadas en mi mente cuando yo era muy joven; y los recuerdos que retengo de esos hechos son vívidos y detallados. Aunque no pueda recordar la fecha exacta de un acontecimiento cuando la fecha no tenía importancia ni puedo recordar el año exacto en que algo ocurrió si era algo que sucedía a menudo, aún así mis recuerdos de eventos traumáticos son mucho más confiables que mis recuerdos de cosas cotidianas.

Cuando hablo ante un público, les digo, como en broma, que mi excelente e increíble memoria es como un súper poder con el que fui dotada. Incluso a mí misma a veces me sorprende y me consterna la habilidad que tengo de recordar los hechos que recuerdo. Puedo sentir y puedo verlos cuando escribo sobre ellos. El trauma que sufrí también me enseñó a hacerme híper-vigilante y, todavía hoy, poseo la capacidad de captar una gran cantidad de información sobre el entorno que me rodea, lo cual constituye una manera de esquivar o evitar cualquier posible peligro.

A lo largo de este libro van a notar que además de haber captado los detalles de sucesos traumáticos, mi mente también recolectó en detalle algunos recuerdos no traumáticos. Por ejemplo, recuerdo con detalle cómo pasaba el día con mi vecina. Ella era amable y dulce, y cuando escribo sobre esto puedo sentir su abrazo. Me aferré a ella casi desesperadamente y a lo que me enseñó. Y hoy la recuerdo de una forma tan vívida tal vez precisamente porque el recuerdo de haberla perdido también permanece con una claridad dolorosa. A menudo, cuando el recuerdo de un buen momento era capturado, era para contrarrestar un evento traumático que estaba, de alguna manera, vinculado al buen recuerdo de una persona o una fecha; de esta manera me era posible concentrarme en ciertos sentimientos positivos cuando la violencia que estaba sufriendo se volvía demasiado difícil.

...

Para poder entender el trastorno de identidad disociativo tenemos que comenzar por comprender qué es la disociación, la cual es un estado de la mente con el cual todos estamos familiarizados. La disociación es un proceso natural de la mente que resulta en la desconexión de ciertos aspectos del pensamiento de la persona, lo que ocurre dentro de un conjunto y secuencia de experiencias y síntomas.

La mayoría de las personas experimentamos un tipo leve de disociación en nuestras vidas cotidianas, como por ejemplo, cuando soñamos despiertas, cuando nos sumergimos transportándonos a una película o un libro, o cuando regresamos a la casa manejando por el mismo camino de siempre con la mente ausente del timón, como si fuéramos en 'piloto automático'.

En todos estos ejemplos de disociación está ocurriendo una forma de amnesia simple. Hay quienes experimentan niveles más altos de estos síntomas, aunque estos se consideren moderados y su presencia no necesariamente signifique que la persona tenga una enfermedad por disociación. Hay quienes, sin embargo, poseen síntomas de naturaleza más severa, como es tener distintas personalidades o identidades que se han formado dentro de sus mentes.

Lo último mencionado ocurre principalmente en personas que han sufrido situaciones traumáticas difíciles de las cuales no se podían escapar físicamente y se vieron forzadas a 'huir' dentro de sus cabezas. De manera instintiva sus mentes aislaron ciertas emociones, sensaciones, reacciones o acciones (incluso su sentido identidad propia).

Cuando los niños usan la disociación, lo hacen más comúnmente como un mecanismo de defensa sumamente eficaz contra el dolor físico y emocional agudos, o contra la espera ansiosa característica de la anticipación de ese dolor. A menudo se habla de los trastornos por disociación como un método sumamente creativo de supervivencia. El mismo resulta ser una estrategia efectiva porque cuando la persona se disocia, cierta cantidad de información (especialmente aquella que está relacionada con circunstancias conectadas al suceso traumático) no se mezcla con otra información relacionada con acontecimientos y sucesos diarios como es ir a la escuela, hacer nuevos amigos o practicar deportes. La información traumática es contenida en la conciencia periférica, manteniéndola de esta manera a distancia de la conciencia inmediata de la persona, y ahí es retenida por un tiempo, idealmente hasta que la persona posee la fuerza o entendimiento para poder confrontar la experiencia.

Si el abuso persiste, como ocurrió en mi caso, la disociación ocurre de manera habitual, se fortalece y se vuelve necesaria para el funcionamiento de la persona. Esta estrategia eficaz se puede convertir en un modo de vida o en una reacción que se activa de manera automática ante determinadas situaciones. En otras palabras, la persona se disocia automáticamente cuando recibe una señal o experimenta en el entorno que le rodea un acontecimiento que se asemeja a un suceso traumático que le ocurrió con anterioridad. La persona se siente amenazada o ansiosa, aún si la situación o el entorno circundantes puedan no parecer a otras personas una amenaza.

Por ejemplo, en mi caso, si alguien se paraba a una distancia muy cercana de mí, yo lo percibía de una manera similar a cuando había sido agredida sexualmente, pues la agresión había comenzado con el hecho de la persona haberse encontrado a una distancia más cercana de mí que la debida. La similitud entre estas situaciones se convertía para mí en un desencadenador emocional, pues yo la percibía como una amenaza que causaba de manera instintiva que mi mente se disociara.

Lo que hoy día se conoce como TID se solía conocer (y todavía muchas personas siguen usando ese nombre) como trastorno de personalidad múltiple (TPM). En realidad, el TPM es sólo un caso extremo de las múltiples formas que el TID puede manifestarse. Como puede leerse en *DSM-IV: Manual diagnóstico y estadístico de trastornos mentales*, un diagnóstico profesional y oficial de TID requiere lo siguiente:

- La existencia de dos o más estados de identidad[1] o personalidades diferentes; donde cada uno sigue un patrón propio relativamente duradero de percibir el

---

[1] Nota de la editora: 'Estados de identidad' también puede entenderse como 'identidades' pero se ha escogido mantener en la traducción el uso de la palabra 'estados' para indicar que estas 'identidades' o 'personalidades' son estados temporales que no prevalecen en la mente de la persona de forma permanente.

entorno, de relacionarse con el mismo, de pensar sobre el mismo y sobre sí.
- Al menos dos de estos estados de identidad o personalidades toman control del comportamiento de la persona múltiples veces.
- La persona en su estado normal no puede recordar información de importancia sobre sí misma, la cual es demasiada en volumen como para achacársela a un olvido normal.[2]
- El cambio que ocurre de una personalidad a otra no está causado por los efectos fisiológicos que puede provocar el consumo o empleo de alguna sustancia (por ejemplo: la pérdida de memoria o el comportamiento caótico que puede provocar una intoxicación alcohólica) o que pueden causar ciertas condiciones médicas que afectarían a la persona en su totalidad (por ejemplo: la presencia de convulsiones parciales complejas). Nota: Si se está hablando de menores, estos síntomas no pueden ser atribuidos a amistades imaginarias u otros juegos de la imaginación.

En mi caso, desarrollé el trastorno de identidad disociativo (TID) por haber sufrido una infancia trágicamente violenta. Me disociaba para protegerme de las violaciones y agresiones sexuales que me infligía mi familia. Cuando una trasgresión resultaba demasiado traumática como para poder pasar por ella y luego ser capaz de vivir con el recuerdo de la misma, me aislaba cognitivamente de mi cuerpo para observar el incidente desde una distancia, desde fuera de mí. Estar fuera de mi cuerpo me permitía observar la agresión como si le

---

[2] Nota de la editora: Por ejemplo, la persona puede tener el cuerpo lleno de magulladuras y moretones que no sabe cómo ocurrieron.

estuviera sucediendo a otra persona, a alguien que se me parecía. La persona que me estaba agrediendo sólo podía ver en mí una mirada profundamente ausente. Una vez concluida la experiencia, la colocaba en mi mente en la pequeña habitación que le correspondía y cerraba la puerta con llave, como si estuviera editando una escena de una película. Al principio solía colocar incidentes completos en una de las habitaciones dentro de mi conciencia. Pero cuando las agresiones se volvieron más brutales y ensañadas, era incapaz de verlas en su totalidad, incluso desde la distancia. Por esa razón mi subconsciente comenzó a fragmentar las experiencias para volverlas más pequeñas y a colocar estos fragmentos parciales de experiencias en grupos de habitaciones que estaban conectadas entre sí. Una de las habitaciones contenía el olor, otra, la forma de mirar de mi padre y otra la soledad profunda y desesperación que luego yo sentía. Cada una de las habitaciones debía permanecer cerrada hasta que yo sufriera de nuevo otra agresión, otro dolor, otra mirada o sensación similar; o hasta que volviera a encontrarme en una situación que fuera parecida a aquellas contenidas en las habitaciones, las cuales estaban cerradas tras una puerta bajo llave.

Con el paso del tiempo y las continuas agresiones, estas habitaciones se convirtieron en partes de mi mente que funcionaban por separado. Es decir, las experiencias traumáticas formaron aspectos separados dentro de mi conciencia. Me gusta referirme a los mismos como 'mis partes'. Por ejemplo, una de las partes estaba relacionada con la etapa de mi vida cuando tenía tres años de edad, la cual contenía el primer recuerdo de cuando fui violada por mi padre; esta etapa de tres años luego liberó, durante los siguientes veintiocho años, al resto de mi ser para que no tenga idea o noción de ese acontecimiento.

En vez de haberme desarrollado como una persona entera, cuyos recuerdos e identidad existen de forma cohesiva e integrada, de acceso fácil para mi mente cotidiana, crecí, por el contrario, como compuesta por muchas partes de mí misma, por lo que algunas personas llaman 'egos alternativos' y otras 'estados de la personalidad'. En la segunda mitad del libro, en la cual explico de forma detallada cómo llegué a conocer a mis partes, hago referencia a algunas de ellas usando nombres que están relacionados a edades específicas: 'tres', 'siete' y así, respectivamente.

Es posible que puedan ver cómo este truco de la disociación también podía ser útil para mí de otras maneras. Mi mente también era capaz de crear partes (o habitaciones) que estaban totalmente equipadas para albergar situaciones específicas, partes a las cuales yo podía acceder cuando me resultara útil. Por ejemplo, una de mis partes o personalidades podía ser una estudiante excelente, una atleta de éxito, una abogada o una amiga.

Algunas habitaciones solamente guardaban una emoción intensa, mientras otras estaban más desarrolladas con pensamientos y sentimientos vinculados al rol que jugaba esta habitación o personalidad. Algunas habitaciones permanecían cerradas bajo llave a menos que yo necesitara ayuda para sobrevivir una experiencia traumática, como por ejemplo, si necesitaba saber cómo actuar o qué decir para sobrevivir ser agredida. Esta separación entre las habitaciones hacía posible que una de mis partes pudiera extraer información de una experiencia previa sin que todo mi ser tuviera que recordarla.

La forma de TID que tengo se caracteriza por lo que se conoce como co-conciencia[3]. Esto quiere decir que hay un "yo" central al que siempre se regresa de esos estados de aislamiento. Muchas de mis partes solían tener mucha influencia sobre cómo yo me sentía tanto a nivel emocional como físico y no siempre tuve control sobre las mismas o ni siquiera sabía que existían. Algunas partes emergieron y luego desaparecieron, o se volvieron integradas al yo central, aunque mi yo central siempre existió y permaneció presente. Es por eso que para referirme a mis habitaciones o mis partes me gusta usar la analogía de una casa, en la que todas las puertas cerradas están directamente conectadas a una habitación central, la qual sería mi yo central. Cuando yo era una niña y una joven, las puertas se abrían y cerraban independientemente de mi yo central. Entonces fue una bendición que no tuviera conocimiento de las habitaciones que estaban cerradas con llave, hasta que, mediante tratamientos de terapia, comencé a sanar y llegué a volverme lo suficientemente fuerte como para, entonces, poder saber de ellas.

Después de haber ganado la fuerza suficiente para saber de estas habitaciones y poder tener acceso al contenido de las mismas, desarrollé una co-conciencia o una conciencia compartida de todas mis partes para así poder comunicarme interiormente. Mi yo central permaneció como la autoridad central, la cual negociaba e integraba a las diferentes partes.

---

[3] Nota de la editora: 'Co-conciencia' ó 'conciencia compartida'

Mediante la terapia que recibí, mi yo central pudo empezar a derribar las paredes de las habitaciones. Ahora, la casa consta fundamentalmente del yo central, el cual constituye un área abierta con tal vez una o dos habitaciones que todavía quedan por ser exploradas.

El objetivo que persigo con este libro es contar una historia de sanación y resiliencia. Sin embargo, para que puedan entender el contexto dentro del cual llegó a desarrollarse mi TID, y tratando de volverles testigos de cómo se forma en una persona el TID como un mecanismo de defensa, incluyo en este libro la descripción de partes del trauma que sobreviví. Creo que conocer el grado de violencia que sufrí es clave para poder llegar a comprender cómo sobreviví y entender la importancia que en mi vida tuvieron actos sencillos de bondad y cariño que me mostraron personas a las que conocí fuera de mi familia.

He reflexionado mucho sobre cuánto incluir en este libro respecto a la violencia que viví y he atenuado las escenas tanto como me fue posible. Como sobreviviente de violencia, en general debo tener cuidado con lo que leo o miro. Por eso he tratado, tanto como pude, de evitar proveer descripciones que fueran demasiado detalladas, con el objetivo de evitar provocarles reacciones adversas a quienes de ustedes pueden haber pasado por experiencias similares. Aunque he tratado de tener esto en cuenta, sé que incluso la más mínima mención de violencia podría desencadenar reacciones adversas en personas que tienen mucha sensibilidad. La mayoría de estas escenas violentas aparecen en los primeros seis capítulos; mientras que los capítulos venideros se concentran en describir el proceso de deshacer las consecuencias psicológicas y emocionales que dejó en mí mi pasado violento y llegar a aceptar que tenía TID.

Tal vez a usted le resulte más fácil leer tan sólo por encima las escenas violentas que aparecen en los primeros capítulos; y si todavía le resulta demasiado difícil, puede saltarse estos capítulos y empezar a leer desde el capítulo 7. Tal vez quieras pedirle a algún amigo/a que censure las escenas violentas tachándolas con un marcador.

Durante mi infancia, algunas personas se destacaron por ser guardianas de mi condición humana. Estas relaciones y conexiones, simples y cotidianas, hicieron posible que yo sobreviviera y me ayudaron a conservar mi auto respeto, dignidad, ambición, compasión y, más tarde, cuando ya estuve lista, el sentido del humor.

Tengo la esperanza de que este libro pueda ayudar a quienes conocen y aman a personas que tienen TID: sus familiares, parejas, compañeros de trabajo y amistades. También espero que quienes son responsables de intervenir en aquellas familias donde existe violencia puedan obtener de este libro un enfoque más específico sobre el tema, para que puedan realizar su importante trabajo, tras ganar un mejor entendimiento sobre el trauma. Espero sobre todo que aquellos de ustedes que tienen TID sepan que este trastorno es una estrategia de supervivencia asombrosa. Deben sentirse orgullosos/as de haber sobrevivido.

El trauma ha afectado mi vida inmensamente, como posiblemente haya también afectado la suya, pero he aprendido que mi vida se extiende más allá del dolor y de la oscuridad. Las personas sobrevivientes de trauma estan llenas de vida, de creatividad, de valor y de amor. Somos más que una suma fragmentada de partes.

Cómo sobreviví el infierno

1

Mi madre colgó el teléfono en la pared de la cocina y comenzó a subir las escaleras hacia mi habitación. Era una tarde cálida y húmeda, y nuestra casa no tenía aire acondicionado. Se alejó del ventilador que la había estado refrescando en la cocina y al caminar por el pasillo largo oyó sonar desde la sala al ventilador que refrescaba a mi padre.

De manera instintiva se detuvo en el pasillo ante la mesa que tenía una estatuilla de María, sobre la cual colgaba una cruz de madera. Casi de forma distraída, mi mamá susurró una breve oración mientras se persignaba. "Que Dios me bendiga". Nunca supe qué pedía en sus rezos, aunque había mucho por lo que pedir.

En el vestíbulo pequeño, una mesa también pequeña mostraba viejos ejemplares de la revista *National Geographic*. Para mi mamá las fotos de las revistas eran tan bellas que nunca se quiso deshacer de las mismas y los montones de revistas continuaban creciendo. Mi mamá hubiera querido poder viajar el mundo y con frecuencia se ponía a mirar las fotos con nostalgia.

Mis padres se mudaron a Washington, DC, un año antes de que yo naciera y mi madre luego se pasaría el resto de su vida viviendo en el área metropolitana de DC.

Mi mamá continuó subiendo la larga y empinada escalera. Cuando llegó arriba, pasó junto a otra mesita que tenía figurillas de cerámica de José y la Virgen María. Hizo una pausa breve para volver a susurrar la misma oración, se persignó, caminó junto al baño y entró en la habitación de mis hermanos. Mis hermanos, Mike y Alex, de cinco y seis años de edad, respectivamente, jugaban en sus camas con juguetes. Yo adoraba a Mike, pero a Alex le tenía miedo y me mantenía alejada de él tanto como pude. Ese verano yo cumpliría cuatro años.

Mi mamá atravesó la habitación de mis hermanos y abrió la cortina que servía como puerta a la mía. Se sentó a mi lado en mi pequeña cama. En mi habitación apenas cabían las pocas cosas que la misma contenía: una camita individual con cabecera de madera color café, un gavetero y unas repisas empotradas en la pared. Mi habitación no había sido parte de la construcción original de la casa, sino que los propietarios previos la habían hecho como una pequeña ampliación. Cuando nos mudamos, mi mamá me había dicho con orgullo que esa sería mi habitación y que no iba a tener que compartir una habitación con mis hermanos. Al principio me había alegrado de que fuera a tener una habitación para mí sola. Sin embargo, en esa pequeña adición yo quedaba al final de la casa, lejos del cuarto de mis padres. Mi habitación no tenía una puerta de verdad, ni tenía calefacción; la pared estaba hecha de ladrillos y tenía una ventana tenebrosa que daba del baño hacia mi habitación.

Hubieran podido darme otra de las habitaciones de la casa pues había una al otro extremo del pasillo, junto a la de mis padres. La puerta de esa habitación sí tenía llavín y se podía cerrar con llave, tenía calefacción y tenía una ventana que daba al exterior. Esa habitación era parte de los planos originales de la casa y, aún así, no se usaba. Con frecuencia yo me hacía la pregunta, *¿por qué no me dieron esa habitación?* Ahora la respuesta me es obvia. Si me hubieran dado esa habitación yo hubiera podido trancar la puerta con llave, mi mamá hubiera podido escuchar lo que mi padre me decía o yo hubiera podido gritar para que alguien que estuviera pasando por la calle me pudiera escuchar. En vez de eso, yo dormía en la parte de atrás de la casa, aislada y vulnerable, en una habitación que no tenía puerta y que tenía una ventana que hacía posible que, desde el baño, cualquiera pudiera verme.

Mi mamá no entraba a mi habitación muy a menudo, pero esta noche en particular tenía noticias especiales. Me habló en español, el único idioma que a esa edad yo conocía. "Olguita, encontré un trabajo y no voy a estar en la casa para cuidar de ti durante el día, los días entre semana". Una oleada de miedo y pánico inundó mi cuerpo porque sabía que mi padre le había prohibido trabajar. Tenía miedo por ella y tenía miedo por mí. Le pregunté a mi mamá por qué se tenía que ir a trabajar. "Porque tu padre no habla inglés y no hay trabajos que él pueda hacer en español".

Más tarde lo escuché a él gritándole. Le decía que como era mujer, su papel era quedarse en casa cuidando de nosotros, que no era hablar inglés ni trabajar. Mi madre le suplicó. "Necesitamos el dinero, Alejandro. Estamos atrasados con el pago del alquiler y no nos alcanza para hacer la compra. Tú quieres que nuestros hijos vayan a la escuela católica y eso cuesta mucho". Mi padre salió furioso de la habitación y la semana siguiente mi mamá comenzó a trabajar.

Por aquel entonces, en los años sesenta, si no hablabas inglés y te negabas a trabajar en la industria de los servicios, como conserje o lavador de platos, no encontrabas trabajo. Y, por eso, mi padre, rara vez trabajaba. Él le decía a la gente que tenía un doctorado. Aunque en realidad no lo tenía, cosa que yo no sabía en aquel entonces. Mi padre se presentaba a otras personas con el título de "Doctor" y cuando la gente le preguntaba si era médico, decía que tenía un Doctorado en Relaciones Internacionales.

Mi padre era un mentiroso habitual que mentía incluso sobre cosas que no eran necesarias: con quién había hablado, qué había hecho ese día o incluso qué comíamos. Lo vi tergiversar los hechos con una facilidad y hasta tal punto que me dejaba confundida. Siempre celebrábamos su cumpleaños el 28 de marzo y no fue hasta que él murió que me enteré de que en realidad su fecha de nacimiento era el 12 de junio. Muchas veces se desapareció varias semanas, diciendo que se iba a trabajar al extranjero, pero luego llegaba a casa sin dinero.

Mi padre, o papi, como solíamos llamarlo mis hermanos y yo, tenía cincuenta y un años cuando nací. A pesar de las tantas historias que escuché, lo cierto es que no tengo mucha información sobre los acontecimientos reales de su vida hasta el momento de mi nacimiento. Él decía que había sido reportero de un periódico salvadoreño y que había conocido a mi mamá mientras cubría una noticia en la República Dominicana. Cuando Alex nació, había dicho que tenía una misión en Argentina y luego dijo que estaba trabajando en

Puerto Rico cuando Mike nació. Luego me dijo que había cubierto la revolución de Castro en Cuba y que la única razón por la que vino a los Estados Unidos era que Castro había tomado el mando y se habían tenido que ir del país de repente; lo cual también era la razón por la cual no teníamos muchas pertenencias, porque les habían dado sólo cuarenta y ocho horas para abandonar el país. Dijo que había trabajado como asesor para los gobiernos de Kennedy y Roosevelt como experto en América Latina. Durante años, le dije a la gente que mi padre era un periodista. Nunca encontré evidencia alguna de que fuera un reportero o un asesor político, pero en aquel entonces yo pensaba que él era muy importante.

Mi padre era casi calvo, su cabello, corto y canoso, crecía sólo en los costados de su cabeza, con unos pocos pelos hacia la parte superior, los cuales se peinaba hacia atrás. Llevaba un pequeño bigote canoso que siempre recortaba y arreglaba. En las manos y brazos tenía manchas de las que salen con la edad y arrugas en la cara, pero siempre tenía las manos limpias y las uñas cortadas de manera impecable. Se veían perfectas al final de sus dedos cortos y fuertes. Aprendí a observar todas y cada una de las expresiones de mi padre, a ver cómo su boca pequeña y su bigote se posaban sobre su rostro, a escuchar los cambios en las inflexiones de su voz y en su lenguaje; de esta manera yo podía detectar señales de peligro.

Era extraño ver juntos a mi madre y mi padre. Mami, como yo llamaba con adoración a mi madre, o Blanca, como mi padre la llamaba, era alta, joven y hermosa. Papi, por el contrario, era bajo de estatura y se veía viejo; en realidad demasiado viejo para ella. Al fin y al cabo, él era 24 años mayor que ella. Luego por mi madre supe que se habían conocido y casado en la República Dominicana, de donde era la familia de ella. Pero cuando ella se quedó embarazada de Alex, mi padre la dejó y se fue a la Argentina sin decirle nada a mi mamá; simplemente se fue. Mi mamá se fue a buscarlo a la Argentina para que pudieran vivir juntos como una familia. Mi hermano Alex nació nació prematuramente ya que mi madre se cayó rodando por las escaleras de su casa. Cuando hablaba sobre su nacimiento, nunca hacía mención de que mi padre la hubiera empujado, pero siempre pensé que lo había hecho. Nunca vi que mi mamá se cayera a menos que mi padre la empujara o golpeara.

Yo era muy apegada a mi madre y pensaba que era la mujer más inteligente del mundo. Me había contado que empezó a ir a la escuela cuando tenía cuatro años, que se graduó de la preparatoria católica cuando tenía dieciséis y que había sido la única universitaria en su familia. Con su título y habilidades bilingües de dictado y taquigrafía en español e inglés pudo encontrar un buen trabajo de secretaria. Ese día (faltaba poco para que yo cumpliera los cuatro años) me explicó sonriente: "Voy a ir a trabajar a un hospital que está en el centro de la ciudad". Aunque la idea me aterrorizaba, estaba muy orgullosa de mi mami. Ella era inteligente y cuidaría de nosotros.

Y eso fue lo que hizo. Cuando consiguió ese trabajo, mi padre decidió que ella iba a darle a él todo el dinero y entonces él iba a decidir de qué manera se usaría. Más tarde supe que mi madre cobraba sus cheques en el banco, ponía dinero en una cuenta de la que mi papá no tenía conocimiento y entonces traía para la casa el resto del dinero.

Sentía por ella tanto amor mientras estábamos sentadas en mi cama, ella tomándome la mano y diciéndome con mucha suavidad que ahora durante el día estaría en el trabajo en vez de quedarse en la casa cuidándonos. Escudriñé su rostro y en sus grandes ojos color café oscuro encontré la mirada que necesitaba con desesperación, una mirada que decía que me amaba.

Mientras mi madre sostenía en su mano mi manita pequeña, me detuve a mirar sus uñas largas y pintadas. Eran de un rojo intenso, casi de color vino, y sus manos eran suaves y hermosas. Tenía dedos largos y grandes, o al menos en ese entonces así me parecían. Sostuvo mis manos y las inspeccionó para ver si las había lavado. Se sonrió. "Tienes mis manos, Olguita". Pensé, *tengo las manos de mami*. Mi corazón se llenó de amor por ella. Mami siempre se veía perfecta; con su cabello negro, rizado, corto y distinguido. Era alta, delgada y usaba maquillaje. Pero, no obstante ser hermosa e inteligente, también me parecía que era frágil. Siempre tuve miedo de perderla. Siempre sentí miedo de que la lastimaran. Parecería que pudiera romperse fácilmente.

Mientras sostenía mi mano con la de ella, me explicó: "He hablado con Doña Graciela y ella te va a cuidar durante el día". Mi vecina de la casa de al lado, Graciela Hernández, era una señora mayor y la respetábamos porque tenía esa sabiduría que viene con la edad. "Doña", término con el que nos enseñaban a dirigirnos al hablar a señoras mayores, se convirtió para mí en su nombre. Cuando me iba a su casa, ella me daba la bienvenida con los brazos abiertos, seguido de un enorme abrazo dentro del cual me desaparecía contra su cuerpo suave. Ella me parecía gigantesca y muy alta. Lo cierto es que no creo haya sido lo uno ni lo otro; pero, para una niña pequeña de tres años como yo, ella me parecía enorme.

Doña Graciela siempre se ponía vestidos holgados nada lujosos, que parecían batas grandes de algodón. Se peinaba el cabello tieso, largo y canoso, recogido en un moño y, al igual que mi padre, tenía manchas de edad en las manos y arrugas por doquier. Su piel era áspera pues había estado expuesta al sol y su olor parecía el de una mujer que había pasado la mayor parte de su vida trabajando en el campo de El Salvador. Ella era una mujer sencilla que no usaba perfumes y rara vez se permitía hacer algo especial para sí misma.

Si no me iba a ser posible estar con mi mamá, Doña Graciela sería mi mejor opción. Cada mañana me daba tanta emoción ver su rostro, recibir su abrazo sincero y escucharla decir, "Buenos días, Olguita, mi amor", palabras que daban comienzo a mi día, durante el cual me permitía entrar en su vida y compartir con ella lo que hacía. El día comenzaba en la cocina donde guisaba huevos y pupusas. Luego nos íbamos al sótano para lavar y planchar ropa.

La mayor parte de la familia de Doña Graciela aún vivía en El Salvador, pero ella vivía en la casa que era el dúplex contiguo a la nuestra, con su hija de cuarenta y cinco años de edad y su nieta que tenía diecinueve. Su hogar era más bien inusual en lo que respecta a las normas de nuestra cultura: tres mujeres vivían solas en una casa donde no había ningún hombre.

Mi padre parecía seguir de cerca el ir y venir de Gracielita, la nieta de Doña Graciela. Observaba cuando se iba de su casa y cuándo regresaba, hacía comentarios sobre la hora en que salía y qué llevaba puesto. A mi padre no le gustaba que

Gracielita se pusiera pantalones ni que hablara inglés. No creía que estaba bien la manera que Doña Graciela y su hija, la señora Graciela, la criaban. "Gracielita necesita aprender a respetar su cultura. Es una joven que no sabe cómo debería ser una mujer". La manera que la miraba y se expresaba de ella me asustaba. Me daba asco como sonaba. Era como mismo luego sonaría conmigo.

Mi padre establecía muchas reglas. Con tres años yo ya sabía muchas de ellas muy bien. Las niñas sólo debían ponerse vestidos. Cuando fuera mayor, me tenía que casar con un latino, tener hijos y cuidar de mi esposo, mis hijos y mi hogar. Mi padre incluso insistía en que debía ponerme vestidos para jugar, lo que era difícil pues con vestidos mi ropa interior se veía y los niños se burlaban porque tenía huecos en mi ropa interior o porque me ponía la ropa que ya no les servía a mis hermanos. Odiaba jugar fuera de la casa cuando llevaba ropa interior de mis hermanos. Con el tiempo, me acostumbré a llevar debajo de mis vestidos los viejos shorts que habían sido de mis hermanos.

Durante el día, Doña Graciela estaba sola, su hija salía a trabajar y su nieta se iba a una universidad cercana. Ella me trataba como si fuera su hija. Juntas escuchábamos novelas en la radio y me gustaba oír sus carcajadas o indignación con el comportamiento de los personajes. Yo no entendía la trama, pero me reía e indignaba junto con ella. Después de la comida nos poníamos a ver uno de sus programas favoritos: *Sombras Oscuras*, una telenovela en la que un vampiro era el personaje principal. A pesar de que el programa era en inglés, lo veíamos fielmente. El único idioma que ambas conocíamos era español pero, aún así, nos sentábamos ahí a mirarlo cada día, sin la menor idea de qué decían los personajes.

Nunca fallaba que Doña Graciela se quedara dormida en su sillón delante de la tele. En cuanto se dormía, yo la tapaba con la cobija tejida a croché que tenía en el sofá. Donde vivíamos, los veranos eran siempre cálidos y húmedos; y de la misma manera que pasaba con mi propia familia, Doña Graciela tampoco tenía aire acondicionado y, no obstante a ello, nunca la escuché quejarse del calor ni se quitaba la cobija. Entonces yo también me acostaba en el sofá y tomaba una siesta.

...

Cada día que yo pasaba con Doña Graciela se terminaba cuando mi mamá, apresurada, pasaba para llevarme a casa. Desde que había empezado a trabajar, mami había cambiado. Aunque seguía teniendo que cocinar y que limpiar la casa, se veía más contenta. Caminaba como si estuviera saltando y llevaba erguida la cabeza la mayoría del tiempo. Silbaba mucho. Creo que sus compañeros de trabajo la apreciaban y que era valorada por su habilidad con el manejo de ambos idiomas. Sin embargo, ella seguía teniendo temor de mi padre. Casi todos los días él le decía cosas crueles, se burlaba de ella de una u otra manera o la golpeaba. Cuando no estaba siendo cruel, entonces daba la impresión de que no le importaba en lo absoluto. A ella el trabajo le permitía sentirse normal, alejarse de todo eso; de la misma manera que el hogar de Doña Graciela me proporcionaba a mí lo mismo.

Una noche especialmente terrible ese verano, estaba yo en mi habitación y oí que mi mamá empezó a gritar. Con anterioridad la había oído gritar de esa manera y por eso sabía que mi padre le estaba haciendo daño. Yo siempre lo quería detener y con frecuencia lo intentaba, pero nunca tuve la fuerza suficiente. Ese día, ella le estaba suplicando que se le quitara de encima y pude oír que él la golpeaba. Como había hecho ya tantas otras veces, salí corriendo en su ayuda. Al pasar por la habitación de mis hermanos vi que ambos estaban escondidos debajo de sus camas.

En la habitación de mis padres, sobre la cama, mi padre estaba con los pantalones bajados encima de mi madre. A tirones le había arrancado su blusa bonita de trabajar y su brasier y yo podía ver sus senos. Su falda y sus enaguas estaban fuera de lugar y en la entrepierna de sus pantimedias había un hoyo grande. Agarré a mi padre por el brazo para tratar de sacárselo de encima y gritando le dije que estaba lastimándola y que debía parar. Fue ahí cuando él dirigió hacia mí su ataque.

Me pegó varias veces en la cara, diciéndome, "Voy a enseñarte lo que les pasa a las niñas que no respetan a sus padres". Lo agarré por la pierna y le grité, "¡No, papi, no!" Pero por dentro yo sabía que él no iba a parar pues ya me había lastimado anteriormente de esa forma y volvería a hacerlo hasta que me dejara sintiéndome muy mal. Cuando empezó a quitarme a tirones la ropa, empezó a entrarme un pánico y me faltaba el aire, por lo que comencé a jadear intentando respirar. La habitación empezó a darme vueltas y me sentí con la mente aturdida. Mientras mi padre me tenía inmovilizada contra el piso sentí que iba a salirme de mi propia piel y no podía respirar. Pensé que iba a matarme. Sentí mi cabeza aún más aturdida.

Quería que mami lo detuviera. Yo oía como ella le decía que parara, pero su voz era monótona y débil. Busqué su rostro, pero sólo encontré una mirada en blanco y nada de la preocupación o amor que yo estaba buscando. Comprendí que en realidad mi mamá no estaba presente; que se había desaparecido dentro de su mente. Papi me hacía daño a propósito delante de mi mamá. Violarme en frente de ella era otra forma más de lastimarla. Papi me decía que yo no le importaba a mami, que en realidad nunca me quiso y que lo cierto era que ella no me quería y que no iba a tratar de pararlo. Sus palabras y la clara apatía de mi mamá eran devastadoras y me dejaban preguntándome, *¿Me quiere mi mamá? ¿De veras le importo?*

Sentí mi mente cada vez más aturdida y todas las cosas dentro de la habitación se veían como si estuvieran lejos. Dejé de luchar y me quedé muy quieta. Mis ojos no podían enfocarse en mi padre ni en ninguna otra cosa en específico. Ya no podía escuchar sus palabras con claridad. Muy dentro de mí, como una tortuga dentro de su caparazón, me volví más pequeña; hasta que el pánico de sentirme atrapada se deshizo. Mi respiración se calmó y salí de mi cuerpo. Me sentí levantarme del suelo donde mi padre me tenía inmovilizada. Era una sensación muy extraña, casi como si estuviera dividiéndome en dos niñas. Sentí mis manos raras y noté que tenía más dedos de los que debía. Cada una de mis manos se dividía en dos manos. Aunque todavía estaba sintiendo el dolor que mi papá estaba causándome, este se había empezado a desvanecer y se hacía más distante. Por último me separé de mi mente y floté hacia el techo, desde donde observé manteniéndome a salvo.

Cuando miraba hacia abajo a lo que estaba sucediendo vi mi cuerpo pequeño enredado debajo del cuerpo de mi padre. Entendí que era a mí a quien estaba lastimando, pero de cierta manera no sentía que fuese yo. Ser capaz de observar el ataque como si le estuviera sucediendo a otra persona me ayudaba a mantenerme calmada y sentirme a salvo. No podía sentir, ni siquiera podía oír nada. Mi padre podía ver en la expresión de mi rostro que yo no estaba realmente presente y esto lo llevaba a hacer la violación lo más dolorosa posible y a golpearme aún más para que regresara. Pero yo estaba entonces ya demasiado lejos.

Esta reacción mía protectora sucedía sin que tuviera que poner esfuerzo alguno de manera consciente o voluntaria de mi parte. Mi mente se ajustaba de manera instintiva al caos y al terror y se disociaba. La vida era demasiado dolorosa para sentirla y, con el tiempo, me acostumbré a darle la bienvenida al adormecimiento que la disociación traía consigo.

Por fin mis padres salieron en algún momento de la habitación. Mientras yo regresaba lentamente a mi cuerpo que estaba tirado en el suelo y que sangraba, yo sollozaba. No quería que mi padre me escuchara llorar, pero quería que mi mamá se diera cuenta y regresara. Mami había visto lo que él me había hecho pero, y entonces, ¿por qué no estaba ahí conmigo para ayudarme y decirme que me amaba? Yo no esperaba que me abrazara, sólo quería ser consolada. Mi padre me había hecho mucho daño y yo estaba sola. Abrumada de desesperación, me sentí desesperanzada. Lentamente me puse de pie y, sin sentir dolor ni miedo, fui al baño a buscar una toalla, pensando, *Necesito limpiar este desastre antes de que regrese papi*. Me concentré profundamente en usar la toalla para limpiar la sangre y el semen del piso de madera. Al terminar, volví al baño a limpiarme y luego puse las sábanas sucias que habían caído de la cama de mi madre, en la lavandería. Tenía que hacer que todo pareciera como si nada hubiera sucedido.

Ponerme a limpiarlo todo era como una reacción automática, algo que hacía casi como un reflejo. Siempre he recordado, desde la vez que sucedió, aquella vez que no limpié después que papi me atacó. Había arremetido dentro de mi habitación, me había arrastrado fuera de mi cama y me había azotado con su cinturón porque yo había causado tanto desorden. Tener que limpiar y volver a ponerlo todo en orden también me daba cierta sensación de control sobre el caos, lo cual era reconfortante. Incluso hoy en día, limpiar me consuela si me siento alterada.

Aquella noche de verano, atravesé en silencio la habitación de mis hermanos en dirección a la mía. Ya había pasado la hora de acostarnos y ellos estaban escondidos bajo sus cobijas temiendo que mi padre los hallara despiertos y entonces los golpeara. Crucé al otro lado de la cortina que hacía de puerta de mi habitación y miré con desesperación al cuadro de Jesús con un corazón grande y las manos abiertas a los lados del cuerpo. Antes de ponerme un pijama limpio, me volteé con nerviosismo hacia la ventana del baño que daba para mi habitación para asegurarme de que nadie me estuviera mirando. Tenía miedo de que papi se me acercara por atrás y me volviera a lastimar, así que me metí debajo de la cama y con cuidado me arrastré hacia el final, en donde estaba la pared. Empujé mi cuerpo más allá de mis zapatos y las cabezas de las muñecas que yo había puesto allí detrás de las cajas de fotos que mi madre tenía debajo de mi cama, y seguí deslizándome hasta poder sentir la pared contra mi cuerpo. Dirigí mis rodillas a la altura del pecho y en silencio solté un gran suspiro. A papi le sería difícil poder llegar hasta allá atrás para sacarme.

Me sentía agotada, desesperanzada y con frío. Mi mente estaba acelerada, pero no traté de poner mis pensamientos en orden. Sólo dejé que todo fluyera. Mis pensamientos acelerados dieron lugar a una sensación algodonosa en mi cabeza, luego mis ojos comenzaron a moverse de un lado a otro y mis párpados se volvieron tan pesados que no pude mantenerlos abiertos.

Ahora entiendo que mientras estaba acostada debajo de mi cama en un estado de sueño por disociación, mi mente instintivamente trabajaba en crear partes separadas de mí misma. Era como si mi mente fuera una casa con diferentes habitaciones que alojarían diferentes aspectos de lo que había visto y vivido esa noche. Era una forma sofisticada de mantener el conocimiento del ataque alejado de mi conciencia, de esa parte central de mí que siempre permanecía allí presente, lo que ocurría para que al día siguiente pudiera levantarme y funcionar.

Mi mente dividió el trauma en partes o habitaciones para que yo no tuviera que tropezarme de un solo golpe con todo lo que me sucedió esa noche. Una parte o habitación sabía que mi padre me había violado. Otra habitación contenía el dolor físico. Otras partes conservaron la expresión en el rostro de mi madre, la expresión en el rostro de mi padre, el pánico que yo sentía y otra contenía la rabia. Una de las partes contenía el conocimiento de que papi era quien me hacía daño y todas las cosas que había dicho: "Eres una niña mala. Esto es tu culpa. Dios te va a condenar. Vas al infierno. Todos pueden ver que eres muy mala". Conservé en una de mis partes estas palabras y el miedo de ser mala, de que me iría al infierno y de no ser digna de recibir amor; parte que luego me tomaría años descubrir.

Aquella noche no era la primera vez que había sido agredida de esa forma. A ese punto en mi vida ya había sufrido tanto trauma debido a la violencia existente en mi familia, que era imposible que yo fuera una persona entera con una conciencia entera. La mayoría de los niños que a esa edad no han sufrido trauma tienen mentes con espacios abiertos, mentes en las que toda su estructura interior está interconectada y todo puede verse de un vistazo, sin que haya áreas divididas. Pero mi mente estaba dividida de una manera complicada. A pesar de que había una habitación central en la cual yo vivía y a la cual siempre tenía acceso, había también puertas secretas (que por lo general permanecían cerradas con llave), adyacentes a esa parte central.

Esas puertas adyacentes a la habitación central estaban a su vez conectadas a otras puertas que conducían a armarios o a una multitud de habitaciones interconectadas. Con el tiempo, mientras sufría agresiones una y otra vez, las habitaciones se volvían más complejas y detalladas: aparecían ventanas o se colgaban cortinas oscuras y pinturas. De hecho, en lugar de ser simplemente lugares en los que mi mente guardaba recuerdos desagradables, estas habitaciones se fueron convirtiendo en entes en sí mismas; cada una con un rol a jugar, con una personalidad, deseos y temores. Lo que estaba ocurriendo en mi interior no me daba miedo, pero me daba terror lo que estaba pasando en nuestro hogar.

Me quedé dormida debajo de mi cama, contra la pared; había sido capaz de sobrevivir una noche más. Por la mañana, mi mente dividida ya había encapsulado este recuerdo para poder liberarme y levantarme, salir y pasar el día con Doña Graciela. Yo creo que mi madre había desarrollado un mecanismo similar dentro de ella, aunque más sofisticado. Al día siguiente de un ataque, ella también se levantaba como si nada hubiera sucedido, se iba a trabajar, volvía a la casa, preparaba la cena y otra vez nos alistaba para irnos a dormir.

Muchas de las habitaciones en mi mente eran oscuras y tenebrosas, con puertas cerradas cuyas llaves no podía encontrar. Pero algunas de las habitaciones eran iluminadas, con muchas ventanas y puertas de colores. Sobre estas habitaciones tenía más control, y siempre tuve acceso a ellas. Capturé mis experiencias con Doña Graciela en una habitación luminosa para que cada vez que lo necesitara pudiera volver a visitar esa parte de mí y recordar lo bien que me sentía con ella.

...

Mi padre había sido el sexto de doce hijos, nacido en un área rural de Bolivia. Era un hombre delgado de estatura relativamente baja, pero a mí me parecía enorme, fuerte y aterrador. De hecho, mi padre estaba lleno de contradicciones. Lo mismo podía ser amable y gentil como mezquino y sádico al minuto siguiente. Era un católico devoto, pero abusaba de su familia. Era energético y un orador apasionado y elocuente cuando se trataba de temas de política o relacionados con la democracia, e inculcó en mí ese interés. De hecho, en muchos aspectos soy como él. Tengo sus ojos audaces, grandes y de color café muy oscuro. Heredé algo de su don de oración y su capacidad para narrar historias de manera humorosa e ilustrándolas con gestos de una manera exagerada.

Pero hoy día soy todo lo que él no pudo llegar a ser. Tengo una educación, he alcanzado el éxito y soy feliz. Profesionalmente soy muy privilegiada y respetada. Mi padre tenía un ego enorme y buscaba respeto dondequiera que iba, pero nunca sentía que las personas lo trataban como pensaba que merecía. Debido a que su inglés era tan pobre, pocas personas fuera de nuestro vecindario podían entenderlo. Cuando yo salía con él, a menudo la gente se dirigía a mí en vez de a él, a pesar de que yo era solamente una niña. Llegó el punto en que mi padre sólo frecuentaba lugares donde se hablaba español: la iglesia, los conventos que estaban cerca de la casa, un mercado latino y el parque que estaba frente a nuestra casa donde se reunía con sus amigos a platicar. Sólo visitaba las casas de amigos que eran latinos y sólo permitía que se hablara español en nuestra casa.

...

Papi golpeaba a mis hermanos, a mi madre y a mí cada vez que se sentía alterado. Él pensaba que su papel era el de controlar a la familia y enseñarnos lo que era el respeto. Naturalmente, con tan sólo tres años de edad, yo pensaba que esto era algo normal. Que seguramente en todas partes los padres les gritaban a sus familias para hacerse respetar; que seguramente golpeaban a sus hijos cuando se portaban mal. A pesar de eso, incluso en los recuerdos que tenía de cuando era más pequeña, nunca me pareció normal que papi tocara mis partes privadas y que me lastimara metiendo cosas adentro de esos lugares. Esto me parecía repugnante y muy inapropiado. Yo no sabía por qué él hacía esto y ni siquiera podía encontrar palabras con las cuales decir lo que estaba pasando.

Dado que entre nuestra casa y la de Doña Graciela había una pared compartida, ella tenía que haber podido escuchar mucho de lo que sucedía en nuestro lado del dúplex. Imagino que tenía que haber escuchado los gritos de mi padre, nuestros gritos, más gritos, luego silencio o llanto. Cuando yo estaba en su casa, podía escuchar a mi padre gritarles a mis hermanos. Aunque no podía entender lo que decía, sabía que algo malo les estaba diciendo. Me imagino que Doña Graciela tenía que sentirse impotente y temer lo que podía estarnos pasando cuando escuchaba el terror que tenía que estar sucediendo en nuestra casa. Varias veces me preguntó sobre los moretones que tenía en mi cara y en mis brazos. Incapaz de darle una respuesta, yo miraba hacia el suelo. Ella me abrazaba diciéndome que sabía lo que mi padre me estaba haciendo. Me decía que Dios iba a odiar lo que papi me hacía y que no era mi culpa. "Dios te ama, Olguita". Como Doña Graciela era mayor que papi, yo creía que ella sabía mejor que él cómo se sentía Dios, lo cual me resultaba reconfortante.

Un día, a Doña Graciela se le ocurrió un plan. Cuando yo volviera a mi casa esa noche, tenía que buscar lugares donde podía esconderme cuando sintiera miedo. Me dijo que me pedía hacer esto porque ella quería saber dónde encontrarme en caso que la necesitara. Me pidió que cuando regresara con ella al día siguiente le contara cuáles eran los lugares que había encontrado. Cuando lo hice, repasamos los lugares que yo había propuesto y decidimos cuáles eran sitios seguros y cuáles no lo eran. Por ejemplo, no era una buena idea meterme en el garaje por la noche, pero se le ocurrió que a mi padre le resultaría difícil meterse en el pequeño armario que había en el sótano, que tenía una puerta mucho más pequeña en tamaño que lo normal, por lo que yo debía, si podía, irme allí. También me dio un rosario y me enseñó a usarlo. Me dijo que cada vez que tuviera miedo, debería llevar el rosario conmigo a uno de mis escondites y que rezara.

Eso era, por diversas razones, un gran plan. Y lo era, primero, porque a veces esconderme me protegía del peligro. Cuando mi padre le pegaba o le gritaba a mi mamá, con frecuencia yo trataba de detenerlo y entonces él me hacía daño delante de ella. Y si mi mamá trataba de detenerlo para que él no me dañara, entonces él hacía que su ataque contra mí fuera aún más doloroso. Si me enfocaba en tratar de esconderme, era menos probable que yo tratara de intervenir para proteger a mi mamá. En segundo lugar, el haber regresado a mi casa de casa de Doña Graciela con un rosario, hizo que papi se pusiera contento, ya que él a menudo nos dirigía en oración de frente a las figurillas de los santos que se encontraban en diferentes partes de la casa. En tercer lugar, las cuentas del rosario calmaban mi ansiedad. Cuando el sonido de los ataques de papi me hacían sentir temor de que estuviera matando a mi mamá, en vez de apresurarme a detenerlo, frotaba las cuentas del rosario y le rezaba a la Virgen María: "Dios te salve, María, llena eres de gracia, el Señor es contigo. Bendita tú eres entre todas las mujeres, y bendito es el fruto de tu vientre, Jesús. Amén". Repetía la oración una y otra vez y aunque no entendía lo que quería decir, la misma me calmaba. Mientras más fuertes eran los gritos, las súplicas y los quejidos en la otra habitación, más rápido rezaba. Han pasado alrededor de cuarenta años y todavía cuando me asusto, rezo: "Dios te salve María, llena eres de gracia, el Señor es contigo...", y ahora sí me es posible entender el verdadero significado de las palabras.

Todas las noches regresaba a mi casa trayendo conmigo de distintas maneras también a Doña Graciela. Yo repetía susurrando dentro de la mano las palabras que ella me había dicho, "Dios te ama, Olguita", y entonces cerraba el puño como queriendo atrapar su voz tranquila y permanente, tratando de así mantener conmigo sus palabras. A menudo yo caminaba con los puños de mis manos cerrados. Por la noche, podía colocar mi puño contra mi oreja, abrirlo un poco, e imaginar que la voz de Doña Graciela me decía: "No es tu culpa".

Yo creía todo lo que Doña Graciela me decía era algo que necesitaba. Necesitaba creer que no estaba tan sola, tan vulnerable o insegura. Necesitaba saber que era amada y merecía ser amada. Se me había enseñado que las personas mayores eran sabias y aquí estaba una persona mayor diciéndome que no era culpa mía. Intenté hacer que la voz de ella en mi cabeza fuera más fuerte que la voz de mi padre cuando me violaba y me gritaba, "¡Tú me obligas a hacer esto! ¡Eres malvada! ¡Te vas a ir al infierno!" Me preocupaba mucho que él tuviera razón. Pero Doña Graciela era más vieja y sabía más que mi padre, así que cuando ella decía que Dios me amaba y que odiaba que mi padre estuviera lastimándome, yo me aferraba a esa verdad con todas mis fuerzas.

Así, por más de un año, continuaron las cosas. Un día, era entonces verano, cuando yo había cumplido cinco años, Doña Graciela vino a mi casa para hablar con mi padre. Desde donde yo estaba, en la parte de arriba de las escaleras, pude escuchar como ella le decía que él nos lastimaba a mis hermanos y a mí. "Puedo escucharlo a través de las paredes", lo reprendió. "Usted sabe que eso no está bien. Su papel como hombre de la casa es proteger y proveer para su familia, no golpearlos ni atemorizarlos". Y apeló a su fe: "Dios lo perdonará, Alejandro, si deja de hacerlo y se arrepiente de sus pecados".

Observé como si fuera en cámara lenta la reacción de mi papá. Subió el brazo derecho y la golpeó con fuerza. Me entró pánico y sentí esa sensación familiar de estarme separando de mi cuerpo. Me alejé de mi cuerpo y floté retrocediendo contra la pared, elevándome al techo. Mi padre le gritó, "¡Esta no es su familia!" Se le acercó y la amenazó, "La que está fuera de control es su familia. Ninguna de ustedes respeta nada. Si continúo escuchando ruidos provenientes de su casa, voy a ir para allá a callarlas a todas". Y le volvió a pegar en el costado de su cabeza.

Doña Graciela cayó hacia atrás contra la puerta y pude ver que ella también tenía miedo, no sólo por lo que había acabado de hacerle a ella, sino también por lo que podía hacerle a su nieta y lo que ahora podría hacerme a mí. Mi padre me llamó a que bajara las escaleras y frente a ella me dijo: "Doña Graciela me acaba de decir que ya no quiere que la visites". Mi cabeza se llenó de un sonido como de sangre corriendo. Observé la expresión triste y conmocionada de Doña Graciela y no pude oír nada más de lo que decía mi padre. Desde la ventana que estaba al lado de la puerta de entrada vi a Doña Graciela alejarse lentamente caminando y alejándose de mi vida. Con una mano se aguantaba la cara y con la otra agarraba la baranda de las escaleras del portal tratando de no perder el equilibrio.

Antes de que pudiera darme cuenta, mi padre me había agarrado por el brazo y me halaba escaleras arriba. Mis hermanos se fueron a esconder debajo de sus camas mientras él me arrastraba por la habitación de ellos en dirección hacia la mía. Preguntó enfurecido: "¿Qué le dijiste a ella? ¿Qué sabe?" Me haló la ropa quitándomela y me golpeó en la cara. Podía sentir otra vez el correr de la sangre en mi cabeza y luego ya no pude escucharlo. Como sucede con la tortuga dentro de su caparazón, me fui más dentro de mí misma. Mi cabeza se me aturdió y subí al techo, desde donde me vi, parada frente a él, temblorosa y desnuda. Me pegó puñetazos una y otra vez, en el estómago y en las costillas. Luego me lanzó sobre la cama y me violó. Pero yo estaba ida y el pensar que no podría volver a ver a Doña Graciela era casi más doloroso que cualquier cosa que él me pudiera hacer.

...

Después de que eso sucedió, yo comencé a quedarme en la casa con mi padre durante el día ese verano. Mis hermanos se iban al parque o a casa de sus amigos a jugar, o sus amigos venían a jugar en nuestro patio trasero. Con frecuencia yo preguntaba si podía ir con mi hermano Mike, pero papi decía que no tenía permiso de jugar con varones. Yo no tenía amigos de mi edad porque todavía no iba a la escuela y sólo hablaba español. Como ahora mi padre tenía también acceso a mí durante el día, además de por la noche, había empezado a abusar más de mí.

Me sentía perdida y llena de temor sin Doña Graciela y pensaba constantemente en ella. Sabía bien el horario de ella y podía imaginármela en su casa, al otro lado de la pared, tomándome la mano para bajar las empinadas escaleras que llevaban al sótano. Me preocupaba que sin mí, se pudiera caer y que pasaran horas sin que nadie la pudiera encontrar para ayudarla. Me preocupaba que se fuera a quemar mientras planchaba. Me preocupaba que se le olvidara apagar o desconectar la plancha. Ese había sido mi trabajo. Ella me había dicho, "Olguita, mi amor, eres demasiado pequeña para planchar, pero sí puedes ayudarme a que no se me olvide apagar la plancha, ¿de acuerdo?" Yo estaba preguntándome: *¿Quién va a escuchar con ella las novelas? ¿Quién la va a hacer reír?* Papi no me dejaba ver el programa *Sombras Oscuras*, así que no sentía que estaba al día con lo que estaba sucediendo en la trama. *¿Quién va a tapar a Doña Graciela cuando tome la siesta?* Yo trataba de acostarme a tomar una siesta cuando pensaba que era la hora que ella estaba durmiendo, pero si me acostaba a dormir en mi cama papi me venía a buscar, así que no seguí tomando siestas.

Con frecuencia me sentaba recostada a la pared en los escalones más altos de la escalera, cerca de donde estaban las figurillas de José y la Virgen María, y me ponía a rezar. Trataba de escuchar a Doña Graciela a través de la pared que separaba nuestra casa y la de ella. Papi me había encontrado allí sentada varias veces y me había dicho que Doña Graciela no me quería volver a ver, que no siguiera tratando de escucharla. Fue entonces cuando empecé a pasarme mucho tiempo debajo de mi cama, acurrucada contra la pared, rezando con el rosario que me había dado Doña Graciela en la mano.

Doña Graciela se quedaba tan sola como yo durante el día cuando su hija se iba a trabajar y su nieta iba a la escuela. Decidí que quería verla. Aunque no iba a poder ir a su casa, se me ocurrió que tal vez podría tropezarme con ella de alguna otra manera. Así fue que comencé a caminar por la cuadra con esperanzas de encontrármela en la terraza trasera de su casa sacudiendo sus alfombras. También me ponía a jugar con la pelota en el patio trasero de mi casa, pateando la pelota intencionalmente en dirección al patio de Doña Graciela. Cuando saltaba la verja para irme a coger la pelota, me iba caminando despacio mirando a las ventanas de su casa para ver si me estaba mirando. Pero no pude verla. Incluso varias veces pateaba la pelota hacia las escaleras que daban a su sótano. Pero aún así, nunca la vi. Me había quedado sin nadie.

...

Mi mamá también buscaba la manera de escapar del terror de nuestro hogar pero, fuera de trabajar, no tenía muchas otras opciones. Ella no tenía amistades porque mi padre la obligaba a estar siempre en casa, a menos que estuviera en el trabajo. Los fines de semana mi mamá se escapaba hacia el patio trasero a trabajar en el jardín. Se pasaba las horas podando sus rosas rojas y naranjas, oliéndolas y admirándolas una por una. Usaba unos guantes hechos de tela verde con flores y manejaba las rosas con sumo cuidado. Yo miraba como ella halaba con gran cautela un tallo que tenía muchas espinas, se lo acercaba al rostro para mirar muy de cerca a una flor, la olía profundamente y entonces suspiraba. "¿Te pasa algo?" le preguntaba, pero por lo general nunca me respondía. A menudo mami no parecía darse cuenta de que yo estaba con ella en el patio trasero. Yo quería saber qué ella olía que la hacía suspirar tan tristemente. *¿Qué tienen de triste las flores? Son brillantes y hermosas.* Cuando extendía mi mano hacia las rosas para agarrar sus tallos, sólo sentía el dolor de las espinas, así que nunca las olí. No me gustaban las rosas.

Mi madre tenía muchas herramientas de jardín, pero a mí no se me permitía tocarlas y por ello escarbaba la tierra con mi manos, lo que me fascinaba hacer. La tierra era oscura, enriquecida y fría, y a veces me metía un poco de tierra en la boca para cogerle el sabor. Me gustaba el sabor de la arena, pero sólo podía probarle el sabor si mi mamá no me estaba mirando pues de otro modo me iba a regañar.

Mami se tomaba su tiempo abriendo huecos en la tierra, sembrando nuevas plantas que daban flores y quitando las flores secas de las plantas. Solía quedarse con la mirada en blanco dirigida a las flores, lo que me hacía pensar que en realidad estaba ausente. A menudo me sentaba a su lado haciéndole preguntas tratando de tener con ella una relación más cercana. Me mataban las ganas de encontrar en sus ojos una mirada que me dijera que me amaba. Pero en muchos de los días no la hallé.

A veces yo me ponía, en cambio, a jugar con los tres perros que teníamos o a buscar las tortugas que a veces atravesaban por el patio.

Me fascinaban las tortugas. Eran del mismo tamaño que mis manos pequeñas al juntarlas. Por horas me agachaba sobre ellas a mirarlas y con mis manos les frotaba el caparazón con suavidad. Al tacto los caparazones se sentían frescos como la tierra y, a una misma vez, lisos y rugosos. Las tortugas tenían los cuellos y patas arrugadas, lo que me hacía recordar a Doña Graciela. A una tortuga le toqué la cabeza y la vi moverse rápidamente en retroceso escondiéndose dentro de su caparazón. Luego esperé, con paciencia exquisita, por lo que parecían volverse horas, hasta que la tortuga volvía a sacar su cabeza. Cuando asomaba la cabeza, yo la volvía a tocar ligeramente y ¡puf!, volvía a meterse dentro de su caparazón. Se me ocurrió, *Si yo tuviera un caparazón duro como este, también me podría proteger*, y me preguntaba si pudiera hacer uno para mí, algo donde me pudiera acurrucar en su interior y quedar protegida.

...

Más tarde ese verano, un día que había sido particularmente húmedo y caluroso, vi que Doña Graciela estaba afuera colgando ropa para secar. Salí corriendo por la puerta de atrás, saludándola con entusiasmo. "¡Hola, Doña Graciela!" Ella me respondió con su calmada y amorosa sonrisa, aproximándose a la cerca. Me encaramé por la cerca hasta casi la mitad de la altura de la misma y me estiré para darle un abrazo mientras ella también se inclinaba hacia mí para abrazarme. Me dijo que me amaba. Mi corazón rebosó con tanto amor que pensé estallaría. Le pregunté si podía visitarla y me dijo que mi padre no lo iba a permitir. Lloré desesperadamente y me dejé caer al suelo como si me estuviera derritiendo en un charco de lágrimas. Doña Graciela se inclinó, me tomó con fuerza de la mano y volvió a levantarme. Me dijo que ella me seguía queriendo aunque mi padre no quisiera que ella se me acercara. Me dio un beso en la mano y me dijo que yo debía de empezar a ir al centro comunitario porque allí había mucha gente buena y muchos niños con quienes yo iba a poder jugar. Antes de que se alejara, me susurró que ella estaba vigilando a mi padre, que lo podía escuchar a través de la pared y que se mantenía al tanto mío. Pero ella no me dijo lo que me gustaría haber escuchado, que había encontrado una manera para que mi mamá y yo fuésemos a vivir con ella. No obstante a ello, me sentí algo mejor y pensé que debía comenzar a ir al centro comunitario.

Doña Graciela había hecho todo lo que a ella le había sido posible para ayudarme. Nunca la olvidaré, ni a ella ni todo lo que hizo, aunque tal vez sus acciones pudieran haberle parecido muy simples y normales. Incluso hoy día, cuando hablo de Doña Graciela o escribo sobre el tiempo que me pasé con ella, todavía siento el poder de su amor en mi vida.

2

Con rapidez me puse el vestido a cuadros que papi había sacado para mí la noche anterior y muy por arribita me cepillé el cabello para esconder dentro de una coleta todo el desastre de marañas. Ya mis hermanos desayunaban de forma bulliciosa abajo en la cocina antes de irse para el centro comunitario, yo me sentía nerviosa de que me fueran a dejar. Bajé las escaleras a toda rapidez, deslizándome por la baranda para llegar más rápido, atravesando entonces la cocina corriendo, habiendo llegado justo a tiempo para ver que mis hermanos estaban saliendo por la puerta de atrás. Le dije a papi: "Me voy a ir con Miguel y Alejandro para el centro comunitario". Delante de mi padre no podíamos llamar "Alex" a mi hermano Alejandro porque no nos estaba permitido; y no me puedo imaginar cómo reaccionaría si oía que le llamábamos "Mike" a mi hermano Miguel. Pero una vez que mis hermanos y yo salíamos de la casa, eran ellos quienes no me dejaban llamarles por sus nombres en español. Tantas eran las cosas que yo tenía que mantener presentes.

No quería que papi me fuera a retrasar ni que se detuviera a inspeccionarme, pues tenía miedo de que pudiera descubrir los shorts que había escondido doblados dentro de mi ropa interior, o que tratara de arreglarme el peinado. Por suerte estaba absorto en la lectura del periódico y no me detuvo. Ahora estaba libre.

Salí corriendo por la puerta trasera y traté de alcanzar a mis hermanos. Crucé el patio, me encaramé en la cerca y la salté, atravesé el callejón corriendo y me metí en el montecito de árboles. Vi a Mike y Alex que iban por delante de mí a cierta distancia, pues estaban usando el mismo atajo entre los árboles por el que iba yo, e hice una pausa para entonces gritarles, "¡Espérenme!" Mike se dio la vuelta para verme pero Alex continuó caminando. Alex sabía que no se suponía que tomáramos el atajo en los árboles y no quería arriesgarse a que pudieran descubrirlo. Pero Mike corrió para acercarse un poco a mí y me pidió que me apurara, lo cual me dio tranquilidad. *No me encuentro sola. Mi hermano mayor me esperó.*

Se me ocurrió que entre los árboles sería un buen lugar para cambiarme, pues estaba lo suficientemente lejos tanto de casa como del centro comunitario como para que nadie fuera a verme. Saqué los shorts que llevaba escondidos bajo del vestido y me los puse encima de mi ropa interior. Después me metí la falda del vestido a cuadros dentro de los shorts para que no se me ensuciara. Como ahora tenía los shorts sobre el vestido, podía sentarme en la tierra si quería. Ese había sido un buen plan y sentí que era muy inteligente porque se me hubiera ocurrido. Era el tipo de idea que a Doña Graciela se le hubiera ocurrido. En ese momento metí mi mano debajo del cuello del vestido y toqué mi rosario.

Mientras estaba guardando el vestido dentro de mis shorts, Mike se empezó a reír. "No te rías", dije quejándome. Mike dejó de reírse, pero seguía sonriéndose. Mike también sabía cuáles eran las reglas de papi respecto a mi vestuario.

Yo sólo tenía que acordarme de cambiarme de ropa antes de regresar a casa.

Mike tiró su brazo por encima de mis hombros, lo que me hizo rebosar de alegría. Me concentré en el sentimiento que me causaba tener su brazo encima de mis hombros, con su mano en mi cuello. Estar cerca de él me hacía sentir segura. Cuando jugábamos fuera de la casa, Mike se comportaba de un modo diferente, como si él estuviera al mando. Cuando estaban sus amigos y otros chicos del vecindario y Mike me protegía, eso me hacía sentir como si él y yo estuviéramos juntos enfrentándonos al resto del mundo. Era bueno tener a un hermano mayor que me cuidaba. Cerré el puño de mi mano capturando en detalle lo que estaba sintiendo por si lo fuera a necesitar más tarde. Cuando guardaba pensamientos en mis puños era también una manera de crear partes de mi misma, habitaciones más brillantes dentro de la casa de mi mente, partes que se pudieran aferrar al sentimiento de sentirme amada. Esa parte pequeña de mí que era feliz, que se sentía amada y segura; se había comenzado a formar con el primer abrazo que me dio Doña Graciela y continuó desarrollándose con cada intercambio de amor que vivía. Era una habitación brillante con una puerta de muchos colores que podía abrir cuando necesitara.

Siempre me emocionaba ver el gran campo de césped que aparecía entre los árboles al otro lado del atajo. *¡Lo logramos! ¡Nadie nos descubrió!* Imagino que también hubiera podido caminar siguiendo nuestra calle, doblar a la derecha al llegar a la esquina, cruzar el parque hasta llegar al campo de césped y de ahí seguir hacia el centro comunitario; pero ese camino parecía muy largo, sobre todo porque siempre estaba ansiosa por llegar a jugar con Mike y sus amigos y ver a la Sra. Nelson, que era la mujer que dirigía el centro comunitario.

Al salir de los árboles estábamos como a mitad de un parque enorme que parecía no tener fin. En camino hacia el centro comunitario pasábamos por unas canchas de tenis de arcilla y por unos columpios. En los surcos que dejaban marcados los pies de los niños bajo los columpios, encontraba yo a veces dulces y monedas que se habían caído de los bolsillos de los chicos más grandes al columpiarse fuerte para llegar muy alto. Con frecuencia me sentaba en la arena que estaba bajo los columpios y me comía los dulces que se habían ensuciado con un poco de tierra. Pero ese día específico no nos habíamos detenido. Pasamos las canales[4] del parque, las barras [5], el domo de escalar [6] y atravesamos el estacionamiento.

El centro comunitario era un edificio cuadrado de ladrillos que parecía una escuela pequeña. Me dirigí hacia dentro del edificio para irme a hacer manualidades, mientras Mike se dio la vuelta para irse a las canchas de baloncesto, donde los ya más grandes se ponían a jugar al *kickball*, baloncesto y fútbol. Aunque Alex a veces se metía a jugar uno o dos juegos, lo cierto es que no le gustaban los deportes. Le gustaba, por el contrario, pasar su tiempo en las cuestas cubiertas de césped con vista hacia las canchas, desde donde veía a otros chicos jugar y a veces se ponía a arrojar piedras. Alex pasaba mucho tiempo solo y, como yo lo veía, parecía estar perdido. Con frecuencia se metía en problemas con papi, uno hubiera

---

[4] Nota de la editora: Canales o resbaladillas
[5] Idem: Barras o pasamanos
[6] Idem: Domo, bóveda o cúpula para escalar o trepar

pensado que no sabía la forma de no metérsele en el medio y con frecuencia sufría golpeaduras. Papi le decía que era estúpido y flojo. "Tú no eres mi hijo", le decía. Si yo hubiera sido Alex, me hubiera sentido triste y perdida todo el tiempo.

Ese verano, antes de que yo entrara en primer grado, mi vida con Mike me parecía una aventura y estaba obsesionada con él. A menudo, las personas que nos veían andar juntos se pensaban que éramos gemelos. Aunque él tenía dieciocho meses más que yo, Mike no era mucho más alto y le enfadada que pareciera tener la misma edad que yo. Pero a mí, por el contrario, me gustaba que la gente pensara que éramos gemelos. Mike era un chico lindo con el cabello oscuro y muy rizado. Sus ojos eran grandes y redondos sobre una cara sonriente que se reía fácilmente. Mi mamá decía que el bien parecido de Mike se debía a la familia de mi padre; su tez trigueña, el hoyo en su barbilla y su pequeña nariz perfecta. Mi nariz también era perfecta cuando yo tenía cinco años, antes de que mi padre me la rompiera una y otra vez. Cuando llegué a la adolescencia y tuve que empezar a ponerme anteojos, me fue difícil encontrar una armadura que le quedara a mi nariz, debido a la anchura de mi puente. Esto era algo que siempre me hacía sentir mal.

Como yo era la hermana menor de Mike, sus amigos no querían que yo fuera con ellos. Pero cuando mi hermano no encontraba a nadie más con quien jugar, me venía a buscar y pronto se dio cuenta de que yo sabía cómo jugar algunos juegos mejor que sus amigos; lo que era, en parte, porque a mí no me daba miedo lastimarme.

Lo cierto era que Mike había sido mi primer entrenador. Aquella primavera, después de que encontrara una pelota en el callejón, había empezado a enseñarme a jugar al baloncesto. Me enseñó a rebotar la pelota, a colarla en la canasta y a lanzarla. Me gritaba si yo dejaba que la pelota rebotara, por lo cual aprendí a atraparla rápido. Al principio era muy mala jugando al juego del rebote, pero luego aprendí en mi mente a frenar el balón mirándolo detenidamente y prestando atención a las costuras. La primera vez que atrapé la pelota antes de que tocara el suelo, Mike gritó: "¡Muy bien!" Me apegué a esa sensación, habiendo capturado en mi puño sus palabras. Así creé una de mis partes que era capaz de jugar al baloncesto, que podía concentrarse en la pelota, evitando toda distracción. Estas partes de mí que eran de una naturaleza "buenas" y "felices" sirvieron para contrarrestar momentos y sentimientos de desesperación e hicieron posible que pudiera lograr el éxito en la escuela, que recibiera elogios y halagos positivos de la gente, que no tuviera temor de destacarme en los deportes y hacer amigos.

Cuando estas partes "felices" se formaban, la sensación era muy diferente de cómo sentía dividirme desde la punta de mis dedos cuando me estaban atacando. Cuando me transportaba a estas partes de mí que eran "buenas", no lo notaba tanto. Sí sentía un poco de mareo y un leve desvanecimiento, pero por lo general era una transición mental suave. Por algunos segundos yo no estaba segura de dónde empezaba y dónde terminaba mi cuerpo.

Gracias a este proceso de disociación, cada vez me volvía mejor al juego de baloncesto. Una vez descifré cómo atrapar la pelota antes que rebotara, entonces tuve que aprender a lanzársela a Mike con fuerza y en una línea recta. Él me decía,

"Nada de lanzar la pelota como una niñita y que no me llegue".

Aprendí a engañar a los otros jugadores, regateando el balón en lugar de lanzarla. Mike me enseñó a regatear dejando levantado un brazo para proteger el balón. Para ser una niña que no debía saber cómo jugar deportes, era bastante buena. Mike no sabía esto, y en ese entonces tampoco yo lo sabía, pero la parte de mí a la que él le enseñaba estrategias para el juego de baloncesto luego tradujo esas habilidades en una capacidad de pensar con anticipación, planear y resolver problemas.

Mike y yo sabíamos que si papi me descubría jugando al baloncesto ambos nos meteríamos en un problema serio. Pero no obstante a ello, Mike se arriesgaba y a veces me iba a buscar al centro comunitario cuando necesitaba jugadores para poder completar los equipos. Me hacía sentir muy especial estar haciendo manualidades con los niños pequeños y que un chico mayor, mi hermano, me viniera a buscar para pedirme que saliera a jugar con él. Cuando íbamos de camino, a veces Mike me ponía su brazo sobre el hombro y me advertía, "No digas nada a papi o nos golpeará a ambos". Yo asentía con la cabeza y dentro de mí el miedo comenzaba a surgir. Luego Mike me decía, "No te preocupes, yo te protejo". Y otra vez sentía como mi corazón se llenaba de amor. De veras le creía que me iba a proteger.

Mientras avanzaba el verano, yo seguía desarrollando una de mis partes que hacía las cosas de la manera que a Mike le gustaba y como él quería que se hicieran; pues así él iba a querer jugar conmigo. Esta parte de mí se parecía a mí y actuaba como yo, pero no estaba preocupada ni asustada.

...

Una mañana, a principios de junio, me desperté, como era de costumbre, con pensamientos que me causaban ansiedad. Estaba preocupada de que Mike ya no fuera a quererme, que ya no me considerara digna de jugar con él y sus amigos. Lo que no sabía es que esa preocupación obsesiva y ansiosa de hecho me ayudaba a mantener mi mente alejada de las partes de mí que habían sido violadas y agredidas, retirándolas así de mi conciencia. Aunque la preocupación era desagradable, me servía también como una distracción superficial. Me ayudaba a levantarme de la cama, a concentrarme en otra cosa y seguir con mi día. Este día en particular, mami me vio salir del baño y me sorprendió que me siguiera a mi habitación. A pesar de que era verano, tenía puesto el uniforme de la escuela. Papi era muy estricto con que yo tenía que llevar siempre un vestido puesto; pero como todos mis vestidos estaban sucios, mi uniforme era la única ropa que había preparado para mí. Mami conocía las reglas de papi, pero me dijo que me fuera a cambiar y me pusiera un par de shorts y una camisa de botones.

Mi madre, como yo, había tenido ese verano una pequeña transformación. Le iba bien en su trabajo del hospital y, aunque seguíamos siendo muy pobres, ella se sentía reconocida. Últimamente se veía más independiente, más dispuesta a darle frente a mi padre.

Esto me entusiasmaba y al mismo tiempo me atemorizaba. "No, a papi no le gusta cuando me visto así".

"Olguita, no puedes jugar con el uniforme puesto. Yo se lo digo a tu padre. Cámbiate, mi amor, y péinate". Se encontró a mi padre leyendo el periódico en la sala. "Alejandro, Olguita no se debe ir al parque vestida con el uniforme de la escuela". Yo me había quedado de pie muy quieta, escuchando desde arriba de las escaleras, agarrando en mi mano el rosario de Doña Graciela.

"Blanca, tú te vas al trabajo. No tienes ningún derecho de decidir qué con nuestros hijos. Perdiste cualquier derecho que de otro modo hubieras tenido, cuando abandonaste a esta familia por tu trabajo".

Mi corazón comenzó a latir más fuerte. Temí que papi le pegara a mi mamá y que la lastimara por mi culpa. No podía moverme. Pero mi mamá, de manera calmada, volvió a hablarle. "No tenemos dinero para poder comprarle un uniforme nuevo. Déjala que se ponga los shorts y las camisas que ya no le quedan a Miguel". Se hizo un silencio y luego escuché el golpe del periódico contra el piso. Me imaginé que lo había tirado y entonces esperé, apenas respirando.

Mi padre soltó una maldición. Lo escuché levantarse del asiento de la sala y me dio pánico. Con sigilo me mandé a correr hacia mi habitación y me senté en la cama, me resultaba difícil respirar y traté de que se detuviera el sonido como de sangre corriendo por mi cabeza. Mi padre subió las escaleras lentamente, con pasos pesados y enojados. Me quedé helada. Apartó la cortina de mi habitación y caminó hacia mí. Se detuvo, examinando el uniforme sin decir palabra.

Apreté el rosario con fuerza. Mis manos comenzaron a sentir esa sensación familiar de división. Entonces vi que mi padre sostenía en su mano un par de shorts y una camisa que ya no le quedaban a Mike. Los puso en la cama a mi lado y me dijo con brusquedad que me los pusiera, saliendo de la habitación sin haber dicho una palabra más. Rápidamente me cambié, pues quería bajar antes de que mi madre se fuera a trabajar. Ella me adelantó en el camino hacia el centro comunitario, diciéndome que me apurara y que alcanzara a mis hermanos.

Nunca había oído a mi padre reconocer que mi madre tuviera la razón ni disculparse por la manera en que nos lastimó. Pero él estaba abierto a las ideas de mi madre si para él tenían sentido; y mi madre tenía una buena habilidad para encontrar razones que hacían coincidir lo que ella quería para nosotros con lo que quería él. Ella sabía lo que mi padre consideraba como importante: que a él le preocupaba mucho que siguiéramos nuestra cultura, religión, nuestro idioma y que mostráramos respeto hacia otras personas. Aquella mañana ella había justificado que yo debía usar shorts, dándole a comprender que nuestra familia no se podía dar el lujo de comprar un uniforme nuevo. A él no le hubiera gustado que en la escuela las monjas me vieran con un uniforme sucio o roto; pero las opiniones que pudiera tener la gente en el parque o en el centro comunitario no le importaban. Y fue así que aquel día, una semana antes de yo cumplir seis años, ya no tuve que seguir usando vestidos todo el tiempo. Ahora podía usar las ropas usadas de mis hermanos para irme a jugar, sin tener que esconderme, lo cual me hizo sentir libre.

Mi padre era impredecible. Yo le tenía terror porque casi siempre se comportaba de una manera cruel. Pero, no obstante a ello, podía sentir de vez en cuando que me quería. Lo podía sentir en la manera que me tomaba de la mano cuando íbamos caminando hacia la iglesia y en su voz cuando me presentaba a la comunidad como su hija. Yo había aprendido a observar cada unos de sus gestos y expresiones, tratando siempre de anticiparme al reto de sus posibles reacciones; como había sucedido esa mañana con mi madre, donde yo no sabía si iba a reaccionar bien o si su reacción iba a ser muy peligrosa para mí.

...

El otoño continuaba acercándose y Mike seguía concentrando cada vez más su atención en el fútbol. Un día me dijo que me iba a enseñar a jugar al fútbol y, yo no sé por qué, terminamos jugando en el patio trasero de la casa en vez de irnos al parque. Mientras me comenzaba a concentrar, la parte de mí que ese verano había aprendido a jugar al baloncesto estaba lista para aprender un deporte nuevo. Mike me dio el balón y me pidió que tratara de pasársela corriendo y llegar al otro extremo del patio. Mostraba con una cara malvada y aterradora, lo que luego me dijo era su cara especial para ese juego. Tan pronto tuve posesión del balón comencé a correr y él me tacleó. Caí al suelo, asustada y sin aire. El tacleo inesperado causó en mí una reacción instintiva de pánico y a Mike también le había causado susto la expresión de mi rostro y de inmediato se me quitó de encima.

Papi entonces salió volando por la puerta trasera de la casa y agarró a Mike por los pantalones. Le dijo a gritos un montón de cosas groseras y lo regañó: "¡Jamás le pegues a tu hermana! Tú tienes que cuidarla. Trátala bien, ¿me oyes?" Mi padre levantó a Mike en el aire y le bajó los pantalones y su ropa interior. Casualmente dos amigos de Mike iban pasando en ese momento por el callejón que estaba detrás de nuestra casa, pues venían del parque hacia sus casas. Aunque intentaron no mirar, con horror vieron, llenos de vergüenza, como mi padre se quitó el cinturón para azotar a mi hermano en el trasero, directamente sobre la piel. Yo traté de salir corriendo hacia la casa, pero papi gritó, "¡Olguita, aquí mismo te quedas!"

"Papi, no quiero", le dije lloriqueando con miedo.

Dejó caer a Mike y levantó su mano. Yo vi como Mike cayó de la altura donde en el aire lo había tenido suspendido y sentí entonces como la mano pesada de mi padre me golpeaba en la cara, con semejante fuerza que yo me caí al suelo. "Cuando te diga que hagas algo, lo tienes que hacer. ¿Me entiendes?" Me quedé tirada en el suelo, mirándolo. Subió a Mike del suelo, dobló su cuerpo para dejar expuesto su trasero y otra vez empezó a usar su cinturón para azotarlo. Ninguno de los dos emitimos sonido.

Tras el segundo azote la puerta de la casa de Doña Graciela se abrió y ella salió. Se acercó caminando hasta la cerca y le gritó, "¡Alejandro, déjelo en paz!" Se volvió a abrir la puerta y salió un hombre alto, vestido de uniforme. Era A.J., el novio de Gracielita, quien era policía. Papi estaba de espaldas a A.J. y no lo podía ver. Escuché como A.J. le decía a mi padre con una voz profunda, "Déjelo en paz". Papi me miró como si me estuviera preguntando qué era lo que estaba pasando detrás de él. Le dije susurrando, "Es Doña Graciela y A.J., el novio de Gracielita, que es policía". Mi padre volvió a soltar a Mike, se puso el cinturón y caminó hacia la casa lentamente, metiéndose en la misma sin voltear una vez la cabeza ni dándose por enterado de la presencia de Doña Graciela ni de A.J.

Mike trató de subirse rápido los pantalones y quedó allí parado como empequeñecido. Yo corrí en dirección a Doña Graciela, le di un abrazo a través de la cerca y me puse a llorar con la cara apoyada en su vestido. Doña Graciela acarició mi pelo y dijo, "Estoy vigilando, Olguita". A.J. se aproximó a la cerca y le preguntó a Mike si estaba bien, pero Mike mantuvo su cabeza agachada y luego entró a la casa. Doña Graciela tenía que haberle contado a A.J. sobre nuestra familia, porque A.J. no parecía sorprendido ni indignado, solamente enojado. Yo pensé, *A.J. sabe lo que papi nos hace. Ojalá pueda llevarse a papi*. Pero nunca lo hizo. Ahora yo creo que él simplemente no sabía qué más podía hacer que no fuera tratar de detener las palizas que veía. Las leyes que había en ese entonces no eran de mucha utilidad en casos como el nuestro.

Yo no quería tener que separarme de Doña Graciela; y tenía miedo de entrar a la casa. Cuando Doña Graciela y yo nos separábamos, ella me recordó, "Te amo, Olguita. Eres una niña hermosa e inteligente". Capturé sus palabras con mi puño. "¿Todavía tienes el rosario?"

Lo saqué fuera de mi camisa para enseñárselo, "Aquí lo tengo".

Ella se sonrió. "Entra en la casa y busca uno de los escondites donde tu padre no te pueda encontrar y reza, mi amor". Yo tenía miedo, pero me fui a la casa como ella me había dicho. Entré por la cocina y no vi a nadie. Caminé sigilosa pasando el fregadero, la estufa y a una mesa pequeña de formica que tenía tres sillas arrimadas. Entonces oí que mi padre estaba bajando apresuradamente por las escaleras.

No tenía tiempo de llegar a ninguno de mis escondites, me apresuré para llegar al comedor y con desespero miré a mi alrededor. Las dos ventanas del frente de la casa estaban cubiertas por unas largas cortinas color beige. Justo en frente de mí, estaba la mesa grande de madera del comedor, con seis sillas; y en la pared junto a la cual yo me encontraba había una alacena en la cual mi mamá guardaba la vajilla y los cubiertos.

Quería gatear para meterme debajo de la mesa, pero no había mantel que me tapara. Corrí hacia la ventana y me escondí detrás de las cortinas. Las mismas eran largas pero, aún así, no llegaban al piso, por lo que podían verse mis pies y mis tobillos. Saqué el rosario de Doña Graciela y en silencio recé, "Dios te salve María, llena eres de gracia...". Oí como mi padre entraba en la sala y me llamaba. Mi corazón latía con fuerza y mis oídos rugían con el sonido de la sangre pulsando, lo que volvía difícil que yo pudiera oír o pudiera pensar. Me daba terror responderle y me daba terror no responderle. Permanecí callada y comencé a rezar más rápido. Mi padre vio mis pies detrás de la cortina, el escondite era muy malo. Se agachó, me agarró por la pierna y me haló. Cuando caí, mi cabeza se pegó un golpe contra el poyo de la ventana y me sentí aturdida.

Mi padre me sacó del comedor arrastrándome, atravesó la sala y subió por las escaleras sin soltarme la pierna, mientras que me gritaba, "¿Quién te crees que eres? Yo soy tu padre. Yo te digo con quién puedes hablar". Levanté la cabeza lo más alto que pude para evitar golpearme contra los escalones, pero tan sólo conseguí reducir un poco los golpes. Cuando llegué, arrastrada, hasta la parte superior de las escaleras, me sentía mareada. Los gritos de papi continuaban, "Hablaste con esa vieja de al lado, aunque te dije que no lo hicieras. Voy a enseñarte lo que les pasa a las niñas que no respetan a sus padres". Cuando mi padre me llevaba arrastrada cruzando la habitación de mis hermanos, vi como Mike se escondía debajo de su cama y sentí a mi corazón hundirse. Mike me había dicho que me iba a proteger. Detrás de la cortina, ya en mi habitación, mi padre me alzó por la pierna y me puso en mi cama. Yo estaba llorando incontrolablemente, suplicándole: "No, papi. Por favor, no, papi. No lo volveré a hacer".

Me agarró por la camisa y me levantó. Me sentía aterrorizada y me faltaba el aire. Le escuché reír. Jadeé intentando respirar. Mis pensamientos se empezaron a acelerar. *Va a darme una paliza. Va a hacerme eso que él me hace. Tengo que irme.* Entonces, ya no lo escuché más. Dejé de sentir pánico y me volví insensible. Sentí mis brazos separarse de donde me estaba agarrando por la camisa. Me metí en mi caparazón y luego subí al techo y desde allí observé como mi padre lastimaba a alguien que se parecía a mí, pero no era yo. Él me miraba a la cara mientras estaba atacándome. Pude ver en sus ojos como estaba tratando de que yo regresara, pero seguí en el techo, a salvo del dolor y de la rabia. Finalmente, papi se detuvo y yo caí inconsciente, como si fuera una muñeca de trapo tirada en la esquina de la cama.

Más tarde, cuando hube despertado, me encontraba sangrando. Estaba oscuro, sabía que mami ya tenía que haber llegado del trabajo, pero no había subido a verme. La escuché abajo conversando con mis hermanos. Mi corazón se hundió aún más y lloré en silencio. Quería que me abrazara y me meciera hasta dormirme. Quería que me limpiara. Quería que Mike subiera y chequeara si me encontraba bien. Quería que me dijera que lamentaba no haberme protegido, que sentía no haber tratado de detener a papi. Escuché el silbido de la olla de presión y olí el ajo y los pimientos verdes que mi mamá estaba sancochando para agregar a los frijoles negros que estaba cocinando.

Toqué el rosario que tenía a mi lado sobre la cama y comencé mis oraciones. "Dios te salve María, llena eres de gracia...". Me levanté y con cuidado arrastré los pies hacia el baño. Enjuagué una toallita con agua tibia y me limpié lo más suavemente que pude, batallando contra el mareo. Sentí mi cuerpo dividirse una y otra vez. La desesperación se apoderó de mí y la misma era tan profunda que una sola parte de mí no era capaz de contenerla.

Volví a mi habitación, me puse un pijama limpio y seco y me metí debajo de mi cama, arrastrándome a gatas hacia el final donde estaba la pared, pasadas todas las cajas y zapatos. Aquella noche, mami ni siquiera había venido a buscarme para ir a cenar. No había venido a darme las buenas noches. Siempre que mi padre me lastimaba ella me evitaba. Por mucho tiempo esto fue un misterio para mí, pero ahora pienso que lo que mi madre hacía era fingir que nada había pasado. Para ella poderme consolar primero hubiera tenido que reconocer lo que me había pasado. Pienso que hacerlo hubiera sido para ella demasiado doloroso y, por esa razón, ella no me iba a ver. Las veces que no podía ignorar lo sucedido, me culpaba. Creo que esa era su forma de restarle gravedad a todo el dolor que yo estaba sintiendo. Y no era de asombrarse que Mike, quien sólo tenía un año y medio más que yo, sintiera demasiado temor como para arriesgarse a rescatarme, especialmente cuando hacía sólo un rato había recibido una paliza de nuestro padre.

En ese entonces yo no entendía que todos y cada uno de nosotros en la casa estábamos lidiando de distintas maneras con lo que estaba sucediendo y que tan sólo estábamos tratando de sobrevivir. Aquella noche no pude dejar de llorar. La desesperación de mi soledad me sobrecogió y volví a separarme de mí misma otra vez. Tenía frío y me sentía adormecida. Aquella sensación familiar de no poder confiar en nadie había regresado; sensación que todavía experimento cuando necesito librarme de sentirme lastimada cuando creo que alguien me ha decepcionado. Ahora sé que había aprendido a no confiar cuando mi padre había comenzado a abusarme. Esa parte de mí que era mi protectora, se hizo eventualmente más fuerte y más compleja; de modo que cada vez que mi mamá no podía reconfortarme o que Mike no me podía proteger, entonces yo me dividía una y otra vez en varias partes que no confiaban en nadie. Luego estos pensamientos se presentaban para protegerme y evitar que me acercara demasiado a alguien que me pudiera lastimar, me ayudaban a estudiar a la gente que era importante para mí, buscando aquellas señales que me pudieran indicar que me iba a traicionar; y para ayudarme a distanciarme de la gente cuyo comportamiento yo no podía entender. Luego tuve que hacer un gran esfuerzo para poder superar estas partes de mí y aprender a acercarme a los demás.

Pero cuando tenía seis años, esconderme y estar sola debajo de mi cama me mantenía viva. Por fin terminé quedándome dormida. Mike y yo nunca volvimos a hablar sobre aquel día. Era como si nunca hubiera sucedido.

...

Por fin llegó el otoño, tras el verano que había pasado sin Doña Graciela. Mi mamá poco a poco y lentamente se iba desapareciendo de nuestras vidas. Durante el día se iba a trabajar, en las tardes cocinaba la cena y después se desconectaba ya fuera en el jardín, frente al televisor o se perdía leyendo un libro. El tiempo que pasé con Mike y mi relación con él se volvió aún más importante. Me dejaban salir a jugar si Mike estaba dispuesto a mantenerse al pendiente de mí. Cuando ahora recuerdo esto me parece gracioso; yo acababa de cumplir seis años y lo único que necesitaba para poder salir a jugar en el vecindario era la promesa de mi hermano, quien estaba al cumplir ocho años de edad, de que me cuidaría.

Durante ciertos períodos de tiempo, Mike andaba bastante conmigo y, cuando esto pasaba, yo aprendía a jugar juegos como 'patada a la lata'[7], 'encantados'[8] y 'escondidillas'[9]. Mi juego favorito era patada a la lata, aunque la verdad es que todos los juegos no era sino una versión diferente del mismo. Cuando jugábamos, como yo era la más joven y era una niña, solía ser a menudo la más lenta y por eso enseguida me atrapaban.

---

[7] *'kick the can'*-'dale la patada a la lata': juego infantil al aire libre conocido por diferentes nombres en dependencia del país. En MX, por ejemplo, se le conoce como 'bote pateado'.
[8] *'freeze tag'*-'encantados': otro juego donde partiendo de un conteo, un niño/a que tiene que correr para tocar a los demás y los niños/as que son tocados no se pueden mover, como si estuvieran congelados/as. También se conoce por diferentes nombres. Por ejemplo: (ES) pilla-pilla, (MX) las traes/encantados, (AR,UR) mancha, (CH) pinta, (Cuba) los cogidos.
[9] *'hide-and-seek'*-'escondidillas': también conocido como 'el escondite' ó 'los escondidos'.

Jugábamos de la siguiente manera: Primero, todos uníamos los puños y uno de los chicos más grandes empezaba a contar, eliminando uno por uno a cada jugador, hasta que al final sólo quedaba uno. El jugador que se quedaba sería el que traería la lata. Alguien pateaba la lata lo más lejos posible y mientras el jugador que la traía iba a buscarla, el resto se escondía. Entonces, el jugador que las traía trataba de encontrar a los demás. Cuando el jugador que se quedaba regresaba con la lata, empezaba a buscar al resto de los jugadores que se habían escondido y, si encontraba a alguien, gritaba su nombre y entonces este jugador se convertía en su "prisionero" y se tenía que sentar junto a la lata y esperar.

Casi siempre me hacían prisionera de inmediato, incluso cuando ya me había vuelto más veloz. Me emocionaba tanto tratando de encontrar dónde esconderme, que me ponía súper nerviosa, casi paralizada. Si no, gritaba cuando veía que el jugador que traía la lata se acercaba corriendo hacia mí. No podía evitar sentir como si algo malo fuera a pasar. Empezaba a llorar pues me sentía aterrada, pero entonces empezaba a reírme muy fuerte para ocultar el hecho de que estaba llorando pues estábamos simplemente jugando, lo que se suponía fuera divertido. Llegó un punto en que, como me habían atrapado tantas veces, Mike empezó a llevarme con él para escondernos. La primera vez que lo hizo, me jaló por el brazo y puso el dedo índice sobre sus labios, indicándome que guardara silencio. Mi corazón se llenó de amor por él. *Va a ayudarme.* Entonces, Mike me dijo que me asomara para ver por dónde andaba el niño que había cogido la lata. Cuando lo hice, Mike salió corriendo y el niño me atrapó. Mike corría muy rápido.

Y allí estaba yo de nuevo, sentada junto a la lata. Cuando el jugador que traía la lata andaba por ahí tratando de capturar al resto de los jugadores; cualquiera de los jugadores que no había sido atrapado podía correr hacia la lata y darle una patada, lo cual ponía en libertad a todos los jugadores que habían sido hechos prisioneros. Eso era súper emocionante. Mike siempre trataba de liberarme, y entonces se convertía en una carrera entre Mike y el jugador que la traía. Me encantaban esas tardes y noches que jugaba con Mike por el vecindario. Me sentía viva y me divertía mucho. Cuando más tarde mi mamá nos llamaba para que regresáramos a casa, entonces me llenaba de miedo y de tristeza.

Aunque Mike casi siempre hacía un buen trabajo manteniéndose al pendiente de mí, cuando andaba con chicos que eran más grades que él me trataba de un modo diferente. Él y sus amigos se escondían de mí o, como ellos decían, se salían de mí. Yo corría en su búsqueda y cuando ya llegaba cerca de donde estaban, salían de un salto de sus escondites para asustarme. Entonces Mike me decía con un grito que regresara a casa. Me sentía humillada y batallaba por no dejar caer mis lágrimas mientras me iba corriendo a casa. Mientras más cerca estaba de mi casa más me llenaba el pánico. En mi mente oía una y otra vez como Mike me decía que me iba a proteger, pero no le encontraba sentido a mis pensamientos. Venían con demasiada rapidez y, además, en realidad yo tampoco los quería atrapar ni tratar de entenderlos. No me parecían pensamientos en los pudiera confiar. Cuando llegaba al patio trasero de mi casa me sentaba al lado de una de las tortugas, le tocaba la cabeza y miraba cómo se metía de un soplo de vuelta en su caparazón.

...

Ese otoño comencé a cursar el primer grado. Mike estaba en segundo y Alex en tercero. Me encantaba la escuela. Me encantaban las monjas y todo lo que estábamos aprendiendo. Hablar inglés todo el día era divertido. Pero a Alex nunca le gustó mucho la escuela. A mí me parecía que él era inteligente, pero no sacaba buenas calificaciones. El verdadero nombre de Alex era Alejandro, como mi papá, pero los chicos en la escuela se burlaban de su nombre. También le daban muchas golpeaduras, sobre todo porque era el primer chico latino que asistía a esa escuela y su nombre les resultaba extraño a sus compañeros de clase; aunque también porque era un niño solitario y con poca auto estima, por lo que realmente no encajaba. Cuando Alex estaba en primer grado, las monjas le pidieron a mi mamá que viniera a la escuela, para explicarle esta; y todas acordaron que a mi hermano se le conocería como 'Alex'.

Esto ayudó muchísimo en la escuela y el vecindario; pero, en la casa, esto era terrible. Todos los documentos de la escuela y boletas de calificaciones decían Alex en vez de Alejandro. Como mi padre no hablaba ni leía inglés, casi siempre era mi mamá quien revisaba sus tareas y leía las notas que enviaban los maestros/as. Pero una tarde ese verano, mientras yo estaba mirando a mi mamá cocinando la cena y Mike y Alex jugaban en su habitación; mami y yo nos sobresaltamos por un grito que mi padre metió: "¡Alejandro! ¡Ven para acá inmediatamente!"

Todos conocíamos ese tono de voz de mi padre: Alex recibiría una paliza. Mi mamá soltó todo y, corriendo, se dirigió a la sala. Yo salí corriendo por el pasillo y me quedé al pie de la escalera, desde donde podía ver hacia la sala, pero también podía subir corriendo y esconderme en caso de que surgiera la necesidad.

Mi padre había revisado la mochila de la escuela de Alex y había encontrado su boleta de calificaciones. Era el fin del trimestre y Alex había salido bien, pero mi padre no se había fijado en sus calificaciones. Sólo había visto su nombre en la boleta de calificaciones y ahora le decía a mi madre con tono de desaprobación, "Tu hijo está usando un nombre diferente". Vi como Alex bajaba las escaleras lentamente. Estaba escuchando a mi mamá tratar de calmar a mi padre, y se movía con lentitud con esperanza de no tener que llegar hasta la sala. Oí como mi mamá le explicaba que a Alex lo habían golpeado en la escuela y que las monjas habían sugerido que usara el nombre de Alex. En ese momento me sentí triste por Alex. Podía ver el miedo en su cara. Podía sentir mi propio estómago saltar y mi corazón comenzar a latir con más fuerza. Me esforzaba en tratar de mantenerme respirando. Mi padre le respondió a mi mamá que no le importaba lo que dijeran las monjas.

"¡Su nombre es *Alejandro*!", gritó. Mami guardó silencio. Alex llegó al pie de las escaleras y entró a la sala lentamente. Me escabullí hacia la parte superior de las escaleras y me senté; por mi cabeza corría la sangre apresuradamente, lo que hacía difícil que pudiera escuchar lo que estaba pasando. Saqué el rosario de Doña Graciela y comencé a rezar: "Dios te salve, María, llena eres de gracia...". Había visto antes las palizas que podía dar mi padre y sabía que los sonidos que estaba escuchando eran los de la hebilla de su cinturón golpeando contra el trasero desnudo de Alex.

Después de lo que me había parecido un largo tiempo, mi padre le permitió a Alex retirarse de la sala. Alex subió despacio la escalera, sujetándose los pantalones tan alto como le era posible, mientras trataba de no tocar donde le habían golpeado. Al pasar junto a mí parecía vacío. Cuando me dirigía a la cortina que separa la habitación de mis hermanos de la mía, noté la mirada de Mike al atravesar su habitación. Tanto él como yo sentíamos alivio de que esta vez, no era a nosotros a quienes nos había tocado.

Alex entró al baño y pocos minutos después mami estaba en la puerta. Desde mi habitación, a través de una apertura en la cortina del baño, yo los miraba. Podía ver como Alex lloraba y como mi mamá enjuagaba una toallita para limpiarle el trasero. Luego alcanzó una botella del botiquín de medicinas y usó unas bolitas de algodón para quitarle la sangre de la piel. Le dijo a Alex suavemente que debía tener más cuidado dónde dejaba sus cosas de la escuela.

Mientras los observada, toqué el rosario con los dedos y continué mis rezos en silencio. Me invadió la tristeza. Yo quería que mami me ayudara de esa manera. Las lágrimas resbalaron por mis mejillas y sentí como si tuviera un agujero en el estómago. Con temor de que pudieran verme, me agaché y me acerqué a mi cama, para luego arrastrarme debajo de la misma hasta el final donde estaba la pared. Cuando sentí la pared contra mi espalda, apreté contra mi pecho las rodillas y las mantuve allí. Comencé a llorar aún con más fuerza, pero sin hacer ruido. Me sentía tan sola.

"Ella no me ama, no me ama"; murmuraba entre llantos. Quería quedarme dormida y no volverme a despertar. Mientras más lloraba, me sentía más desesperada. Finalmente, una calma suave se apoderó de mí. Mi cuerpo sintió esa sensación familiar de estarse dividiendo. Sentía la cabeza aturdida, como si la tuviera llena de algodón. Mis ojos se iban de un lado al otro, sin control. Entonces caí en un estado de sueño que me libró del dolor.

3

La mañana de mi séptimo cumpleaños fui al centro comunitario casi todos los días. Hacía un par de semanas desde que la escuela había terminado. Estaban preparando una fiesta de sorpresa para mi cumpleaños, aunque en realidad no me causó sorpresa. La Sra. Nelson, quien dirigía el centro comunitario, nos había pedido que usáramos papeles de colores para recortar y pegar sobre una cartulina las letras 'F-E-L-I-Z-C-U-M-P-L-E-A-Ñ-O-S-O-L-G-A'. A mí me tocó recortar las letras que formaban mi nombre, 'O-L-G-A', con los colores de mi preferencia. Mientras nos formamos para firmar mi cartel de cumpleaños, la Sra. Nelson trajo diez pastelitos cubiertos con merengue de chocolate, uno con una vela encima. Dirigió a todo el grupo para cantar a coro "Feliz cumpleaños". Abrí los ojos grandes como platos y exclamé: "¿En serio? ¿Esto es para mí?"

Me encantó, pero estaba asustada y avergonzada al mismo tiempo. Estaba fascinada con todas las caras sonrientes a mi alrededor, especialmente la de la Sra. Nelson, pero el temor de que alguien me quitara esto estaba formándose. Seguí mirando las caras de los niños, dándome cuenta de lo amable que se portaban conmigo, y pensé para mí misma: *Me quieren*. Levanté la mirada y vi a la señora Nelson, muy alta junto a mí, con una sonrisa en el rostro.

Me miraba de la misma manera que Doña Graciela solía hacerlo cuando me decía que me amaba. Me esforcé para dejar que esas miradas y esos sentimientos me llenaran de alegría, pero no pude retener ese sentimiento por mucho tiempo. Muy pronto, el profundo vacío y la tristeza volverían sigilosamente a tomar su lugar. Esa mañana, mientras sonreía y cantaba, me avergonzaba sentir que las lágrimas se agolpaban en mis ojos y resbalaban por mis mejillas. Mi sonrisa autómata, combinada con las lágrimas, confundieron a los otros chicos: "Sra. Nelson, ella está llorando. ¿Por qué llora?"

Avergonzada de que se habían dado cuenta, reafirmé mi sonrisa y me esforcé aún más para no llorar. La señora Nelson escudriñó mi cara. Dirigió a todos a sus asientos, luego se agachó junto a mí y susurró: "Olga, cierra los ojos y pide un deseo. Luego, puedes apagar tu vela". Cuando me preparaba para apagar mi vela, ella me detuvo y me recordó que debía asegurarme de pedir un deseo. Pero no podía pensar, y ahora derramaba lágrimas aún más rápido.

La Sra. Nelson les dijo a todos que comieran sus pastelitos. Entonces, me abrazó y susurró en mi oído, "Respira profundo y pide cualquier deseo que quieras". Lo intenté, pero no se me ocurría ningún deseo. Mientras la vela continuaba prendida, me dijo, "Puedes pedir cualquier cosa". Estaba exhausta a causa de todas las emociones, los pensamientos acelerados y la presión de pensar en un deseo enfrente de todos. Nunca había tenido una fiesta de cumpleaños, ni siquiera en casa.

Finalmente, se me ocurrió un deseo y dije en voz baja, "Ya tengo un deseo". Me abrazó contenta.

"¡Qué bueno! Ahora piensa en ese deseo y apaga tu vela".

Pensé, *Desearía poder ser hija de la Sra. Nelson*, y apagué la vela.

"Muy bien. Ahora come tu pastelito y luego jugaremos antes de que te vayas a casa". Aliviada, le di una mordida enorme al pastelito.

Hasta este momento, mi cumpleaños había estado tan lleno de dolor que el hecho de que fuera reconocido de alguna manera, automáticamente abría una puerta en mi mente a una parte que sabía sobrevivir lo que yo esperaba fuera una experiencia dolorosa. La parte que salió a la luz, esa mañana en el centro comunitario, era vulnerable y repleta de la necesidad de sentirse amada, y esa parte joven capturó el momento amoroso con la Sra. Nelson para que pudiera volver a visitarlo cuando lo necesitara. La tristeza que esa parte mía le mostró a la Sra. Nelson sería lo más cercano que ella llegaría a ver de lo que sucedía en nuestra casa.

Esa tarde caminé lentamente a casa. Al irme acercando, me sorprendió ver a mis padres sentados en el porche delantero. Mi mamá había llegado temprano del trabajo, lo cual nunca hacía. Pensé que tal vez había venido a casa para celebrar mi cumpleaños. Tal vez ella haría una cena especial y un pastel para mí. A la distancia, mis padres parecían estar disfrutando de un día de junio inusualmente fresco y con brisa. Noté que mi padre hablaba y mi madre con la mirada en blanco veía fijamente al espacio como lo hacía cuando trabajaba en su jardín. No estoy segura de lo que estaban hablando, pero parecía serio. Él meneaba su dedo hacia ella con severidad, como si hubiera hecho algo malo. Cuando me vio, dejó de hacerlo.

Sentí incertidumbre y que debía ser cautelosa, pero no pude contener mi deleite al ver a mi mamá. Corrí hacia ella y traté de abrazarla, pero ella levantó su brazo y me detuvo de inmediato. "No, Olguita, estás demasiado sudada". Mami aún traía puesta su ropa bonita para ir al trabajo, un vestido floreado sin mangas que le llegaba hasta el muslo, justo por arriba de la rodilla. Su cabello estaba perfectamente peinado, cada rizo se mantenía en su lugar por un espray de laca para el cabello, la cual yo podía ver cómo se lo ponía las veces que estaba despierta antes de que ella se fuera a trabajar. Su maquillaje seguía impecable al final del día, el delineador de ojos intacto bajo las pestañas postizas y el rímel, sus labios rojos brillante y el esmalte de uñas exactamente del mismo color.

Mi padre extendió sus brazos hacia mí. Al igual que mi madre, siempre estaba vestido impecablemente. Tenía puesto un traje gris, camisa blanca almidonada y corbata negra, su sombrero de fieltro a su lado sobre una pequeña mesa. Ahora que lo pienso, me parece extraño que siempre estuviera tan arreglado, ya que no tenía trabajo. Pero siempre que iba a estar fuera, donde otras personas lo podían ver, quería lucir profesional e importante. Se vestía así cuando íbamos a la iglesia o al mercado, e incluso para pasear por el vecindario.

"Ven, Olguita, yo te doy un abrazo", me dijo con una carcajada grande y audaz, como si estuviera actuando frente a un público. Sus ojos intensos me atravesaron, era como si él pensara que yo era otra persona. Titubeé asustada. Debajo de su bigote apretado, había una sonrisa chueca. Yo había visto esa mirada muchas veces y había llegado a entender de alguna manera que significaba crueldad e implacabilidad. En aquellos tiempos, sentía que no sólo quería lastimarme, sino también humillarme y destruir mi espíritu. Una serie de partes, dentro de mi conciencia, reconocían su mirada amenazadora que me dejaba con una fuerte sensación de pavor, a la cual no podía darle nombre. El día que cumplí siete años, no tenía acceso a todos los recuerdos e información que tenían esas partes; sólo sabía que debía evitar a mi padre. El miedo atravesó mi pequeño cuerpo.

Miré a mami buscando refugio, pero me di cuenta por la expresión de su mirada que ya no estaba presente en el porche con nosotros. Estaba en algún lugar dentro de ella, escondida de lo que no podía enfrentar y tampoco podía detener. Caminé lentamente hacia mi padre y traté de darle un abrazo dejando espacio entre nosotros, pero me jaló y me sentó en sus piernas. Sentí como algo dentro de sus pantalones se endurecía lentamente. Traté de bajarme, pero me abrazó aún más fuerte. Me susurró al oído, "¿No quieres tu regalo de cumpleaños?"

Cuando respondí, "Sí, papi, sí quiero mi regalo", aflojó su abrazo apretado y me caí. Mi voz era monótona y resignada. No tenía otra opción. Una parte de mí sabía que él tenía la intención de darme otro "regalo" más tarde. Esta misma parte se había acercado a la Sra. Nelson en la mañana. Esta parte reconocía la mirada en su rostro y sabía evitar una golpiza por ser irrespetuosa y también sabía que me violaría de todas maneras. Mis pensamientos corrían acelerados: *¡No quiero nada de ti! Quiero que te mueras.* Con tantos pensamientos en mi cabeza, no podía enfocar los ojos. No podía atrapar los pensamientos en aquel entonces, no podía saber de ellos ni entenderlos. Estaban contenidos, pero apenas, por mis múltiples partes cuyo trabajo era protegerme de la rabia, que no podía permitirme sentir ni expresar.

Mecánicamente, mi mamá sacó una bolsa de papel de su bolso y se la dio a mi padre. A su vez, mi padre me la dio a mí y me deseó un feliz cumpleaños, y sonrió con su sonrisa de cocodrilo otra vez. El miedo me recorrió. Desesperada miré a mi mamá y vi que seguía ausente. Llegó la sensación familiar de ofuscación y de repente sentí como si estuviera del otro lado de la calle en el pequeño parque. Desde esa distancia que me hacía sentir a salvo, me miré abrir la bolsa y sacar un reloj Timex con extensible. Me lo puse en la muñeca como había visto que lo usaban mi madre y mi padre. Le di un abrazo tieso a mi padre y me volvió a jalar hacia él. Esta vez yo estaba más alejada y no sentí miedo. Le di las gracias a mi mamá sin acercarme demasiado. No me respondió.

De repente pensé en la Sra. Nelson y en ese momento regresé a mi cuerpo. Les pregunté a mis padres si podía ir a enseñarle mi nuevo regalo y salí corriendo del porche. Antes de siquiera poder escuchar la respuesta, me apresuré al centro comunitario, pensando: *Por favor, que esté ahí, Por favor, que esté ahí, Por favor, que esté ahí...* Llegué al claro y vi su Volkswagen anaranjado, pero yo todavía estaba lo suficientemente lejos como para que se fuera antes de poder alcanzarla. Sin aliento y jadeando, seguí corriendo atravesando el campo tan rápido como mis piernas podían correr, y cuando llegué al estacionamiento, sentí alivio de ver que no estaba en su automóvil.

Disminuí la velocidad, recobrando el aliento antes de entrar en el edificio de tabique que me parecía tan seguro.

"¡Señora Nelson, me dieron un reloj de regalo de cumpleaños!" Se lo mostré.

Su rostro se iluminó y dijo: "Es hermoso. Tus padres deben amarte mucho para darte un regalo de cumpleaños tan maravilloso".

"Sí, así es", respondí. Ya no sentía esa sensación de lejanía.

"¿Puedo ver tu reloj de cerca?" Me costó trabajo averiguar cómo quitármelo, así es que ella me ayudó. Al parecer me lo había puesto al revés, porque giró el reloj y miró la carátula. "Olga, ¿sabes cómo decir la hora?"

"¿Decir la hora?", pregunté.

"¿Puedes ver tu reloj y saber qué hora es?"

Hice una pausa. "No", dije en voz baja.

De un cajón de su escritorio, sacó un reloj de cartón. "Esto va a ser divertido", dijo emocionada. Se sentó a mi lado por un rato y hablamos de la función de la manecilla grande, la función de la manecilla chica y lo que hace el segundero. Me enseñó a halar la pequeña corona a un costado del reloj para ponerlo en hora y darle cuerda. Me dijo que le diera cuerda todos los días y que lo hiciera a la misma hora cada día para que no se me olvidara. Elegí una hora en la mañana mientras me estuviera vistiendo. El plan le pareció genial.

Cuando terminamos, la Sra. Nelson me deseó un feliz cumpleaños otra vez, me abrazó y dijo que necesitaba irse a casa. Esperé a que tomara su bolso. Cuando salíamos de su oficina me preguntó qué hora era. "Quince minutos después de las cinco", respondí. Me dijo que lo había hecho muy bien y me tomó de la mano. Me concentré en lo maravilloso que se sentía que me tomara de la mano. Podía sentir que ella me quería, por el tiempo que pasaba conmigo y la manera en que me miraba y me abrazaba. Quería recordar todo eso. Con la mano que tenía libre, en secreto, formé un puño para capturar estos sentimientos. Le quitó el seguro a su automóvil, abrió la puerta y colocó sus cosas en el asiento delantero. Me abrazó otra vez y me dijo, "Olga, eres una chica muy inteligente y especial". Atrapé sus palabras en mi puño.

"Buenas noches, Sra. Nelson. Gracias por enseñarme a leer mi reloj". Mientras veía cómo se alejaba, mi cuerpo se sentía pesado. Sentí como si mi corazón se hubiera ido, como si se hubiera ido con ella.

Me di la vuelta y sentí esa sensación familiar de ofuscación en la cabeza cuando comencé a caminar a casa. No tenía prisa y tomé el camino más largo, como se suponía que debería hacerlo, pasando lentamente frente a todas las casas de nuestra cuadra. Vi a muchas familias en sus porches. Vi a niños jugando en sus patios con sus perros. Vi a gente riendo y disfrutando la fresca noche de verano. Y al final de esa calle, en la esquina, vi la casa de Doña Graciela. Miré hacia su patio trasero, en todas las ventanas y el porche delantero, pero no había nadie. Di la vuelta en la esquina y subí los escalones de nuestra casa.

Mis padres ya no estaban sentados en el porche. Entré a la casa, donde mi padre estaba leyendo un periódico en la sala. Olí el ajo, el pimiento verde y las cebollas sancochándose y escuché el suave *tsch-tsch-tsch* de la olla exprés. Caminé por el pasillo hasta la cocina y vi a mi mamá preparando frijoles negros y arroz blanco para la cena. Ella había comprado chuletas de cerdo en la tienda camino a casa y las estaba marinando con especias. Las chuletas de cerdo eran un lujo para nosotros, ya que generalmente no teníamos dinero suficiente para una comida tan extravagante. Le pregunté por qué íbamos a comer chuletas de cerdo y ella dijo inexpresiva: "Es tu cumpleaños, Olguita".

Ella se había cambiado de ropa y vestía un vestido viejo para estar en la casa y un delantal. "Mami, ¿podrías darme un abrazo de cumpleaños?" Mientras se lo decía, pude ver cómo se endurecía su rostro. Sonaba patética y ella estaba ocupada. Se acercó y me dio un abrazo rápido. "Ahí está tu abrazo. Ahora, déjame en paz, Olguita. Estoy cocinando tu cena de cumpleaños. Si quieres otro abrazo, tu padre te dará uno. O puedes salir al patio de atrás a jugar con tus hermanos". A través de la ventana, podía ver a mis hermanos luchando con un balón de fútbol en el patio. No quería jugar con Alex si él estaba luchando. Él era más rudo aun conmigo que con Mike.

Caminé silenciosamente por el pasillo y di la vuelta para subir las escaleras, tratando de pasar inadvertida por mi padre. Pero en la parte superior de la escalera, lo vi subir también. Él miraba directamente hacia mí. Mi corazón comenzó a acelerarse y la sangre pulsaba en mi cabeza y oídos. En cámara lenta, corrí a mi habitación y me arrastré debajo de mi cama. Antes de poder llegar hasta la pared, sentí que alguien me agarraba del pie y me halaba. Me agarré de algunas cajas para tratar de permanecer debajo de la cama, pero no funcionó. Cuando estaba a medio salir de debajo de la cama, me aferré a una de las patas, pero papi me dio una patada en el estómago y me solté a causa del shock y del dolor. Él me sacó y me tiró al piso, boca abajo. Apenas podía respirar. Me aterré y me metí tan dentro de mí como pude y luego tuve esa sensación familiar de ofuscación en la cabeza.

Algunas de mis partes sabían que si me resistía los ataques sexuales de mi padre sólo durarían más y serían más dolorosos. Así es que esas partes intervinieron y me detuvieron para que no luchara. Se habían desarrollado partes más sofisticadas las cuales no necesitaban que se les dijera qué hacer para minimizar el dolor. Estaban estrechamente conectadas a las partes que podían reconocer e interpretar las expresiones faciales de mi padre. Esta colección de partes tomó el mando.

Desde el techo, pude ver que mi padre me volvía a patear, entonces una de estas partes giró mi cuerpo para estar de cara a él. Esa parte sabía que tenía que dejar de resistirme o me lastimaría aún más. Miré insensible mientras me quitaba la ropa y la doblaba perfectamente, le desabroché los pantalones y me subí a la cama quedándome inmóvil.

"Eres malvada, Olguita. ¿Ves cómo me obligas a hacerte estas cosas? Sabía que te gustaba". Desde el techo, escuché sus palabras, vi lo que yo estaba haciendo y me dividí una y otra vez. Automática y misericordiosamente, mi mente dividió la memoria de este evento en muchas habitaciones conectadas pero separadas. Hubiera sido devastador e incluso peligroso para mí saber que, regularmente, le facilitaba el abuso. De alguna manera, sabía que no sobreviviría conocer que, al tratar de hacer que fuera más fácil para mí, hacía que fuera fácil para él.

Cuando papi terminó, se subió los pantalones y me escupió. Luego dijo algo que había dicho anteriormente: "Cada año te voy a dar este regalo para que recuerdes que eres una puta".

Lo vi irse y luego me vi levantarme lentamente. Mis ojos se movían sin control de un lado a otro, algo que ahora reconozco como una señal de que partes de mi subconsciencia están muy activas: se estaban formando partes nuevas, otras partes que ya existían estaban muy perturbadas, otras partes estaban cambiando de estar activamente presentes a estar desconectadas. No quise entrar al baño a limpiarme por miedo de que alguien entrara y me viera, mecánicamente usé una camisa para limpiarme. Oía sus palabras en mi cabeza y sentía una enorme vergüenza, rápidamente encerré las palabras y los sentimientos de vergüenza en una habitación diferente. Me puse la pijama, puse orden, volviendo a meter debajo de la cama las cosas que había sacado y alisando las sábanas. Aunque había hecho cosas similares en otras ocasiones, este estado de disociación, de alguna manera, se sentía más pesado. Eventualmente me volví a meter debajo de mi cama colocando las cajas a mi alrededor.

Apenas había empezado a rezar el Ave María cuando me quedé dormida. Como de costumbre, me desperté durante la noche y subí a mi cama. Sin embargo, esta vez recordé que no había comido mi cena de cumpleaños y que mi mamá no había venido a buscarme. Quizás esta fue la desesperación más profunda a la que me había enfrentado: un agujero oscuro y profundo amenazaba consumirme. Pero, instintivamente mi mente tomó de nuevo el control y dividió la desesperación en partes más pequeñas, más manejables. Cada parte contenía sólo una porción de la sensación, y nunca debía permitirse que esas partes se conectaran.

A la mañana siguiente me desperté llena de ansiedad. Pensé en la Sra. Nelson y volví a escuchar todas las cosas que me había dicho el día anterior, en mi cumpleaños. La vi sonriendo y podía sentir su mano grande tomando la mía mientras caminábamos juntas hacia afuera del centro comunitario. Me quedé acostada en la cama tratando de calmar mi ansiedad, recordando las maneras en las que podía darme cuenta que yo era alguien especial para ella. Siempre sonreía al verme. Nunca me corregía en clase. Delante de todos comentaba lo inteligente y creativa que era. Parecía que a ella le gustaba especialmente cuando yo me veía feliz, así es que me preocupaba verme feliz. Recordé que había llorado cuando celebramos mi cumpleaños, por lo que temí que no me quisiera tanto al día siguiente. Me levanté, me vestí, me lavé los dientes, me lavé la cara y volví a mi habitación para pararme frente al espejo.

Mi cabello grueso, negro y ondulado estaba despeinado, así que lo cepillé por encima y luego creé mi peinado favorito: la raya en medio y una coleta de cada lado de la cara. La raya estaba torcida y las coletas estaban a diferentes alturas. Como de costumbre, una porción del cabello en la parte de atrás no alcanzó a estar en ninguna de las coletas. Cuando terminé, examiné cuidadosamente los rasgos de mi rostro.

Miré mis ojos oscuros y los abrí grandes y luego los cerré para hacerlos pequeños, luego los moví de un lado a otro, luego los apreté y los abrí apenas lo suficiente para poder ver. Sonreí con fuerza y miré en las comisuras de los ojos para ver si tenía líneas allí, como la señora Nelson tenía. Me decepcionó descubrir que no tenía. Me encantaba ver a la señora Nelson sonreír; pues esto hacía que se vieran las líneas que se le formaban en la comisura de los ojos y yo creía que así se veía muy feliz.

Traté de no mirar mis ojos demasiado tiempo. Con el dedo índice, seguí el perfil de mi nariz. La toqué donde me la habían roto pero no me detuve en cómo había pasado. En cambio, me centré en mi boca. Cuando sonreía, aunque fuera un poco, mis mejillas redondas formaban dos hoyuelos grandes por los que a menudo recibía halagos. Me gustaba poner los dedos en ellos. Así es que probé diferentes sonrisas que mostraban mis hoyuelos. Primero probé sonreír sin abrir la boca. Se veía bien, pero no parecía estar suficientemente feliz, especialmente en los ojos. Abrí un poco la boca, todavía no estaba del todo bien. Sonreí con fuerza, levanté los ojos, abrí la boca, y lo había logrado: me veía feliz. Me alejé del espejo y luego salté hacia atrás, sonriendo mucho para ver si podía hacerlo de nuevo. Pude. Fingí reír, y luego me reí aún más. Quería encontrar la risa adecuada para mostrarle a la gente lo feliz que era.

Practiqué esta rutina la mayoría de las mañanas ese verano, deseando desesperadamente ser tan feliz como parecía estarlo la Sra. Nelson, deseando ser feliz para que ella siguiera amándome. La sonrisa perfecta y la risa que diseñé ese verano se quedaron conmigo la mayor parte de mi vida, para poder siempre, instantáneamente, aparentar felicidad.

...

Era muy diferente estar en el centro comunitario que estar en casa. Mi padre se reía cruelmente del acento de mi mamá cuando hablaba inglés o se burlaba de su manera de cocinar o de limpiar. Cuando llegábamos a casa y estábamos sucios, raspados o con moretones, la culpaba a ella. La ridiculizaba por trabajar, por no estar en casa donde debería estar y la acusaba de ser una mala madre, esposa y ama de casa. Él sabía que ella se sentía profundamente orgullosa de ser una buena madre, de manera que sus palabras la fastidiaban mucho. Ella se pasó ese verano muy seria.

Mami parecía más fuerte desde que había empezado a trabajar, y en respuesta a esto mi padre se volvía más volátil e impredecible. Mi mamá era querida en el hospital donde trabajaba. Apreciaban que fuera inteligente y capaz. Su inglés estaba mejorando y tenía más amistades en el vecindario. Algunas de ellas sólo hablaban inglés, por lo que mi padre no se podía comunicar con ellas fácilmente. Papi pertenecía a una generación diferente, más anticuada en sus creencias sobre la cultura y la familia. Él entendía más inglés de lo que dejaba entrever, pero no lo hablaba porque pensaba que no lo hacía lo suficientemente bien para sonar como una persona inteligente.

Alex, Mike y yo también ya estábamos hablando más inglés. Cada vez más enojado por esto, papi empezó a poner nuevas reglas. Una noche decidió que ya no teníamos permitido, bajo ninguna circunstancia, hablar inglés en casa, aun cuando alguien que no hablara español nos llamara por teléfono, como los amigos de la escuela. Si necesitábamos ayuda de mami con la tarea, no podíamos hablar con ella en inglés. Cuando se me olvidaba y le hablaba a mi mamá en inglés, lo cual hacía a menudo, la respuesta de mi padre era rápida y dolorosa.

A medida que la agitación de papi iba en aumento, sus ataques hacia mí se volvían más frecuentes y brutales. Unas cuantas semanas después de mi cumpleaños, papi me despertó a medianoche tapándome la boca con su mano. Me inmovilizó y se metió a mi cama, empujando mi pequeño cuerpo. El terror me recorrió y gimoteé: "No, papi, no. No me hagas esto".

Entrecerró los ojos, enojado. Me agarró la cabeza con ambas manos y la azotó contra la cabecera de la cama un par de veces y luego me dijo al oído con tono bajo y provocador: "No es mi culpa. Tú me provocas esto". Me aterroricé y me retiré como una de las tortugas del patio trasero. Esa noche observé, a salvo desde techo, que mi padre me violaba de una manera aún más violenta que antes. Parecía no saber quién era yo. Parecía perderse en el placer y, a la mitad, me dio la vuelta y me violó en un lugar nuevo. Instintivamente me dividí de nuevo, mis oídos se ensordecieron para no escuchar los sonidos que hacía. Una parte nueva se adelantó para contener y llevarse lejos esa forma inesperada de agresión, así como el dolor intenso. Otra parte se adelantó a rezar: "Dios te salve María, llena eres de gracia...". De repente, pude escuchar a Doña Graciela: "No es tu culpa, Olguita". Me concentré en sus palabras, su voz, su rostro, su abrazo y cómo me sentía amada por ella.

Después que papi se fue, lloré en silencio. Me levanté de la cama lentamente, en el baño mojé una toallita con agua tibia y me limpié con cuidado. Quería a mi mamá. Quería ser abrazada, quería que alguien me consolara. Extrañaba a Doña Graciela. En mi habitación, limpié la cama. Pensé en Mike, escondido debajo de las cobijas en la habitación de al lado. Había dicho que no dejaría que nadie me hiciera daño. Empecé a llorar otra vez, silenciosamente, pensando, *¿Cómo* *puede ser que mis hermanos no hagan nada? ¿Cómo es que mami puede seguir dormida? Papi ni siquiera trató de no hacer ruido. Yo no hice ningún sonido, pero él hizo mucho ruido. Todos escucharon lo que me estaba haciendo.* Me rebasaba la soledad de saber que nadie intentó detenerlo.

A la mañana siguiente, mi mente, misericordiosamente, me distrajo, regresando a las preocupaciones sobre la señora Nelson y si aún me quería. A medida que pasaba el verano, me obsesioné con ella cada vez más. Afortunadamente, parecía que ella siempre tenía tiempo para mí. Pasé cada momento que pude ayudándola en el centro comunitario, jugando con los otros niños y tomando sus clases de manualidades. Hice protectores para agarrar las ollas calientes, hice ceniceros y pinté un cuadro tras otro. A todos le gustaban.

A medida que se iba terminando el verano, me emocionaba el ir a la escuela, pero también tenía una profunda sensación de pavor de que se acercara el otoño. Algunas de mis partes estaban conscientes de que sufría más abuso durante el otoño y el invierno, porque mi padre tenía más acceso a mí; los días eran más cortos y tenía menos lugares a dónde ir aparte de la escuela. Esta aprensión de que el verano se acabara permaneció conmigo durante muchos años, pero no la pude reconocer conscientemente hasta mucho después en la vida.

En mi primer día en segundo grado, conocí a la hermana María José. Era joven, probablemente había terminado la universidad unos años antes. Podía ver en sus ojos una sensación de paz, una calma suave que me hacía gravitar hacia ella. La hermana María José me conocía, más o menos, porque mis hermanos habían estado en su clase los últimos dos años. Me sorprendió que pudiera pronunciar mi nombre con tanta facilidad. La hermana María Jorge, mi maestra de primer año, también había sido maestra de mis hermanos, pero a ella todavía le costaba trabajo pronunciar mi nombre y entender mi inglés limitado. Siempre sentí que le estorbaba, que yo era alguien que la retrasaba, alguien cuyo nombre no podía pronunciar.

La hermana María José me puso mucha atención desde el principio del año escolar. Quizá se daba cuenta que algo pasaba en casa y me estaba cuidando. No estoy segura de lo que sabía, pero se daba cuenta de todo. A menudo, me preguntaba en privado acerca de los moretones que tenía en los dedos y manos. Notaba mis ausencias a clases y preguntada en privado sobre esto; también se dio cuenta de los moretones que yo tenía alrededor de mi nariz una vez que mi padre la rompió y también me preguntó sobre eso. Pero había sido aleccionada a no decir nada al respecto de lo que pasaba en casa. Mi padre me había enseñado que podía perder a la gente, sin importar cuánto me quisieran.

Al comienzo del año escolar, un oficial de policía vino a nuestro salón de clase y nos dijo quién era la policía y qué hacían: proteger a las personas. Una noche, no mucho después, estaba en mi habitación y escuché a mi madre gritar en la cocina. Aterrorizada, corrí escaleras abajo para ayudarla. Mi madre estaba en el piso llorando, con el labio sangrando. Mi padre debe haberle dado un puñetazo. Estaba parado sobre ella con un cuchillo en la mano, gritando algo. Me llené de todo el valor que fui capaz y fui por el teléfono de la sala. Llamé a la policía, tal como nos habían dicho que lo hiciéramos. Le dije a la mujer que contestó que mi padre estaba matando a mi madre.

Mi mamá me escuchó y gritó, "¡No, Olguita!" Mi padre se acercó y colgó el teléfono, pero no antes de que yo le diera a la mujer nuestra dirección. Él me abofeteó varias veces. Luego se controló y se sentó en la sala a esperar a la policía. Me dijo que cuando llegaran, debería abrir la puerta y deshacerme de ellos. Mi mamá se limpió y esperó nerviosamente en el vestíbulo.

Cuando llegaron, abrí la puerta. Los tres nos paramos juntos en la entrada. La policía intentó hablar con mi padre, pero se detuvieron cuando se dieron cuenta que no hablaba inglés. Intentaron hablar con mi madre, pero estaba tan alterada que no entendieron su acento dominicano. Luego me preguntaron a mí qué había pasado. Miré al piso e inventé una historia. Dije que había aprendido acerca de la policía en la escuela y que había llamado sólo para ver si vendrían. Permanecieron en nuestro vestíbulo unos minutos más, sin saber si irse o quedarse. Finalmente, un oficial se arrodilló para mirarme a la cara y me dijo con severidad, pero suavemente: "Solamente llámanos cuando haya una emergencia de verdad". Asentí y se fueron.

Mi padre nos dijo a mi mamá y a mí que esperáramos en el vestíbulo. Fue al sótano y regresó con uno de nuestros tres perritos. Sin decir palabra, papi mató al perro ahí mismo en el vestíbulo y lo dejó a mi lado, muerto. Mi mamá y yo nunca hablamos al respecto, pero creo que las dos entendimos el mensaje: Él mataría a alguna de las dos si yo volvía a llamar a la policía.

No quería perder a la hermana María José como había perdido a Doña Graciela o arriesgar que alguien más confrontara a mi padre, por lo que me volví muy creativa en mis respuestas cuando ella me preguntaba sobre mis lastimaduras. Mi mamá escribía notas disculpando mis faltas de asistencia, asegurándose de mantenerme al tanto de lo que decían las notas para que yo dijera lo mismo. Sin embargo, me reconfortaba pensar que la hermana María José me estuviera cuidando. Se aseguró de reunirse con mi mamá regularmente, al igual que lo había hecho cuando había tenido a mis hermanos de alumnos, diciendo que quería mantenerla al tanto del progreso que hacíamos en la escuela.

Las primeras conversaciones de la hermana María José con mi mamá fueron sobre mi trabajo escolar, pero alrededor de un mes después de haber empezado el año escolar, cambiaron. Al poco tiempo, también le preguntaba a mi mamá sobre mis moretones, mis enfermedades y lo cansada que parecía estar. Desde el fondo del salón, mientras fingía concentrarme en mi libro de colorear, escuchaba atentamente sus conversaciones en voz baja. Escuché a mi madre explicar todas esas cosas que me pasaban, como el resultado de ser una marimacha. La hermana María José nunca cuestionó las explicaciones de mi mamá ni la presionó para obtener más información, pero sugirió una serie de actividades después de la escuela: cosas que podía hacer para aprender más inglés, estudiar catequismo o mejorar mi español escrito. Eventualmente, ella animó a mi mamá para que me permitiera integrarme al equipo de baloncesto de la escuela. Naturalmente, mi mamá estuvo de acuerdo con cada sugerencia, y con cada nueva actividad yo podía pasar más tiempo con la hermana María José en la escuela o en el convento donde ella vivía.

Yo quería ser como la hermana María José y le anuncié a mi mamá que cuando creciera iba a ser monja. No solamente pensaba que la hermana María José era amable y sabia, también había escuchado que las monjas no pagan impuestos. Sabía que los impuestos eran malos porque podía sentir la tensión que creaban en nuestro hogar. También quería vivir de la misma manera que la hermana María José, en un convento con otras monjas amables. Parecía no haber tensión allí.

La hermana María José vestía un hábito blanco y negro. Lo único que se podía ver de su cuerpo era su rostro, un poco de cabello oscuro en su frente, un poco de su cuello, y sus manos de las muñecas para abajo, que eran muy diferentes de las de mi madre y las mías. Su piel era muy blanca y no usaba barniz en sus uñas limpias. Un día le pregunté a la hermana María José sobre el anillo de oro que llevaba en la mano izquierda. Ella me explicó que era una argolla de matrimonio, que estaba casada con Dios. Decidí que ella debía ser especial si estaba casada con Dios. La miraba todo el tiempo y observaba sus expresiones. Algunas partes de mí siempre estaban atentas para ver si su cara tenía las expresiones atemorizantes que veía en casa. Nunca vi expresiones atemorizantes en su rostro, pero nunca dejé de estar atenta.

La hermana María José me mostró el salón de clases donde tomaría clases de lectura y escritura en español, en el convento, con unas monjas de América del Sur. Mi mamá ya se lo había consultado a mi padre, quien parecía complacido con la idea. Muchos días de ese otoño, me quedé en el convento hasta que mi mamá salía de trabajar y pasaba por mí para irnos caminando juntas a casa. Algunos días ella sonreía, me tomaba de la mano al caminar y me preguntaba cómo fue mi día. Otros días tenía una expresión vacía y caminábamos a casa una al lado de la otra, pero como si estuviéramos solas, sin tocarnos ni hablar. En cualquiera de los dos casos, cuando llegábamos a casa yo trataba de subir a mi habitación lo más rápido y silenciosamente posible. Pero si mi padre estaba cerca, me llamaba y me preguntaba sobre mis clases de español para asegurarse de que las monjas y yo estuviéramos haciendo lo que habíamos dicho que haríamos.

Un día, la hermana María José me trajo una Biblia de regalo y comenzamos a leerla juntas después de la escuela, o más bien, veíamos las imágenes y hablábamos sobre las historias. Me miraba con mucha dulzura y cuidado cuando nos sentábamos juntas en su escritorio y hablábamos de la Biblia. Traté de asirme a la sensación de estar cerca de ella: su sonrisa amable, sus ojos bondadosos. *Yo era la única estudiante con quien ella leía la Biblia. Yo le debo importar.* Cerré mi puño para capturar esos pensamientos en la parte que contenía todas las cosas especiales que hacía y decía la hermana María José.

Sin embargo, a veces, debo haber sido muy desafiante para ella. Mis niveles de ansiedad subían y bajaban ese año. Me fue bien en la escuela, pero tuve problemas para concentrarme y me encantaba hablar y hacer reír a la gente. Por supuesto, la hermana María José tenía que enseñar una clase y yo hacía que le fuera más difícil mantener el orden. Inicié ese año escolar en un asiento en la última fila. Después que se dio cuenta que yo hablaba durante toda la clase, me cambió al frente de la clase. Pero eso no me impidió hablar con los niños sentados a mi lado. Exasperada, colocó mi pequeño escritorio al lado de su gran escritorio y descubrió, consternada, que entonces hablaba con ella. Finalmente, la hermana María José colocó mi escritorio en un rincón en el frente del salón, lejos de todos los demás. Desde ahí, ocasionalmente hacía comentarios a toda la clase, pero la mayoría del tiempo permanecía callada, así que me quedé allí la mayor parte del año. Aun así, la hermana María José me ponía mucha atención. Cada vez que levantaba la mano, me daba la palabra y con frecuencia me elogiaba por mis respuestas. Me sentía especial e inteligente, como alguien a quien valía la pena notar.

El abuso en el hogar empeoró ese año y desafió mis mecanismos internos para afrontar la situación. Mi padre abusaba sexualmente de mí cada vez que él y yo estábamos solos en la casa. Si volvía a casa de la escuela y estábamos solos, una parte de mí rutinariamente se hacía cargo, y siendo insoportable anticipar ser violada, encontraba a mi padre e iniciaba el abuso. Si veía una expresión particular en su rostro o percibía una amenaza en su manera de andar, una puerta se abría en mi mente y una parte se adelantaba para lidiar con el detonador. A menudo, mi padre aparecía en las noches en mi habitación, me despertaba cuando me tapaba la boca con su mano y se metía en mi cama. En estas ocasiones, también se presentaría una parte mía para facilitarle lo que él había querido que yo hiciera en otras ocasiones.

Tal vez el abuso aumentó porque mi padre estaba perdiendo el control de nuestra familia. Mike comenzó a jugar al fútbol, tenía una relación muy estrecha con su entrenador y pasaba cada vez menos tiempo en casa. Cuando Mike estaba en casa, se mantenía distante, de la misma manera que lo hacía mi mamá. Nos ignoraba a todos y dejó de jugar conmigo. El trabajo de mi madre requería que cada vez trabajara hasta más tarde. Mi padre la acusó de tener aventuras románticas con los hombres del trabajo. Acusó a Mike de faltarle el respeto. Y observaba a Alex de cerca, pescándolo en todos sus pasos en falso. Mi padre parecía odiarnos a todos y estaba enojado casi todo el tiempo a causa de una ofensa u otra. El año que cursé segundo grado, todos anduvimos con mucha cautela.

Constantemente observaba la cara de mi padre, escuchaba los tonos en su voz y observaba sus gestos. Cada vez me sentía más nerviosa estando en casa y, cuando podía, pasaba la mayor parte del tiempo en mi habitación, sentada en un rincón debajo de la ventana del baño o acurrucada debajo de mi cama. A menudo, me venía una sensación de mayor calma cuando sentía la pared contra mi espalda. Mis ojos se movían de un lado a otro y mis pensamientos se aceleraban: *¿Realmente me quiere la hermana María José? Debo ser su favorita. No se queda con nadie más después de la escuela. Vamos al convento juntas. Las monjas son tan amables. Ojalá pudiera vivir allí. ¿Soy demasiado joven para estar casada con Dios?* Una parte de mí, la cual idolatraba a la hermana María José y a las monjas del convento, emergió a la superficie, y me sentí feliz. Levanté un puño hacia mi oído para escuchar las maravillosas voces de las monjas. Podía sentir sus abrazos cuando las saludaba. Me vi en mi hábito blanco, planchado y limpio, sosteniendo sus manos y rezando.

Saltábamos, nos deslizábamos y jugábamos en el patio de recreo de mi escuela.

Una noche de ese invierno, mi padre me despertó en su manera habitual. Me aterré y comencé a meterme muy adentro para permitir que la parte de mí que respondía a su abuso se presentara. Pero vi que estaba sonriendo. Sus ojos se hincharon y su risa tenía un sesgo escalofriante, que no le había escuchado antes. Luego, justo detrás de él, vi a Mike y a Alex. Al principio me sentí aliviada, pensé que finalmente me iban a ayudar, que quizás podrían detenerlo. Volví más cerca de la superficie, pero rápidamente me di cuenta de que sólo estaban en mi habitación porque papi los hizo entrar. Ambos se veían sumisos y confundidos.

Mi padre tiró de mis cobijas y comenzó a violarme. Con un gesto les dijo a mis hermanos que se acercaran. Mi cuerpo estaba frío y lleno de temor. Mis oídos latían con el sonido de sangre que corría, por lo que no podía escuchar lo que decía mi padre, pero pude entender que les daría instrucciones sobre cómo violarme. Sentí como si la cabeza fuera a estallarme y como si me fuera a salir de mi propia piel, hasta que, como ya había sucedido tantas otras veces, la bendición que es mi mente se hizo cargo. Empecé a no sentir nada y el pánico que sentía se redujo. Estaba dentro de mi caparazón, flotando en el techo, mirando a la familia de alguien que no era yo.

Esto había sido un ataque contra nosotros tres. Paso por paso, mi padre les mostró a Mike y Alex lo que tenían que hacer. Les dijo que miraran como yo lo facilitaba no luchando. Les explicó que el hecho de que no me moviera significaba que yo lo deseaba. Esa noche mi padre hizo que mis dos hermanos me violaran. Me dividí una y otra vez. Una parte de mí se formó para capturar la mirada en el rostro de mi padre, otras capturaron las expresiones de mis hermanos, otra captó la sensación de cómo sujetaban mis brazos, otras partes tomaron el dolor físico, y otras la humillación.

Durante las horas que el ataque duró, tengo que haber creado de veinte a treinta partes de mí o fragmentos de partes, habitaciones conectadas entre sí, y cada una contenía sólo un poquito de esta nueva devastación. De esta manera, si por alguna razón me tropezaba con alguna parte de la información, o con una de las habitaciones, no iba a recordar todo lo que me estaba sucediendo. Si en ese momento yo hubiera sabido en su totalidad lo que estaba ocurriendo, no me hubiera sido posible sobrevivirlo. Mi mente creó múltiples partes para contener lo que me sucedió esa noche y lo que sucedió en las noches subsecuentes en las cuales mi padre volvió a hacer que mis hermanos me violaran.

La sensación de aturdimiento se volvió más profunda; y esto hizo que otra de mis partes se acercara y me calmara incluso mientras me estaban atacando. Era la primera vez que, mientras unas partes de mí absorbían y eliminaban los detalles del ataque, me ausenté por completo de la escena y escapé a mi bien practicada fantasía. Estaba en el convento viviendo con las monjas y estábamos jugando. Una monja me decía que yo era la chica más inteligente que jamás hubiera conocido. Otra me dijo que era muy especial. Otra me dijo que Dios me amaba. La hermana María José sostenía una Biblia y leíamos juntas. Doña Graciela estaba de visita en el convento y nos dirigía a todas en oración: "Dios te salve María, llena eres de gracia...".

4

Mami nos explicó a mis hermanos y a mí que ella y papi iban a darme de premio una "noche especial". Yo estaba entusiasmada. *¿Pero por qué me iban a hacer un regalo especial?* Protestando, mis hermanos preguntaron lo mismo que yo me estaba preguntando. Mi padre respondió con tono de advertencia: "Ella es la única chica, así es que le toca tener una noche especial". El tono de sus palabras parecía haber dejado claro su mensaje. Mis hermanos no dijeron una palabra más.

No tenía muchos vestidos que me quedaran. Mi favorito era un vestido blanco de encaje que me quedaba bien en la parte de arriba, pero que en realidad estaba demasiado corto. Me puse los calcetines blancos y los zapatos negros de que sólo usaba para ir a la iglesia y en ocasiones especiales. Pero cuando llegamos a nuestro destino, la expresión en el rostro de mi madre me hizo entender que esta no era una visita social ordinaria. Con frecuencia ella estaba distante y molesta, pero esta mirada era diferente. Su rostro se veía frío y duro, como si se estuviera preparando para algo. Se veía similar a como se veía después de que mi padre la había golpeado y ella sabía que él estaba a punto de hacerlo de nuevo. Su expresión me asustó y mis pensamientos comenzaron a acelerarse: *¿Qué está pasando? ¿Dónde estamos? ¿De quién* *es esta casa?* Escudriñé la cara de mi padre buscando una señal. Él también se veía diferente, pero no pude descifrar la razón. Traté de calmarme.

Mi mamá me dijo con tono desagradable que saliera del auto. *Esta no se siente como una noche especial.* Mi corazón comenzó a latir más fuerte mientras nos acercábamos a la casa. Una sensación de pánico lentamente se apoderó de mí cuando un hombre abrió la puerta y me miró de pies a cabeza, pero pronto una calma que me era familiar apareció. Mi padre me presentó al hombre que había abierto la puerta, su nombre era el señor Smith.

Una vez dentro de la casa, mi madre se sentó en la sala con la cara lívida como una piedra mientras mi padre, siguiendo al Sr. Smith, me llevó al dormitorio. El Sr. Smith me habló con una voz infantil y dulce, diciéndome lo divertido que era saltar sobre la cama, luego diciendo: "Pruébalo". Volví a sentirme aterrada y le dije al Sr. Smith que no quería hacerlo. Dirigí la mirada a papi pero en su cara pude ver que no tenía permiso de negarme y que, si lo hacía, habría consecuencias. Papi me cargó y me tiró sobre la cama. El Sr. Smith me abofeteó y me sujetó inmovilizándome, pero luché con fuerza, golpeando, mordiendo y pateando al Sr. Smith dondequiera creí podría dolerle. Grité, *"¡No!"*, y entonces oí y sentí que mi padre me azotaba con su cinturón. Estoy segura de que mi reacción lo había sorprendido, ya que no había luchado contra mis hermanos y hacía ya mucho tiempo que había dejado de luchar contra él. Pero esta situación era diferente. No conocía a ese hombre ni su casa. Mi padre siempre me había dicho que lo que él me hacía en casa era mi culpa. Pero sabía de algún modo que esto no era mi culpa, y no estaba dispuesta a obedecer.

Me oriné y vomité en la cama. El Sr. Smith estaba enojado y le dijo a mi padre que no iba a pagar. Al oír esto me relajé, pensando que había ganado la batalla y que ahora nos iríamos a casa. Pero estaba equivocada. Tan pronto dejé de luchar, el Sr. Smith se bajó la bragueta de los pantalones. De nuevo me entró el terror. Una parte de mí sabía que no podía ganar. Mi cabeza se llenó de algodón. Me separé de mi cuerpo y opté por la seguridad del techo y miré cómo el Sr. Smith me violaba. Me di cuenta de que mi padre se había quedado en la habitación y estaba observando lo que estaba pasándome. Cuando el Sr. Smith terminó de violarme, me dejó tirada sobre la cama y él y mi padre salieron y discutieron si el Sr. Smith debía pagar. El Sr. Smith al final se negó a pagar. Me levanté con mi aturdimiento de costumbre y usé una toalla del baño para limpiarme. Mis padres me escoltaron fuera de la casa y de vuelta al automóvil.

Mi padre me gritó por todo el camino hasta llegar a casa. Cuando llegamos, mi madre se dirigió en silencio hacia su habitación y mi padre me llevó para la mía, pasando junto a mis hermanos que fingían estar dormidos en sus camas. Enojado, me dijo: "¡Necesitamos el dinero para comer y para el alquiler, Olguita! Lo has echado a perder. Ahora no vamos a poder pagar el alquiler".

"¿Y el trabajo de mamá y el dinero que trae a casa?"

Me golpeó la cara con fuerza y caí al suelo. "No me faltes el respeto. Y no vuelvas a pelear así otra vez. Tú vas a hacer lo que te diga que hagas". Pude sentir como se me empezaba a hinchar la cara donde me había pegado la bofetada y pensé,

Te odio, papi. Ojalá te mueras. Esa noche, mientras me estaba violando, me decía: "Tú eres mía, Olguita. Nunca lo olvides: primero fuiste mía".

Durante varios años, todas las semanas, mis padres y yo teníamos noches especiales como aquella. Visitábamos a amigos y conocidos de mi padre de la comunidad latina y, como yo no tenía un recuerdo intacto del pasado, cada una de las veces me entusiasmaba, me volvía a poner la mejor ropa que tenía y me metía de un salto al automóvil. Pero, tan pronto como veía la expresión dura y fría en el rostro de mi madre, se desataban recuerdos de lo que había pasado anteriormente y aparecía la parte de mí que sabía que íbamos a la casa de algún hombre para que él me hiciera cosas malas y pagarle a mi padre por eso. Esta parte estaba enojada y se negaba a dejar de luchar. No me importaba que mi padre me golpeara. Quería que me golpeara con fuerza y me noqueara y nunca despertar.

Mi resistencia era un gran problema para mis padres, ya que muchas veces, cuando yo luchaba, no recibían el pago. Mi madre pensó que el alcohol me haría más sumisa y comenzó a obligarme a beber un vaso de whisky cuando llegábamos a las casas. Si un vaso no era suficiente para calmarme, que era la cantidad que ellos esperaban fuera suficiente, ella me obligaba a beber otro. Me imagino que debía yo tener la adrenalina a niveles tan altos que el primer vaso apenas lo sentía, pero el segundo vaso siempre funcionaba. Esta terminó siendo la mejor estrategia.

Esto funcionó tan bien que mi madre comenzó a darme una copa o dos de vino en casa antes de irnos, o tan pronto como subía al automóvil. Si el ofrecerme alcohol desataba una reacción en mí y ponía resistencia a tomarlo, ella me trataba de convencer: "Olguita, es necesario que hagas esto. Necesitamos dinero para comida y para podernos quedar en nuestra casa". Esta explicación, la cual ponía sobre mí la responsabilidad de mantener a mi familia, era poderosa y efectiva. No quería que nuestra familia tuviera que irse de nuestra casa. No quería que nuestra familia pasara hambre. Y así era que aceptaba.

Recuerdo con claridad mi resistencia inicial, luchando con tanta fuerza como lo permitía mi pequeño cuerpo y discutiendo con mi madre para no tenerme que tomar el vino. Pero tengo pocos recuerdos de las violaciones que tenían lugar una vez había bebido suficiente para ser dominada. Lo que más bien recuerdo era el dolor que luego sentía en mi cuerpo después de ser violada y el dolor que me infligía mi padre cuando llegábamos a casa, siempre diciéndome cuando estaba violándome, "Tú eres mía, y de nadie más".

Para sobrevivir, creaba más y más partes, habitaciones interconectadas para almacenar fragmentos de recuerdos y no tener que darme cuenta de que mis padres por años me prostituyeron. Incluso creé un conjunto de partes que me suicidarían si alguna vez me tropezaba con algún recuerdo de lo que me habían hecho. Las habitaciones que contenían información sobre la prostitución estaban separadas por habitaciones que contenían planes de suicidio. Era una estrategia rudimentaria, eficaz para ese momento pero, no obstante, peligrosa para mí, peligrosa de una manera más, de una manera diferente. Muchos años después, una vez que empecé a descifrar todo, con frecuencia sentía una necesidad imperiosa de morir causada por el desespero.

...

Desde una esquina de la habitación de mis padres, observaba a mi madre arrojando cosas, principalmente ropa de mi padre. Ella tenía que saber que esto lo enojaría, pues siempre había sido muy meticuloso. Pero a ella no parecía importarle. Jamás la había visto tan furiosa. Después de habérsele pasado un poco de la rabia se tiró en su cama y se puso a llorar. Me dirigí hacia ella a consolarla, pero ella no reaccionó. Unos minutos después, dejó repentinamente de llorar y se volvió fría e impenetrable.

Un poco más temprano esa mañana, un extraño había venido a la casa para darnos una notificación de desalojo. Dijo que lo lamentaba, pero que nos teníamos que ir. Resulta que mi padre se había gastado la mayoría del dinero que se había ganado prostituyéndome comprándose trajes nuevos, corbatas y sombreros; y no había hecho los pagos regulares del alquiler. Se había gastado el dinero como le había venido en gana, así como lo había hecho con el salario de mi madre.

Más tarde, cuando mi padre regresó casa, desde el clóset del pasillo del piso de arriba, escuché a mi madre confrontar a mi padre en la cocina: "¡Cómo es posible que te dé todo el dinero que gano en el trabajo y todo el dinero que ganamos con Olguita y que no hayas pagado la renta hace un año! ¿Qué haces con ese dinero?"

"¡Aquí yo soy el hombre, y puedo hacer lo que yo quiera con mi dinero!" Y escuché el sonido de un plato quebrarse contra el suelo. Mi padre debía haberlo arrojado para agregar énfasis a sus palabras.

"Alejandro", dijo mi madre suavizando un poco la voz, "¿y esta vez qué vamos a hacer? Vamos a tener que sacar a los niños de la escuela. Nadie por aquí nos va a alquilar una casa".

Papi sonaba indiferente. "Entonces nos mudaremos para el centro. Ellos pueden ir a la escuela pública. De todos modos, allá las escuelas son mejores". Yo sabía que eso no era lo que mi padre creía en realidad, pero siempre se negaba a admitir que había hecho algo mal. Desde mi escondite en la oscuridad, mi sensación de pánico de volver a mudarnos fue reemplazada por un entumecimiento del cual había llegado a depender. Discutieron durante lo que me parecieron varias horas y, durante ese tiempo, escuché la voz de mi mamá pasar de enojada, a repugnancia controlada, a una voz monótona sin expresión alguna. Nunca había escuchado en la voz de mi madre tal desdén hacia mi padre. A ratos se indignaba y yo oía más platos romperse pero, la mayoría del tiempo, ella sólo sonaba indiferente. Me senté dentro del clóset con mi rosario, rezando. Froté las cuentas y me puse a pensar en Doña Graciela. La relación de mis padres nunca fue la misma. Después de aquella noche, mami sólo le dirigió la palabra a papi en contadas ocasiones.

...

Poco después de aquella noche, en la primavera del año que cumpliría once años en el verano, nos mudamos a un departamento que mi mamá encontró en el centro de la ciudad. Esa mudanza marcó el inicio de un cambio en mi madre, quien empezó a alejarse cada vez más dentro de sí misma hasta un punto que no había visto antes. Se veía fría y enojada todo el tiempo. La mudanza también marcó un punto de cambio para mí. Tuve que empezar a limpiar y cocinar mucho para mi familia. Yo no quería hacerlo, pero unos días después de que nos mudamos mi mamá vino a mi habitación y se sentó conmigo, pero en esta ocasión no lo hizo de la misma manera como siempre había hecho cuando venía a mi habitación a conversar sobre algún cambio que iba a tener lugar en nuestras vidas. Esta vez no tomó de mi mano. No le quedaba nada de la ternura que me había mostrado cuando yo era más joven.

"Olguita, me dieron una promoción en el trabajo. Me van a pagar más, pero voy a tener que trabajar más horas". La escuché sin decir nada, y por dentro pensaba, *No te creo, lo que vas a hacer es pasarte más tiempo con Tomás*. Tomás era el jefe de mi madre, y me empecé a preguntar si estarían teniendo una aventura amorosa.

Mis sospechas habían nacido un verano un par de años atrás cuando papi se había ido a visitar a su familia en Bolivia. Al menos, allí es donde había dicho que iba a ir. El viaje nos tomó por sorpresa porque papi nunca hablaba de su familia. Lo único que había dicho era que se había escapado de casa cuando era muy joven. Mi papá no me invitó a mí ni a mis hermanos a acompañarlo en el viaje, a pesar de que nunca habíamos conocido a nuestros abuelos paternos y no obstante su viaje coincidir con nosotros no estar yendo a la escuela.

Aquél verano, mientras papi había estado ausente, Tomás venía a la casa con bastante frecuencia. Él siempre llevaba y traía a mi mamá del trabajo, pero esta vez yo sentía que era algo diferente. Un día cuando llegué a la casa me sorprendió ver su automóvil estacionado en la calle adyacente y que mi mamá hubiera llegado temprano a casa. La llamé y oí voces en el piso de arriba. Mi madre bajó enseguida arreglándose el vestido. Tenía el cabello despeinado y parecía sorprendida, con cara de culpable, como si la hubieran descubierto haciendo algo. Tras transcurrir unos minutos Tomás bajó las escaleras, anunciando que las cortinas del piso de arriba estaban muy bonitas. "Gracias por enseñármelas. Creo que algo así es lo que vamos a necesitar en nuestro apartamento". En ese momento no entendí lo que estaba ocurriendo pero me dio la sensación de que mi mamá estaba haciendo algo que no quería que nadie supiera.

Ahora estábamos mi mamá y yo sentadas en mi habitación en el nuevo apartamento, y me dijo: "Olguita, necesito tu ayuda. Cuando tenga que quedarme tarde a trabajar necesito que limpies el departamento y prepares la cena para tus hermanos y tu padre. Voy a enseñarte cómo hacerlo. Es fácil". Y salió de mi habitación. Podría sentir dentro de mí despertarse una rabia. *¿Por qué yo tengo que hacer todo? ¿Y Mike y Alex?* Pero allí me quedé sentada en el silencio mientras la rabia me inundaba y, de repente, la sensación familiar de entumecimiento me invadió y me tranquilizó.

A partir de aquel día, cuando llegaba de la escuela hacía mi tarea, limpiaba el departamento y preparaba la cena para mi padre y mis hermanos. No era muy buena cocinando y nunca tuve interés en mejorar. *Si no les gusta, es su problema. Que preparen su propia cena.*

El enojo no era una emoción que yo podía expresar en nuestro hogar sin peligro. Odiaba a mi padre, a Alex y a Mike, pero si lo decía de seguro me iban a golpear. Ahora, cuando pienso sobre esa etapa de mi vida, comprendo que la desconexión emocional de mi mamá con mi familia, cómo delegó en mí la responsabilidad de mantener el apartamento y la preparación de la cena de mi padre y mis hermanos; fue la gota que desbordó mi vaso. En algún sitio en mi interior, entre mis muchas partes, se llevaba un conteo de todo lo que me habían hecho. No podía recordar detalles específicos, pero tengo que haber tenido idea de que me había ocurrido una gran injusticia; porque me dio una rabia incontenible que me dijeran que era mi deber cuidar de mi padre y mis hermanos. Pero como no me era posible expresar mi rabia sin peligro, surgieron nuevas partes de mí que contuvieron el enojo y la rabia. Como era ya una deportista en ciernes, comencé a practicar deportes de manera aún más intensa y mientras mayor me hacía, me sacaba la ira que sentía corriendo y levantando pesas con obsesión. Ahora entiendo que muchos de los sentimientos que sentí de extrema desesperanza y los deseos de suicidarme provenían también de la rabia que nunca tuve oportunidad de expresar.

...

En el otoño de ese año en que cursaba el quinto grado llegué a mi casa y encontré que mi mamá había llegado temprano. Corría por todas partes recolectando algunas pertenencias de mi padre. La urgencia que sus movimientos mostraban me hizo sentirme confundida y asustada. Me explicó, "Olguita, hoy tu padre tuvo un ataque al corazón y se podría morir. Está en el hospital y tengo que irme de inmediato".

Los cambios recientes en nuestras vidas, la escuela nueva, un hogar nuevo y nuevos profesores y amigos, se habían vuelto un reto para el ya delicado equilibrio de las partes que me ayudaban a sobrevivir. Mi mundo se enfrentaba a una nueva amenaza de cambio y no podía soportarlo. *Un ataque al corazón. Que se podría morir.* Esta vez, cuando el pánico hubo disminuido, tuve sensaciones extrañas que acompañaron al entumecimiento de costumbre: era una separación más considerable que las anteriores. No estaba comenzando por mis manos. Sentí que la cabeza se me rompía. Me empezó un fuerte dolor de cabeza, luego tuve la sensación de encontrarme muy lejos o de ser muy pequeña en un mundo muy grande. Lo que estaba experimentando era distinto de cualquier cosa que hubiera sentido anteriormente. No empecé a pensar de forma acelerada, ni me sentía ansiosa. Sin embargo, con lentitud mis pensamientos pasaron de la tristeza que sentía por la muerte de mi padre, a tener miedo de qué podría pasar, a sentirme feliz de que ya no estuviera. Mis partes internas se encontraban en profundo conflicto y mis pensamientos eran lentos y meditabundos. Los podía sentir, pero no los podía entender. Cuando mi madre me dijo que mi padre se podía morir, la escuché como si estuviera al final de un túnel muy largo. Mi mundo interior comenzó a derrumbarse dentro de sí mismo.

Me senté en silencio, frustrada por el hecho de que apenas podía pensar. *Me está tomando demasiado tiempo. No sé cómo debo sentirme en relación a lo que sucedió*. Mi conflicto interior se acrecentó y mi dolor de cabeza empeoró. *¡Me está tomando demasiado tiempo! ¡Ya es suficiente! ¿Cómo se supone que me debo sentir? ¿Qué debo decir?* Mi madre paró brevemente de recolectar las cosas de mi padre y detuvo su mirada en mí por un segundo. Busqué en sus ojos qué sentía ella en un esfuerzo por descifrar cómo debía sentirme yo. Vi una mirada inquisitiva que pronto se tornó en irritación porque la estaba demorando. Y pasó a reanudar su búsqueda apresurada. Por fin le pregunté, "¿Qué vas a hacer con Alex y con Mike? ¿Se lo vas a decir?" Mis hermanos aún no habían llegado de la escuela.

"No tengo tiempo", dijo mami. "Un amigo está abajo esperándome para llevarme al hospital. Tú vas a tener que decirles. Llegaré tarde a casa. No me esperes para irte a dormir". Y se fue. Sintiéndome principalmente entumecida y con algo de miedo, me senté aturdida y esperé a mis hermanos.

Aquella noche, mientras servía la cena, los observé a Alex y Mike con atención buscando alguna pista de cómo me debía sentir. Más que nada estaban quejándose de la comida. En mi interior aumentaba la furia. *¡Entonces cocinen ustedes!* Por fin nos fuimos a acostar. Mi mamá llegó a casa muy tarde. Nos despertó para hablar sobre papi, se veía agotada.

"¿Papi se murió?", le pregunté.

"No, Olguita". Parecía que la pregunta la había molestado. Nos dijo que a papi le había dado un infarto masivo y que estaba en cuidados intensivos. No se sabría por un tiempo si iba a recuperarse. Todavía se podía morir. Busqué alguna emoción detrás de sus palabras, pero no había ninguna. Miré a mis hermanos. Tampoco parecían sentir nada. Yo por dentro me sentía entumecida. No me sentía triste. Tampoco sentía miedo. No sentía nada.

...

Mi padre sobrevivió el ataque al corazón, y varias semanas después, los médicos lo enviaron a casa para recuperarse. Mis tareas al regresar a casa después de la escuela se convirtieron en un trabajo a tiempo completo. Como mami tenía que irse a trabajar, yo me quedaba a cuidarlo. A fin de cuentas, ¿quién iba a quedarse en casa con él si no era yo? Mi mamá había dicho que ella no lo podía hacer porque si no iban a despedirla del trabajo. Pero yo sabía que eso no era cierto. Como estaba teniendo una aventura con su jefe, él no iba a despedirla. A estas alturas yo no sentía nada por papi. No me quería quedar en casa a cuidarlo, quería estar en la escuela con mis amigos. En la escuela yo era guardia de cruce y temía perder mi lugar. Me preocupaba atrasarme en mis tareas escolares. Mis maestros, amablemente, me enviaron las tareas a casa, pero me costaba trabajo concentrarme, así que por lo general no las podía hacer. Siempre había podido aprender mejor cuando escuchaba y miraba a mis profesores.

El primer día que me quedé en casa con mi padre, me detuve en el umbral de la puerta de la cocina a observarlo, sentado en la sala, y lo evaluaba. Estábamos a punto de pasar muchos días juntos, sólo él y yo. No se parecía al hombre que conocía de toda la vida. Sentado en sus pijamas, con la mirada perdida en la distancia. Antes de que le diera el ataque al corazón, nunca hubiera salido de su habitación sin vestirse y peinarse con cuidado. Pero ya no le parecía importar. Sólo tenía la mirada fija y no parecía que estaba viendo nada en particular. Cuando su mirada se enfocaba en mí, se veía triste. *Ya no se parece a papi. Está tan triste y débil. ¿Será que va a morirse delante de mí? ¿Qué tengo que hacer si se muere?* Antes de que le diera el infarto siempre estaba muy animado, leyendo el periódico ávidamente, mirando la televisión o hablando conmigo de política. Pero ahora sólo se quedaba mirando hacia el televisor, que estaba apagado, y sus periódicos permanecían junto a él sin que los leyera. Era un hermoso día de otoño y detrás de mi padre había un gran ventanal que daba hacia un pequeño parque y una cancha de baloncesto; pero esto no parecía suscitarle interés.

Cuando lo hube mirado más de cerca, vi que por la cara le corrían lágrimas. Nunca antes había visto llorar a mi padre. Me alarmé y pensé, *Tiene miedo. Está muriéndose. Está completamente solo.* Lo miré sin decir palabra. No le pregunté por qué lloraba ni traté de distraerlo de su dolor con un programa de televisión o un juego de dominó. Me quedé allí parada, tranquila y distante. Desconfiaba de él, pero en realidad no le tenía miedo. Parecía que ya no era capaz de lastimarme físicamente, pero me pregunté si de algún modo aún lo intentaría. *Ahora ya no me inspira tanto miedo. Ya no me puede lastimar.* No parecía más que el cascarón de sí mismo, desplomado en su silla. Mis pensamientos volvieron a cambiar. *¿Qué le va a pasar? ¿Qué me va a pasar?*

Mi padre seguía queriendo desayunar con huevos y tocino, pero le habían dicho que ya no los podía comer y ahora ya no era él quien ponía las reglas. Mi mamá había dicho que en lo adelante él tenía que comer una dieta baja en grasas. Le serví un tazón de cereal de trigo cocido con leche baja en grasa. Lo miró con su misma mirada de siempre y comenzó a comérselo con lentitud. Lo oí desde la cocina quejarse de que el cereal no sabía a nada. Con lentitud se me ocurrió que acababa de desafiar a mi padre. Le había dicho que no podía comer lo que quería y no me había lastimado. *Ves, ya no me puedes lastimar.*

Había pasado aproximadamente una semana cuando me di cuenta de que ya no me estaba poniendo tan nerviosa al estar cerca de mi padre. Empecé a hablar con él de una manera más cercana. Al principio me sentía con un poco de duda, pero poco a poco me fui sintiendo más valiente. Empecé a encender el televisor y a hablar con papi de política. Eso le dio un poco de ánimo. Nos acostumbramos a sentarnos juntos a ver las noticias. Comenzó nuevamente a leer el periódico contándome lo que estaba pasando en su querida Sudamérica. Aunque había comenzado a sentirme más cómoda con él, nunca empecé a experimentar sentimientos de amor, ni siquiera sentía cariño por mi padre. Nunca dejé de sentirme fría y distanciada por dentro. Él sólo me había entrenado a sentirme entumecida.

Mientras mi padre seguía recuperando su vigor, se quejaba cada vez más sobre su dieta. Nuestras conversaciones también se desviaba hacia temas que daban miedo: "Tu madre no me ama. Sabes que en verdad no trabaja hasta tarde. Ella está con Tomás. La perdí". Mis pensamientos se aceleraron por primera vez en semanas: *Él lo sabe. La va a matar. Nos va a matar a todos.* "Tus hermanos tampoco me aman. No me respetan". Ahora que mi padre estaba en casa todo el tiempo, mis hermanos pasaban menos tiempo en el departamento. "Tú eres la única que me quiere". Yo sólo veía en su rostro tristeza cuando hablaba, y nada de la rabia que solía acompañar a temas como la falta de respeto. Se sentía abandonado. Me calmé y cambiaron mis pensamientos. *Él ya no puede lastimarme.* Me quedé ahí sentada, en silencio. No podía sentir amor por él, pero escuché lo que estaba diciéndome.

Me pidió que fuera a su habitación y sacara una caja de cuero del cajón de su cómoda. La encontré y se la traje. Miró dentro de la caja y luego me miró. Estaba llorando. Sacaba de la caja uno por uno los pequeños objetos que en la misma guardaba y me los iba describiendo: una moneda norteamericana de cincuenta centavos, un botón de la campaña de Hubert H. Humphrey de 1968, un par de mancuernillas y una pequeña caja con mis dientes de leche. Ahora había empezado a llorar aún más fuerte. Algo parecía no estar bien, pero yo no podía descifrar lo que era. Me asusté y a continuación me entumecí. Mi padre me dio la caja y me dio las gracias por cuidar de él. Yo no le dije una palabra. Aquella noche, cuando mi mamá regresó del trabajo, la llamé para hablar con ella en privado y le conté sobre la caja. A la mañana siguiente, me mandó a ir a la escuela y se llevó a mi padre al hospital. Me dijo que estaba empeorando.

Tras pasar unos día, Tomás entró al departamento cuando trajo a mi madre a casa del trabajo. Era el día de *Halloween* y yo estaba haciendo mis tareas sola. Mi mamá se sentó junto a Tomás en el sofá, tomándole la mano, mientras él me decía que papi se había muerto. En ese instante me sentí confundida y no pude entender sus palabras. *¿Qué papi se murió? ¿Papi murió? ¿Qué quiere decir se "murió?"* Luego miré a Tomás con rabia. *¿Qué relación tiene este hombre conmigo? ¿Por qué me está diciendo esto?* Mis pensamientos se volvieron a desviar. Miré a mi mamá, que en silencio miraba en dirección a su regazo. Yo quería que ella me mirara, pero no lo hizo. *¿Por qué no habla conmigo?* Traté con mucha fuerza de entender lo que significaba todo lo que estaba pasando. No sabía cómo debía sentirme. Mis pensamientos se volvieron a desviar. *Si pudiera ver los ojos de mi mamá, sabría cómo sentirme.* Ella no parecía estar llorando. Sólo miraba fijamente a su mano que estaba colocada sobre la mano de Tomás que era más grande que la de ella. Yo también me quedé mirando fijamente sus manos.

Tomás era mayor que mi madre, pero no tanto como papi. Se parecía mucho a papi; era bajo de estatura, se estaba quedando calvo y llevaba un pequeño bigote. También se vestía bien, con traje y corbata, y sombrero de fieltro estilo Fedora. Pero Tomás tenía trabajo y parecía ser una persona más amable que papi. Era atento con mi mamá y normalmente eso era algo que me gustaba de él, pero en ese momento yo me sentía enojada de que él estaba allí en mi casa diciéndome de la muerte de papi. Ahí fue cuando, de pronto, caí en la cuenta: papi se había muerto y nunca más regresaría. Me sentí tranquila y muy aliviada.

Le pregunté a mi madre: "¿Puedo salir esta noche a pedir dulces[10] por las casas?"

Respondió de manera automática, y era esta la primera vez que había hablado: "No, eso es irrespetuoso. Esta noche te quedarás en casa y tampoco irás a la escuela esta semana". No se veía triste. No se veía sentir nada.

Con un tono monótono comenzó a hablar del velorio y el funeral, enumerando en voz alta todo lo que había que hacer. Su mirada era profunda y yo no sabía a quién le estaba hablando. "Tenemos que llamar a la iglesia. Necesitamos encontrar una funeraria. Tenemos que llamar a mis hermanas

---

[10] Nota de la editor: Del inglés *'trick or treating'*, es una tradición de la celebración de *Halloween*, donde los niños se disfrazan y tocan a las puertas de las casas del vecindario pidiendo 'truco o dulce', y los vecinos les regalan dulces o caramelos.

y a mi hermano. Necesitamos sacar sus cosas de aquí". De súbito su preocupación se volvió más profunda, subió el volumen de su voz, se dio la vuelta en dirección a Tomás y dijo, "No tenemos dinero. ¿Cómo vamos a pagar todo esto?"

Observé y escuché como hablaban entre sí, mi mamá muy nerviosa y Tomás con una voz que mostraba simpatía y apoyo. La preocupación parecía sobrecogerla. La creciente tensión que mostraba su voz me asustó y algo dentro de mí cambió. *Está en realidad muy asustada.* Mis pensamientos surgían con mayor rapidez a medida que aumentaba mi miedo. *¿Qué puedo hacer? ¿Cómo puedo ayudar?* Vacilante, le dije: "Todo va a estar bien, mami". Detuvo la conversación que estaba teniendo con Tomás y me dirigió una mirada de enojo, y volví a retirarme.

Ahora reconozco que estábamos lidiando con la situación de una manera semejante. Ante una situación en la que muchas mujeres sienten un dolor increíble por haber perdido a sus maridos o un alivio increíble por haber perdido a un esposo abusivo, la reacción de mi madre oscilaba entre no sentir nada y una preocupación obsesiva, como mismo había yo siempre reaccionaba. Sentí alivio de que mi padre no iba a volver a regresar, pero también sentía miedo de lo que nos podría pasar. Hubiera dado lo que fuera para que alguien me dijera qué pasaría en mi día siguiente, mi semana siguiente y mi próximo mes; para que alguien me dijera cómo iba a ser mi vida. Necesitaba tener orden y estabilidad y, no obstante haber sentido una sensación de alivio ante la muerte de mi padre, mi futuro se ofrecía inseguro e intimidante. En ese momento no sabía por qué estaba sintiéndome así, pero el tiempo mostraría que mis instintos no eran infundados.

Sin que mi madre ni Tomás se dieran cuenta, me fui a mi habitación y me senté en mi cama. Sabía que parte de mostrar respeto hacia el fallecimiento de mi padre era que no debía divertirme, reírme ni jugar; así que lentamente me dirigí a un rincón de mi habitación y me senté allí tranquilamente. Allí sentada me sentía fuera de peligro, más calmada. Permití que mis ojos dejaran de enfocarse y que mis pensamientos corrieran a toda velocidad sin tratar de detenerlos. Me quedé allí sentada tranquilamente el resto de la tarde, escuchando a mi mamá contarles a mis hermanos sobre papi y escuchándola llamar a su familia, a nuestra iglesia y a nuestros vecinos para avisarles que mi padre había muerto.

Aquel fin de semana, mis tías, tíos y primos del lado materno de mi familia vinieron al velorio y al funeral. Fue lindo verlos. Siempre me trataron con amor y afecto. Mami les pidió que la ayudaran a juntar todas las pertenencias de mi padre y a ponerlas en bolsas y cajas para regalarlas. Una vez terminado el funeral, mi familia se quedó con nosotros para compartir con compañeros de trabajo y amigos de mi mamá; y al final del encuentro se fueron, llevándose todas las cosas de mi padre, excepto una caja de chucherías que me había regalado y un viejo álbum de fotos. El álbum contenía fotos de él, cuando tenía entre veinte y treinta años; y estaba con amigos sonriendo o riendo, fumando un puro en casi todas. En esas fotos no estábamos nosotros. En las fotos él no parecía el mismo hombre que yo había conocido. Más tarde yo me puse a estudiar su sonrisa y la mirada que en las fotos mostraban sus ojos y me puse a pensar cómo habría sido él antes de conocer a mi mamá y antes de que naciéramos. Nunca lo había visto con una sonrisa así. *¿Qué lo había hecho* *entonces tan feliz? ¿Por qué nunca lucía feliz cuando estaba con nosotros?*

Parecía que la familia de mi madre estaba completamente al tanto de la manera como mi padre la había tratado. Cuando mi madre les pidió que se llevaran todas las pertenencias de mi padre, a nadie pareció sorprenderle y nadie hizo preguntas. Mientras empacaban su ropa, los estaba mirando y escuché comentarios sobre lo caros y bonitos que eran sus trajes. El comentario me hizo sentir una oleada de rabia, sin saber el por qué. La mayor parte de esa semana la pasé entumecida. Pero en algún rincón dentro de mí sentía alivio y en otro sentía miedo ante la incertidumbre de lo que pasaría. Tenía una necesidad imperiosa de recuperar a mi madre finalmente, a la mujer cariñosa y amorosa que adoraba.

Sin embargo, mientras pasaron las semanas y los meses siguientes, las preocupaciones de mami se volvieron mayores. Decía una y otra vez, "¿Cómo los voy a mantener? ¿Cómo voy a hacer yo sola?" En mi mente sus preocupaciones no tenían sentido. A fin de cuentas, durante muchos años ella siempre nos mantuvo a los cinco y ahora mi padre no iba gastar todo el dinero como le viniera de antojo. Seguí dándole mi respuesta habitual: que íbamos a estar bien y que ella ya estaba encargándose muy bien de todos nosotros. Pero era como si no pudiera verme ni escucharme. Me sentí desamparada. Yo quería con desespero su atención y su amor. Había pensado que ahora que papi se había ido ella regresaría a mí. Pensé que volvería a ser aquella madre amorosa que me tomaba de la mano y dibujaba una carita sonriente en la "O" de mi nombre en mi bolsa de almuerzo.

Por el contrario, la preocupación constante de mi madre cada vez se volvió más una forma de ser. Se preocupaba por el trabajo. Se preocupaba por el comportamiento delincuente de Alex. Le preocupaba la actitud insolente de Mike y su gradual desaparición de nuestro hogar. Y sus preocupaciones se convirtieron en mis preocupaciones: *¿La irán a despedir? ¿Nos podrá mantener? ¿Por qué sería Mike tan grosero con ella?*

Años atrás, se había formado una parte de mí cuya función era intervenir para proteger a mi madre cuando mi padre venía a golpearla. Trataba de consolar su tristeza y su dolor después que papi la había lastimado. Más tarde, esa parte de mí se manifestaba cuando nos encontrábamos juntas en público y yo veía que la gente se impacientaba por no poder entender su inglés, el cual tenía un fuerte acento dominicano. Pero ahora, con toda las preocupaciones y los cambios que se habían dado en nuestras vidas, la parte mía que protegía a mi mamá no podía lidiar con todos los problemas o posibles peligros sin sentirse abrumada. Las preocupaciones de mi mamá se habían hecho tan numerosas y tan grandes que la parte de mí que era su protectora tuvo que dividirse en muchas partes para poderse enfocar en las distintas preocupaciones y tratar de encargarse de cada una de ellas.

Mi subconsciente reprimió las partes de mí que estaban enojadas con ella por haberme prostituido y las partes que se habían sentido abandonadas cuando ella se había retirado tan profundamente dentro de sí misma. Pero había una de mis partes que se aseguró de que yo me portara bien con mi mamá. Siempre hice lo que ella me pedía y nunca le respondí de mala forma ni discutí con ella. Otra parte se había formado cuya función era asegurarse de que el departamento siempre estuviera limpio. Otra cocinaba. Una parte tenía la función de conseguir diferentes trabajos de niñera para que mi madre no tuviera que preocuparse tanto por el dinero. Pero la parte más persistente era la que insistía en la necesidad de que mami regresara.

Cómo aprendí a ver en la oscuridad

5

El verano que cumplí doce años, me pasé cada minuto que tenía libre en la piscina. Cada día, desde el mes de junio hasta agosto, me levantaba temprano, hacía los quehaceres que mi madre me pedía que hiciera, y trataba de llegar a la piscina cuando abría. Si me era posible me quedaba hasta la hora de cerrar y luego recorría el corto camino que llevaba a mi departamento para llegar justo a tiempo a preparar la cena.

A pesar de todo el tiempo que pasaba en la piscina, no sabía nadar. Pasaba casi todo el tiempo tan sólo chapoteando con niños más pequeños que yo en la parte bajita de la piscina. Me daba vergüenza ser tan grande y no saber nadar, especialmente porque al parecer había niños que tenían la mitad de mi edad y podían nadar con facilidad. Mientras estaba en la piscina siempre sentía temor de que los niños más grandes o mis hermanos se burlaran de mí. Yo ya me sentía estúpida, fea y sucia; y hubiera querido desaparecer. En aquel entonces, no sabía de dónde provenía la enorme sensación de vergüenza que sentía. Ni siquiera sabía que el resto de las personas no se sentían así.

Eleanor, una amiga que yo tenía en el edificio de apartamentos, trató de enseñarme a nadar, pero sus clases no sirvieron de mucho. Lo que principalmente hacía era nadar por la piscina y decirme, "Ahora hazlo tú". Cuando yo lo intentaba, me causaba pavor la idea de tener que aprender delante de los niños más grandes o de mis hermanos, por lo que simplemente no salía de mí tratarla de imitar.

Un día, Eleanor trató de emplear una estrategia diferente, explicando cada uno de los pasos de lo que debía hacer para poder nadar: "Tienes que levantar los pies, cerrar los ojos y mover los brazos y las piernas de esta manera". Observaba con atención cómo Eleanor movía sus brazos haciendo un gran círculo amplio y daba patadas. Yo quería poder nadar con la facilidad con que ella lo hacía. Miré a mi alrededor para ver si alguien me estaba mirando. Los otros niños que estaban en la piscina jugaban y nadaban y nadie estaba prestándome atención. Subí los pies y de inmediato me hundí hacia el fondo de la piscina. Me entró pánico y empecé a dar vueltas bajo el agua, pero por fin volví a tocar el suelo y me paré. Me sentí como una estúpida. Después de tratarlo un par de veces me di por vencida. Pero Eleanor nunca perdía el optimismo con nuestras clases. "Mañana lo volveremos a intentar".

Un día noté que Liz, una de las salvavidas, estaba observando mis esfuerzos. Cuando yo la miré, ella se sonrió y movió sus brazos de la misma manera que lo hacía Eleanor. Más tarde, cuando yo estaba tomando sol en una de las sillas de la piscina, Liz se levantó de su silla y se me acercó. "¿Te llamas Olga?" Me pregunté cómo podía saber mi nombre, pero entonces recordé que para entrar a la piscina se requería tener un pase. A veces yo le había dado a ella mi pase, el cual tenía mi nombre. "Si quieres yo podría enseñarte a nadar. Hasta podrías venir una hora antes de que abra la piscina. Sólo seríamos tú y yo y te podría enseñar".

Mi corazón comenzó a latir con rapidez y no pude emitir palabra alguna para responderte. En mi mente empezaron a girar toda clase de pensamientos: *Liz se me acercó a hablar conmigo. Ella va a la universidad y es increíble. Ella me podría enseñar a nadar, sin que nadie tenga que ver lo estúpida que soy.* Por fin, sólo le respondí: "Me encantaría. Gracias".

Durante todas las semanas que siguieron, cada mañana, estaba yo en la piscina una hora más temprano de la hora de apertura. Liz me enseñó a mover los brazos, a colocar las manos y a patalear. Mientras estaba practicando cómo patalear, ella me sostenía para que no me hundiera al fondo de la piscina y me entrara pánico. Yo confiaba en Liz. "Cierra los ojos y suelta el aire por la nariz para que no tragues agua". Cada vez me sentía más capaz y realizada a medida que seguía aprendiendo a nadar. Me así al sentimiento, lo envolví con mi mano y sentí dentro de mí una división suave mientras se estaba creando otra parte que podía nadar y ser amiga de Liz. Este tipo de división solía ocurrir ahora con frecuencia, y se creaban más partes que se podían aferrar a sentimientos buenos y positivos que me ayudaban a contrarrestar los sentimientos negativos que albergaba en mi interior.

Hubo una época durante la cual yo hubiera compartido la alegría de estos logros con mi mamá, pero hacía ya años que yo no le contaba mis triunfos y ella había dejado de preguntar. Liz era diferente. Tenía dieciocho años de edad y era como una hermana mayor. Me sentía a gusto conversando con ella, y me sentía escuchada. Me enseñó que podía aprender cosas nuevas y que era capaz de resolver problemas. Durante aquel verano y los siguientes años que duró nuestra amistad, mis preocupaciones e ideas obsesivas se enfocaron en Liz. Cuando me despertaba en la mañana me ponía a repasar mis intercambios más recientes con Liz, para ver si yo había dicho o hecho alguna cosa estúpida. Pensaba en cada palabra que le había dicho, cómo me había mirado y lo que había dicho ella; y me preguntaba si todavía le caía bien. Mis preocupaciones y pensamientos obsesivos sobre Liz me ayudaban a no pensar (aunque lo que me estaba pasando era algo muy doloroso) en cómo mis hermanos, que ahora eran unos adolescentes, habían retomado el abuso que antes sufría a manos de mi padre, ahora que él había muerto.

...

Una mañana de aquél verano, hacia fines de junio, el día que cumplí doce años, había terminado mi clase de natación con Liz y había corrido a casa para lavar la ropa que mi mamá me había encargado que lavara. No teníamos lavadora ni secadora en el departamento, así que utilizábamos las que estaban en el sótano del edificio para todos los inquilinos. El cesto de ropa sucia estaba lleno y sabía que iba a tener que hacer por lo menos tres lavadas. Mi mamá me había dejado una lista de tareas que hacer mientras estaba en el trabajo y yo me sentía triste y frustrada pues parecía que a ella se le había olvidado mi cumpleaños.

Mi hermano Alex estaba con su amigo Gary en el área del sótano del edificio que los inquilinos usaban para almacenar aquellas pertenencias que no usaban. Alex había convertido uno de los espacios de almacén que no estaban usándose en un 'club'; y con frecuencia se iba a pasar el rato allí con sus amigos, a leer la revista *Playboy* y fumar marihuana. Era un lugar bueno para tener un club, pues no pasaba mucha gente por donde estaban los espacios que se usaban para almacenamiento. Una vez puse en la máquina mi primera lavada, escuché que Alex y Gary me estaban llamando. Dijeron que me querían enseñar algo. Sentí curiosidad, pero al haberme acercado a su club olí la marihuana y me empecé a sentir nerviosa. Podía escuchar como decían en voz baja: "...se cree tan especial el día de su cumpleaños. Vamos a darle una lección". En su manera extraña de percibir las cosas, Alex albergaba un resentimiento profundo contra mí, pues había interpretado el trato de mi padre mientras estaba vivo, como un trato preferencial hacia mí. Con frecuencia me hacía pagar por mis "noches especiales" con burlas y golpizas al día siguiente, cuando mi padre no se encontraba en casa. Aunque ese día en particular yo no estaba teniendo ese tipo de recuerdos, cuando oí que él me llamó "especial" con tono de desdeño, algo se disparó dentro de mí y sentí miedo.

Ya se había hecho tarde, giré sobre mis pasos para dirigirme a subir las escaleras, pero Alex entonces me agarró y me tiró dentro del compartimento de almacenamiento. Sentí que la sangre había empezado a correr de prisa dentro de mi cabeza y oía los sonidos como si estuvieran ahogados. Mis ojos empezaron a moverse con rapidez a un lado y otro y en ese momento una parte de mí que odiaba a Alex tomó posesión y peleó contra él. Le grité, "¡Te odio!", con toda la rabia que tenía dentro de mí y le empecé a soltar puñetazos de manera salvaje, pero apenas pude lastimarlo. Le di patadas en las piernas y metí gritos, maldiciendo. Lo escupí en la cara y entonces me lancé hacia adelante tratando de morderlo en el brazo. Eso si le dolió y me alegré.

Pero Alex era más grande y fuerte que yo, y no le fue difícil abrazarme de una manera que me inmovilizó. Me arrojó contra la pared de concreto del espacio para almacenaje, volvió a agarrarme y me volvió a arrojar hasta que terminé por caerme en el suelo, inconsciente. Cuando volví en mí, Alex estaba violándome. Primero me dio una profunda sensación de pánico, pero mi mente reaccionó instintivamente para salvarme y mi cabeza se llenó de una sensación como si fuera de algodón. El pánico desapareció y me sentí tranquila. Me aislé de mi cuerpo y subí al techo, viendo como Alex y Gary se turnaban violando a una persona que se me parecía, pero que no sentía fuera yo. Una vez terminaron de violarme, los dos orinaron encima de mí. No me moví. "¿Ya ves, Gary? Ella te deja que le hagas cualquier cosa. Es una puta". Sentí que aquel ataque no terminaba nunca y me quería morir.

Más tarde pude descubrir que cuando el ataque había estado ocurriendo, otra parte de mí se había formado para mantenerme alejada de este nuevo nivel de humillación y violencia y para retener el ataque sufrido y tratar de alejarme del peligro. Cuando ahora pienso en ella, uso el nombre de 'Doce'. Después de que Alex y Gary se fueron, volví a mi cuerpo y aún cuando esta nueva parte permanecía presente, me levanté lentamente sin entender lo que había sucedido. Esta parte sabía que el sótano ya no era un lugar seguro, por lo que se quedó lista para volver a salir, mientras yo estaba mirando mis ropas desgarradas y sentía el dolor y la humedad de lo que Alex y Gary me habían hecho.

Me sentía totalmente avergonzada y no quería que nadie me viera. *Tengo que salir de aquí.* Aunque este pensamiento era fuerte y apremiante, me asaltaban también otros pensamientos contradictorios que corrían por mi cabeza: *Pero mamá dice que no puedo dejar la ropa en el sótano.* El debate interno no duró mucho tiempo. La idea de quedarme en el sótano me dio pánico; por lo que agarré con una de mis manos mi ropa ripiada, mientras recogía con la otra la ropa que había puesto en la lavadora. Usé la cesta, en la cual había puesto la ropa mojada, para taparme con ella y que nadie pudiera ver las rasgaduras y manchas de mi ropa. Luego subí, como en cámara lenta, los tres pisos de escaleras hasta llegar a nuestro apartamento.

Al llegar a la puerta me sentí entumecida. De pronto, otro pensamiento de apremio me cruzó por la mente: *Alex me hizo mucho daño, es posible que todavía yo esté en peligro.* Una oleada de miedo me invadió: *¿y si Alex está adentro?* Me quedé en el pasillo por un par de minutos, frente a la puerta del apartamento, inmovilizada por el entumecimiento y el miedo. Me sobrepuse al estupor y entré silenciosamente, yendo directo para mi habitación, mirando si había alguien en casa. No había nadie. Tomé unas ropas limpias, me asomé al umbral de mi puerta para asegurarme de que no había nadie en casa y entonces me apresuré hacia el baño para limpiar la sangre, el semen y la orina de mi cuerpo. Las partes de mí que habían aprendido a limpiarse hacía ya tantos años, se presentaron a ofrecerme consuelo a través del ritual. Mientras me iba calmando, los imperiosos pensamientos que habían sido anteriormente tan intensos, habían comenzado a alejarse aún más, llevándose consigo, para una habitación cerrada con llave dentro de mi mente, los recuerdos relacionados con el ataque.

Quedé perdida en un lugar lejano dentro de mi cabeza, con un estupor profundo que me dejó sin sentir nada. No podía enfocar mis ojos. Me sentía ensimismada y totalmente sola. Tiré en la basura la ropa que había sido rasgada y manchada, agarré la cesta de ropa mojada, que ya estaba lavada, y cogí otro bulto de ropa sucia y regresé al sótano. Me senté en el suelo en un rincón de la lavandería, con la mirada perdida, mientras esperaba para poner otro grupo de ropas a lavar y secar. Cogí las dos lavadas limpias, volví a mi habitación y cerré la puerta, agotada. No terminé toda la ropa que había que lavar ni los otros quehaceres que tenía en mi lista. Aunque le había dicho a Liz que volvería a la piscina, no volví. Me senté en el rincón entre mi cama y la pared, con la mirada distraída y desenfocada, lo que empeoró cuando escuché voces en el apartamento.

Cuando mi mamá llegó a casa y vio que no había terminado mis quehaceres, me preguntó, "Olga, ¿qué has estado haciendo? No lavaste los platos, no preparaste la cena y la ropa sólo está parcialmente terminada. ¿Qué te pasa? ¿He estado trabajando todo el día y no puedes hacer unas simples tareas para ayudarme?" Me partió el alma el escuchar la amargura en su voz. No se había acordado de mi cumpleaños. Terminé de doblar la ropa y lavé los platos mientras ella preparaba la cena, nuestra comida típica de arroz y frijoles negros. Me sentí mal por haberla decepcionado y por haber aumentado su lista de preocupaciones. Yo misma no creía en mí: *¿Será verdad que no puede contar conmigo? ¿Seré tan mala como mis hermanos que no la ayudan?*

Esa noche me fui a dormir temprano, sintiendo todavía el entumecimiento que me ayudaba a no sentir nada. No recordaba el ataque; pero, incluso si hubiera querido contarle a mi madre o a cualquier otra persona lo que me había pasado, no habría podido hacerlo. Ahora que mi parte Doce tenía su propia habitación dentro de la casa que existía dentro de mí; cada vez que me encontraba cerca de Alex me sentía nerviosa. Pero no era consciente de la razón por la cual él era peligroso, ni tampoco me daba cuenta de que su amigo Gary sabía ahora que podía violarme y que yo no se lo iba a decir a nadie. Lo único que yo sabía era que, por alguna razón, Gary me hacía sentir incómoda y debía evitarlo. Pero él demostró que no se daba por vencido, buscándome una y otra vez.

…

Al día siguiente volví a irme temprano a la piscina, pero estaba callada y ensimismada. Aunque no sabía cuál era la razón, estaba sintiéndome tan mal conmigo misma que no podía mirar a Liz directamente a los ojos. No me acordaba del ataque. Lo único que sentía es que era fea, gorda y horrible. "¿Hay algo que está mal? ¿Por qué no regresaste ayer, como dijiste que lo harías? ¿Y de dónde salieron estos raspones y moretones?"

Me tomó por sorpresa. "¿Qué raspones y moretones?" Busqué en mi memoria qué había sucedido el día anterior, la razón por la cual no había regresado a la piscina y cómo era que me había hecho daño; pero no pude recordar. Mi mente comenzó a entumecerse y dirigí mi vista hacia el suelo, perdida. Liz me miró en los ojos de forma inquisitiva y luego cambió el tema.

"Oye, oí que ayer fue tu cumpleaños". Me emocionó que Liz supiera cuándo era mi cumpleaños y que lo hubiera recordado. "Iba a llevarte a comer tarta de fresa a *Bob's Big Boy* por tu cumpleaños. ¿Quieres ir hoy?"

Mis ojos se llenaron de luz. "¿De veras? ¡Me encantaría!"

"Cuando acabe mi turno de trabajo, nos podemos cambiar y te llevo". Me quedé pensando en eso todo el día. Inicialmente mi mente se entusiasmó: *Voy a ir a Bob's Big Boy con Liz. Soy especial. Voy a ir en su auto.* Pero pronto mis pensamientos pasaron del entusiasmo a la preocupación: *¿Y si hago algo estúpido? ¿Y si cambia de idea? ¿Y si se da cuenta de lo horrible que soy? Espero no hacer nada mal.* Entonces me preocupé aún más: *¿Qué voy a hablar? ¿Qué es Bob's Big Boy? ¿Estaré bien vestida?*

Bob's Big Boy resultó ser un restaurante tipo cafetería donde servían hamburguesas, sándwiches y tartas. Era la primera vez que comía tarta de fresa y tomaba un té que se llamaba *Earl Grey*, el cual pedí porque Liz lo pidió. También pidió que le sirvieran crema batida extra en su tarta de fresa, de modo que yo también lo hice. Quería ser como ella. Debo haberme quedado mirándola con una gran sonrisa en mi rostro durante todo el tiempo que tardó la cena.

Resultó mágico pasar tiempo con ella. Ella me miró y habló como nadie lo había hecho jamás. Me hizo una pregunta tras otra: "¿Qué cosas te gusta hacer?"

"No lo sé".

"¿Te gusta ir al cine?"

"Las únicas dos películas que he visto son *Ben Hur* y *Oliver*".

"Ah, pues a eso tenemos que encontrarle una solución. Me encanta el cine, especialmente las películas de ciencia ficción y de suspenso. ¿Quisieras ir un día de estos?"

"¡Sí! Me encantaría", grité con una voz tan alta que las otras personas que estaban en el restaurante se voltearon para mirarme. Liz continuó como si nada hubiera sucedido.

"¿Te gustan los deportes?"

"Me encantan los deportes. Suelo jugar al baloncesto y *softball* con la Liga Juvenil Católica. Y también juego al fútbol con los chicos del vecindario".

Primero hizo una pausa y luego dijo, "Yo trabajo en el YMCA y dirijo un programa de baloncesto para jóvenes. Puedo ayudarte a entrenar para la temporada y si te gusta podrías servir de árbitro para la liga de los niños pequeños". Me entusiasmaba la idea de pasarme tanto tiempo con Liz.

Cuando estábamos terminando de comer, se le ocurrió algo. "¿Has probado alguna vez el helado con chocolate derretido por encima? Pero no estoy hablando de esos siropes que son imitación de chocolate, estoy hablando de helado con chocolate de verdad derretido y puesto por encima". Al descubrir que yo nunca lo había probado, Liz sacó de su bolsa un papel y empezó a escribir una lista. Anotó todas las ideas que tenía sobre las cosas que debíamos hacer: ir al cine, participar en los programas deportivos del YMCA, comer helados con chocolate derretido, salir a correr juntas para entrenar para la temporada de baloncesto, hacer ejercicios en el gimnasio y saltar la cuerda[11]. "Olga, tenemos que hacer todas estas cosas. Estas son experiencias que todo joven debe

---

[11] *'jump rope'* – 'saltar la cuerda', 'saltar la soga', 'brincar cuica', 'saltar la suiza', etc.

tener". Yo estaba llena de entusiasmo y mis pensamientos eran intensos: *Me encanta Liz. Cuánto me gustaría poder vivir con ella.* Cerré mi mano formando un puño y sentí una división en mi interior con la creación de una nueva parte de mí que iba a aferrarse a esta experiencia para cuando pudiera necesitarla.

Al final del encuentro, cuando Liz estaba al dejarme de vuelta en mi casa, me preguntó con suavidad, "Olga, ¿de dónde salieron esos moretones?"

Me puse a pensar buscando la respuesta durante lo que me pareció un lapso de tiempo interminable, pero no pude hallar respuesta. "¿Qué moretones?"

"Los que vi en tu espalda y tus piernas esta mañana cuando estábamos en la piscina". Dentro de mí empezó a surgir un miedo y mis ojos comenzaron a moverse de un lado a otro. De pronto no pude recordar sobre qué estábamos hablando. Apuntó con su dedo en dirección a los moretones que yo tenía en la parte interior de mi muslo, usándolo como ejemplo de la pregunta que me hacía. Miré el moretón con horror, como si fuera el cuerpo de otra persona.

Por fin le dije: "No lo sé". Me entró una sensación de pánico y abrí la puerta del automóvil para bajarme, pero Liz me detuvo.

"¡Está bien! Está bien. Sólo era curiosidad. Por favor, no te vayas todavía. Olga, tú y yo somos amigas y si alguna vez necesitas hablar conmigo sobre lo que sea, ya sabes que lo puedes hacer. ¿Estamos de acuerdo?" Mantuve sobre ella la mirada sin poder hablar. Algunas de mis partes que se la habían estado pasando bien con Liz de repente se preocuparon. *¿Y si ya no quiere volver a llevarme a Bob's Big*

Boy? ¿Va a seguir queriendo ser mi amiga? Otras partes de mí, cuyo papel era ocultar lo que había sucedido, estaban también preocupadas, pero por razones diferentes. *Liz se va a enterar. Va a pensar que soy una puta. Si se entera, voy a tenerme que morir.* Pero, desde afuera, posiblemente lo único que Liz podía ver era mi silencio lleno de confusión. Nos quedamos allí sentadas otro par de minutos.

Cuando salí del auto, le di las gracias a Liz y un poco volví en mí. Le pregunté si podíamos volver a salir algún día. "Sí, por supuesto", me respondió rápidamente. "Lamento haberte hecho sentir incómoda. Nunca volveré a hacerte esas preguntas, pero recuerda que puedes decirme lo que quieras". Cerré la puerta del auto y entré corriendo al edificio de nuestro apartamento.

...

Lo que quedó de ese verano y los siguientes cuatro años que tomó para que Alex se fuera al ejército, me continuó agrediendo. Algunas de las veces lo hacía solo; otras lo hacía con Gary u otro amigo. Alex me violaba en cualquier sitio que le venía en gana: en mi habitación, en otras partes del apartamento y en diferentes lugares del edificio. No parecía importarle si alguien lo veía. Él me atacaba de una forma brutal y yo me resistía peleando con todas mis fuerzas.

En una de las ocasiones que me agredió en mi habitación, me había tirado un puñetazo dirigido a mi rostro, pero pude voltear la cara justo a tiempo para que no me diera. Desde la esquina de mi ojo pude ver a mi mamá parada en el umbral de la puerta de mi habitación que estaba abierta. Tenía la mirada ausente, carente de expresión. Me partió el alma. Yo necesitaba con desespero que ella se interpusiera y detuviera a Alex. Podía haberlo hecho. Aunque frente a mi padre ella era totalmente impotente, frente a Alex tenía poder. Pero sus ojos tenían esa mirada que yo solía ver cuando cuidaba de sus rosas. En aquel entonces no había querido verme y ahora, de nuevo, no me quería ver. Mi madre no quería admitir lo que me estaba haciendo Alex. Se dio la vuelta, fue a la sala y encendió el televisor, subiéndole mucho el volumen.

Al entrar en mis años de adolescencia, yo no tenía ningún recuerdo específico de las violaciones de Alex, y la crueldad de sus ataques me dejaron haciéndome sentir especialmente fea y apocada. No podía evitar sentir que era una persona mala, repugnante. Nunca me puse a analizar cuál era el origen de ese sentimiento, pero era algo que sentía todo el tiempo.

...

Fue durante esta época que mis partes comenzaron a jugar un papel mucho más activo en mi vida. En vez de ser su función principal la de encerrar recuerdos del abuso y ayudarme a sobrevivir las agresiones con el menor daño físico posible; mis partes me comenzaron a ayudar a navegar mi mundo. Cuando Doce se formó, era una parte diferente de las otras. Como mi padre ya no estaba para controlar a Alex y Mike, Doce percibió que existían más peligros y jugó un rol más activo en mi protección. A menudo se acercaba a la superficie y revelaba ideas y sentimientos que yo en ese momento no podía entender. Apoyada por la existencia de Doce, la parte que hoy día llamo Ocho a veces también se acercaba a mi conciencia, para observarme y alertarme sobre Alex y Mike. Aunque estas partes no me daban acceso a recuerdos específicos, me hacían sentir preocupación y nerviosismo.

Yo pensaba que yo no me sentía cómoda con Mike porque él era muy exigente y se enojaba con mi mamá, siempre diciéndole qué hacer y casi siempre faltándole el respeto. A pesar de eso, yo todavía le tenía cariño. Las partes mías más jóvenes recordaban aún lo divertido que había sido jugar con Mike. Era mi hermano favorito, el que me había enseñado a jugar baloncesto y fútbol, el que había dicho que me protegería y yo añoraba aquellos tiempos, cuando podía sentir su amor por mí.

Fue por eso que cuando, un día caluroso del mes de julio, Mike me invitó a que fuera con sus amigos al cementerio, que estaba del otro lado de la calle, para pescar en un estanque, enseguida sentí que en mi interior surgió un conflicto. Mike ya nunca me incluía en las cosas que hacía y se pasaba cada vez menos tiempo en la casa. A Doce le pareció sospechosa la invitación, pero las partes más jóvenes se sintieron especiales porque él estaba pidiéndome ir con sus amigos. Estas ganaron el debate y yo accedí gustosa a ir.

Éramos seis, cinco varones y yo. Al llegar a una sección apartada del cementerio, los muchachos hicieron un círculo alrededor mío. La cara de Mike mostraba enfado y amargura al decir: "¿Crees que eres mejor que nosotros, perra? Pues yo conozco tu secreto y voy a enseñárselo a ellos". El pánico empezó a crecer dentro de mí y mis pensamientos se dispararon. En aquel momento no sabía que eran ellas, pero rápidamente Doce salió a la superficie, con Ocho siguiéndola de cerca. *Esto no era una invitación para pescar en el estanque. Es Mike que quiere lucirse con sus amigos.* Desde un árbol cercano vi como Mike y sus amigos se turnaban violándome.

Esto era demasiado para que mi mente pudiera soportarlo, incluso a cierta distancia, desde el árbol, donde podía mantenerme a salvo. Yo quería a Mike y ahí estaba él, haciéndome daño y enseñándoles a los amigos cómo también podían hacerlo. Por lo que, en vez de mirar desde el árbol lo que estaba pasando, Doce se puso a mirarlo por mí, como si estuviera sucediéndole a alguien que no era yo; y yo volví al convento con las monjas y con la hermana María José y Doña Graciela. Liz estaba allí también. Todas jugamos juntas al baloncesto y ninguna jugó sucio ni cometimos faltasComo Doña Graciela era demasiado mayor para jugar, nos dirigió a todas en oración y rezamos el Ave María.

Después de que se fueron los muchachos, esperé un rato para levantarme. Me sentía mareada y todo me estaba dando vueltas. Una vez que las cosas se calmaron, apenas podía recordar lo que me habían hecho y habían dicho de mí. De repente me surgió una preocupación apremiante: *Alguien podría lastimarme si me quedo aquí sola. Debo irme a casa de inmediato.* Necesitaba llegar a casa, pero era obvio que me habían golpeado. Mi camisa y mis overoles estaban rotos, mi ropa interior ripiada. Tuve que aguantarme la ropa para que no se me cayera. Caminar a la casa tomaba como quince minutos y anduve todo el camino preocupada de que alguien pudiera verme. Muchas personas sí me vieron, pero trataron de no mirarme directo a la cara. Los cuatro amigos de mi hermano estaban esperando frente a nuestro edificio para verme regresar a casa y comprobar si era verdad que yo no iba a decir nada.

Sentí tanta humillación cuando los vi. No podía dirigirles la mirada. Me eché a correr hacia el apartamento sin ponerme a pensar con quién podía toparme. Cogí una muda de ropa limpia y me apresuré al baño para limpiarme. Otra de mis partes se creó para contener esta humillación. Me duché durante lo que me parecieron horas, dejando que el agua tibia me corriera hasta que el entumecimiento en mi mente fuera lo suficientemente profundo como para que no sintiera dolor físico. Me fui a mi habitación y me metí debajo de mi cama. No había limpiado la casa. No había hecho la cena. Mis ojos se comenzaron a mover de un lado a otro incontrolablemente y pronto me quedé dormida.

Como no acusé a Mike, él y sus amigos empezaron a buscarme cada vez más. Luego llegué a entender cómo las partes mías que mantenían lejos de mi subconsciente los recuerdos de las agresiones y que me habían ayudado a sobrevivir una infancia violenta; a medida que yo iba creciendo también no actuaban precisamente en mi favor. El no tener recuerdos de haber sido violada con anterioridad por mis hermanos me hacía sentir nerviosa y aprehensiva cuando estaba con ellos; pero también me dejaba incapaz de evadir los ataques o de hacer nada para evitar que sucedieran. Aunque olvidar era una bendición, lo cierto es que me dejaba sin protección concreta.

Ese verano, Liz se convirtió en una hermana mayor para mí. Íbamos al cine. Comíamos en *Bob's Big Boy*. Íbamos juntas a su otro trabajo en el YMCA, donde ella dirigía programas para jóvenes. Me ayudó a mejorar con el baloncesto y me enseñó cómo mantenerme en forma cuando estábamos fuera de temporada. Me enseñó a correr distancias largas y a saltar la cuerda para aprender a reaccionar en los juegos con mayor rapidez y me ayudó a practicar para mejorar mi tiro. Me di cuenta de que cuando estaba con Liz me sentía segura y tranquila, pero, por el contrario, cuando me hallaba en casa o en mi vecindario me sentía nerviosa. Aquel verano traté de pasar tanto tiempo como me fue posible en compañía de Liz y, más tarde, cuando tuve la suficiente edad, conseguí un trabajo para poder pasarme aún más tiempo lejos de mi casa.

6

Mi primer mes en noveno grado, me aceptaron como reportera en el periódico de la escuela. Realmente quería ser escritora, por lo que en la primera semana de clases le pregunté a la Sra. Solinsky, mi maestra de periodismo, cómo podía pasar a formar parte del equipo que editaba el periódico. Ella estaba en el comité que revisaba las muestras de escritos de los solicitantes y me dijo que lo intentara, pero también me advirtió que los estudiantes de primer año rara vez eran aceptados.

La Sra. Solinsky conocía a mi hermano Alex, y creo que vio cosas en él que le dieron que pensar. Por un tiempo, Alex había sido fotógrafo en el equipo del periódico y me dio la impresión de que la Sra. Solinsky no había tenido una buena relación con él. Como hacían casi todos los maestros/as, lo primero que me había preguntado al conocerme había sido "¿Eres pariente de Alex?"

"Sí, pero no soy para nada como él", yo decía con orgullo. Generalmente, esta respuesta era bien recibida, además de tener la ventaja de que era cierto. Yo no era como Alex y jamás hubiera querido serlo. Doce, la parte protectora que aún me mantenía alejada de Alex, era implacable. No tenía ningún sentimiento positivo hacia Alex: ni empatía, ni un sentido de conexión familiar, nada. A pesar de que yo no recordaba las violaciones de Alex ni las violaciones que alentó a sus amigos a cometer, estaba llena de pensamientos sospechosos sobre él y sabía que debía mantenerme alejada.

Para este entonces, sentía que Alex no tenía cualidades que lo redimieran. Él mentía mucho. Le iba mal en la escuela, incluso reprobó algunas clases. Le robaba a mi madre, a mí, incluyendo el dinero que ganaba cuidando niños, y robaba hasta en la escuela. La Sra. Solinsky, a regañadientes lo reportó al oficial de seguridad del bachillerato por haber robado algunas cámaras. Cuando llamaron a la casa, él le dijo a mi madre que había comprado las cámaras. Ella tampoco le creyó. A menudo parecía que estaba drogado, tambaleándose inseguro, con los ojos inyectados y tropezando con las cosas.

El verano que cumplió dieciséis años, Alex fue arrestado por violar a una niña de ocho años de edad en uno de los compartimientos de almacenaje, en el sótano de nuestro complejo de apartamentos. Mamá no me contó lo que había sucedido, pero la escuché llamar a Tomás la noche que lo arrestaron. "Alex está en la cárcel. Necesitamos dinero para sacarlo". No me importaba lo que le pasara a Alex, pero estaba preocupada por mi mamá y esto de Alex era una preocupación más para ella.

Esa misma semana me enteré de lo sucedido por una mujer que vivía en nuestro edificio. "Lamento haber tenido que llamar a la policía por lo de tu hermano", se disculpó. "Pero él estaba violando a esa pobre niña en el compartimiento del sótano y eso no está bien". Sentí que mi cabeza se ofuscaba y una mirada en blanco apareció en mis ojos.

Alguna autoridad, probablemente un juez, dictaminó que Alex viera a un terapeuta por un tiempo. Por lo que pude ver, esto no le ayudó.

Entonces, aunque no recordaba los ataques de Alex, todo eso me daba una idea de por qué, cuando los maestros me preguntaban sobre él, me distanciaba lo más posible. Cuando le dije a la Sra. Solinsky que no era como él, me dijo: "¡Qué bueno!" Me sorprendió lo franca y directa que era. Era enérgica y no sonreía ni reía mucho, pero amaba el periodismo. Cualquiera que trabajara en el periódico aprendía rápidamente a respetarla. De hecho, a veces la Sra. Solinsky daba un poco de miedo porque levantaba la voz cuando se impacientaba con nosotros.

Era diferente a todas las maestras que había tenido: era mayor, con el pelo largo y estirado que recogía en un moño. También era la persona más grande que había visto en mi vida. Era alta para ser mujer, tan alta como algunos de los maestros hombres y muy corpulenta. Usaba vestidos grandes, sueltos, hechos a mano. Muchos estudiantes se burlaban de ella porque tenía problemas para caminar. Yo no sabía qué decir cuando la gente se burlaba de ella. Por lo general, me quedaba callada o concordaba con sus bromas, pero luego me sentía mal porque sabía que ella me quería y estaba pendiente de mí. Ella me había impulsado a la mayoría de mis éxitos en el bachillerato.

Me encantaban los otros escritores del periódico, así como ser parte de ellos. Eran inteligentes y me sentía inteligente por asociación, pero también siempre sentí que tenía que trabajar más duro que ellos. En aquel entonces, leer me resultaba muy difícil, pero nunca se lo dije a nadie. Me costaba mucho trabajo hacer la investigación necesaria para los artículos. Me distraían todos los pensamientos en mi cabeza y no podía enfocarme lo suficiente para entender las palabras. Una de las estrategias que usaba era leer en voz alta, lo que me ayudaba porque mi voz ahogaba los pensamientos que pasaban por mi cabeza. Con frecuencia hacía esto en un esfuerzo por conectar las palabras que estaba leyendo para formar oraciones, y las oraciones en párrafos y los párrafos en una historia.

Pero estaba aterrada de que la gente descubriera que tenía que leer en voz alta para entender. La mayoría de las veces nadie se daba cuenta, porque leía a solas, pero en la clase de periodismo a veces nos asignaban lecturas durante el tiempo de clase. Debido a esto, desarrollé la estrategia de susurrar las palabras muy suavemente. A veces ni siquiera podía oírme a mí misma, pero al decir las palabras podía enfocarme en ellas. Para evitar la humillación de ser descubierta, apoyaba la mano en el mentón y me tapaba la boca.

Un día durante la clase, la Sra. Solinsky me pidió que me acercara a su escritorio. En voz baja, preguntó: "¿Te cuesta trabajo concentrarte en clase? ¿Tienes problemas para leer?"

Me sentí expuesta y avergonzada. Mi corazón se desplomó y mi pecho se apretó. Ahora sé que esta sensación indica que algunas de mis partes están cerca de la superficie. Me pregunté, *¿Cómo supo? ¿Será como yo? ¿Sabrá de mí?* Sentí que mis ojos se desenfocaban y tuve esa sensación familiar de ofuscación en mi cabeza, pero logré responder: "A veces me cuesta entender lo que leo. Simplemente no me entra".

La Sra. Solinsky dijo que se daba cuenta que yo estaba intentando diferentes maneras de concentrarme en la lectura. "En caso de que te pueda servir, quiero decirte cómo mejoré mi propia comprensión de la lectura". Aturdida aún, pero sintiéndome más tranquila por dentro, la escuché. "Haz como si estuvieras leyendo en voz alta, pero no muevas los labios. Sólo imagina que puedes escuchar las palabras en tu mente. Esto te ayudará cuando estés con otras personas. Incluso puedes decidir que quieres leer así todo el tiempo. Puede ser que te tome más tiempo leer de esta manera, pero comprenderás mejor lo que lees y lo recordarás durante más tiempo".

Sentí que la Sra. Solinsky me acababa de dar un abrazo. Pude sentir que se preocupaba por mí y me sentí abrigada y reconfortada por dentro. A estas alturas ya no cerraba el puño para crear partes positivas de mí misma, pero a medida que aprendía a usar el método de leer sugerido por ella, separé una parte de mí misma para aferrarme a su amabilidad, a cómo me enseñaba a mejorar mi lectura.

...

Una noche de octubre, salí tarde de una reunión del equipo del periódico y tomé un autobús a la YMCA, donde ayudaba a Liz con sus ligas de baloncesto todos los viernes por la noche. El autobús parecía estar especialmente lleno. Había algunos estudiantes universitarios, gente que parecía estar camino a casa después del trabajo, una anciana con comestibles, otro estudiante de bachillerato y unos cuantos hombres en sus treinta vestidos de manera informal.

Uno de estos hombres vestía una camiseta rasgada y pantalones de mezclilla, parecía que no se había bañado en varios días. Tenía la cara sin afeitar, el pelo corto y grasoso y las manos sucias. La forma en que miraba a las mujeres y a las niñas que iban en el autobús me puso nerviosa. Él las miraba como si pudiera ver a través de su ropa. Escudriñó a todos de cerca, como si estuviera buscando a alguien. Entonces me vio y caminó directamente hacia donde yo estaba sentada.

No había lugar para que se sentara, así es que se paró frente a mi asiento, sujetándose del barandal. La entrepierna de sus pantalones estaba cerca de mi cara y sentí un poco de pánico por dentro. Se acercó un poco más, observándome de cerca. Tuve pensamientos encontrados que corrían por mi mente: *¡Empújalo! ¡Aléjalo de ti! ¡Golpéalo! No, no puedes hacer eso o saldrás muy lastimada. No digas nada. ¡Levántate! ¡Sal de aquí! Está demasiado cerca.* Me comenzó a doler la cabeza. Me senté en silencio, volteé la cabeza en dirección contraria de su entrepierna y me quedé con la mirada fija, sin enfocar nada en particular.

"¿Estoy parado demasiado cerca de ti?" Surgió la pregunta arriba de mí. Traté de dilucidar qué hacer, nuevamente lidiando con pensamientos contradictorios: *Él quiere lo que los demás querían. Te lastimará si no hablas. ¡Sólo dile que no! No hables con él. Sí, habla con él o te lastimará más.* No podía aferrarme a ningún pensamiento y me sentía abrumada. *¡Aléjate! ¡Corre! No, dile que está bien. No lo hagas enojar.* Simplemente no pude responder. Me sobresaltó el que me volviera a preguntar.

"No", finalmente respondí, todavía mirando hacia otro lado. Él me estaba mirando muy de cerca y el dolor de cabeza estaba empeorando. Quería bajar del autobús, pero la YMCA todavía estaba lejos y me preocupaba que me siguiera.

"Mi nombre es Frank. ¿Tú cómo te llamas?" *¡No digas nada! ¡Aléjate! Dile o te lastimará.* El dolor de cabeza empeoraba, era más agudo ahora y comencé a sentir náuseas. No podía pensar. Finalmente, respondí: "Olga". Tenía pensamientos que volaban dentro de mí. Me sentía muy nerviosa, luego entumecida otra vez.

"Ese es un nombre poco común. ¿A dónde vas, Olga?"

Mis pensamientos volaron y sentí como si mi cabeza se estuviera llenando de algodón. Preguntó de nuevo, esta vez con un tono firme. Cuando escuché su tono, sentí que había hecho algo mal.

"A la YMCA". Pude escuchar lo apagada que sonaba mi voz.

"¿Dónde vives?"

Hice como si no lo hubiera escuchado.

"¿Dónde vives?", dijo nuevamente en ese tono firme.

"Apartamentos Elmwood".

"Ah, vivo justo al lado". No respondí. "Tal vez te vea por allí". Asentí con la cabeza, mi cabeza pulsaba y mi náusea empeoraba. Comencé a preocuparme de que iba a vomitar.

El autobús llegó a mi parada y señalé que me quería bajar. Me levanté y maniobré con cuidado alrededor de Frank para no tocarlo. Podía sentirlo observándome. Corrí un par de cuadras hasta la YMCA, donde Liz me estaba esperando. Me vio y preguntó: "¿Qué pasa?"

"Nada. Sólo que había un tipo horripilante en el autobús".

"No hablaste con él, ¿verdad?"

Estaba avergonzada de haberlo hecho. "No, sé que no debo hablar con extraños".

"Especialmente no con hombres extraños en el autobús", agregó. "¿Quieres cambiarte?" Yo había ido a arbitrar unos juegos de baloncesto de sus ligas de segundo y tercer grado. Me sentí mejor y me calmé. Mi dolor de cabeza y náusea comenzaron a desvanecerse.

Los juegos eran muy divertidos. Los niños eran pequeños, estaban entusiasmados y ponían atención. Yo podía sonar el silbato e indicar una infracción y todos iban a hacer lo que yo les dijera. Después de haber jugado al baloncesto desde que tenía cinco años, conocía muy bien las reglas. Nunca me había sentido tan importante, inteligente y capaz.

Cuando terminaron los juegos, Liz y yo fuimos a Bob's Big Boy. Hablamos sobre los equipos y los niños, y como siempre, Liz me preguntó cómo estaba. Siempre decía que estaba bien a menos que me preocupara algo de la escuela. Ella me preguntó por mi madre y mis hermanos. "Mi mamá y Mike están bien y Alex es Alex". Estas eran mis respuestas de costumbre. Cuando Liz me llevaba a casa, siempre esperaba hasta que me veía entrar en mi edificio, antes de irse. Esa noche, cuando salí de su auto, vi a un hombre parado en las sombras del patio de nuestro edificio. Vagamente lo escuché decir mi nombre, así es que volteé y luego corrí hacia mi edificio. Sentí desasosiego.

Al día siguiente después de la escuela, llegué a casa en el autobús. Encontré a Alex en nuestro departamento y eso me puso nerviosa. En un par de horas, camino al trabajo, Liz pasaría por mí, así que salí y me senté en una banca a esperarla. Alguien se me acercó por detrás. "¿Olga?"

Me sobresaltó. Era el horrendo Frank, del autobús. Se sentó y me preguntó por qué no le había respondido la noche anterior. Me sentí entumecida y luego adormecida. Me encogí de hombros. Dijo que había venido a verme y que yo había sido grosera al no hablar con él. Me fui más adentro. Me preguntó dónde estaba mi escuela y a pesar de las advertencias que escuché en mi mente, se lo dije. "¿Cómo llegas allí?", me preguntó.

"Tomo el autobús", me escuché decir con voz apagada. Mi mente volvió a tener pensamientos contradictorios, advirtiéndome que no hablara con él y diciéndome que huyera, pero también advirtiéndome que no lo hiciera enojar, que hiciera lo que él dijera para no salir más lastimada. Como siempre, los pensamientos iban y venían demasiado rápido para poder examinarlos. Con voz monótona respondí todas sus preguntas sobre a qué hora iba a la escuela y a qué hora llegaba a casa, y le dije que no había nadie en casa la mayor parte del tiempo.

Lo que entiendo ahora es que Frank tomó nota de mi contestación automática y de mi respuesta aturdida a su invasión de mi espacio personal y privacidad. No fue hasta muchos años después que me entrené para responder con enojo y resistencia a este tipo de violación. En aquel entonces, no entendía que mis respuestas me catalogaban, en la mente de Frank, como alguien a quien podía lastimar.

Frank merodeó por nuestro complejo de apartamentos durante varias semanas. Mi instinto era quedarme en nuestro departamento y esconderme de él. Pero la aprensión que sentía cuando Alex estaba en casa hacía que me quisiera ir. Empecé a salir por la parte de atrás de nuestro edificio hacia la cancha de baloncesto, pero a menudo los amigos de Mike, los que me habían violado, estaban allí. Aunque no recordaba la violación, tampoco me sentía a gusto con esos jóvenes. A menudo, terminaba deambulando por el complejo de apartamentos, mirando a mi alrededor con nerviosismo, pero sin saber realmente a qué le tenía miedo.

Frank comenzó a dar vueltas en su auto, buscándome. Una tarde, detuvo su auto junto a mí y me preguntó si quería ir a Bob's Big Boy. Él sabía por nuestras conversaciones que era mi lugar favorito. A pesar de más advertencias en mi mente, subí a su auto. Por supuesto, no fuimos a Bob's Big Boy. En cambio, se detuvo en una zona remota del cementerio y me violó. Al principio me resistí luchando, pero él me dominó fácilmente. Me salí de mi cuerpo y observé desde afuera del auto. Cuando terminó conmigo, se alejó y me dejó allí en la oscuridad. Surgieron las partes que contenían una profunda vergüenza que me consumió.

...

Al día siguiente, la Sra. Solinsky me examinó cuidadosamente. "¿Cómo obtuviste *ese* moretón jugando al baloncesto?", preguntó, señalando uno en mi muñeca. Intenté pensar con claridad sobre lo que podría haber pasado. Yo había notado los moretones también, pero sin un verdadero recuerdo de la violación, sólo supuse que me había lastimado haciendo deportes. Sonreí con mi practicada sonrisa perfecta y le dije que no sabía. Escudriñó mi rostro y volvió a ver los moretones y luego me preguntó si tenía algún moretón que no estuviera a la vista. Le dije que tenía algo alrededor de la parte superior de mis muslos. Estaba tan confundida como ella y comencé a sentir pánico.

La Sra. Solinsky salió del salón y regresó en seguida, me pidió que me reuniera con ella en el pasillo donde la enfermera de la escuela estaba esperando. Me explicaron que estaban preocupadas por mis lesiones. La enfermera me preguntó si la podía acompañar a su oficina para que pudiera examinar los moretones. Cuando acepté, comencé a sentir ofuscación en la cabeza. La enfermera revisó mis muñecas, los brazos, las piernas y la parte superior de mis muslos, y una marca roja en la cara y me preguntó si había obtenido todos esos moretones jugando al baloncesto. No pude explicarlo y dije: "No sé. Sólo tengo los moretones y no recuerdo cómo los obtuve. Es lo único que he estado haciendo que podría haberlos causado".

La enfermera preguntó si podía llamar a mi madre. Estuve de acuerdo y luego la escuché explicarle la situación a mi mamá por teléfono: "Parece que ha sido agredida sexualmente". Por lo que escuchaba de la conversación por parte de la enfermera, pude darme cuenta que mi madre decía que no podía ser cierto. Probablemente le dijo a la enfermera lo que siempre decía: "Olga es marimacha y propensa a lastimarse". La enfermera colgó frustrada.

Agredida sexualmente corrió por mi cabeza una y otra vez como si fuera un idioma extranjero. *Agredida sexualmente. ¿Qué significa eso?* No podía entender las palabras. Sentí cómo me dividía, mis manos se partieron en dos. Se formó una parte para hacer que las palabras fueran ininteligibles para mí, separando las palabras en letras y poniendo cada letra en su propia habitación para que no pudiera juntar las piezas. Me quedé ahí sentada, aturdida. La enfermera me preguntó una vez más si alguien me había lastimado. La bruma que llenaba mi cabeza era tan densa que sentía como si la estuviera escuchando a través de un agujero muy pequeño en el suelo. No respondí.

Finalmente, la enfermera me dijo que podía hablar con ella cuando lo necesitara y luego me llevó de regreso a la clase de periodismo. Al llegar al salón de clases, la enfermera llamó a la Sra. Solinsky al pasillo. Agotada, apoyé la cabeza sobre mi escritorio al fondo de la habitación, mis ojos se movieron de un lado a otro hasta que me quedé dormida. Permanecí dormida el resto del día. Después me enteré que la Sra. Solinsky les dijo a mis otros maestros que estaba enferma y que estaría en su salón hasta que me sintiera mejor.

Cuando finalmente me desperté, las clases habían terminado por horas, pero la Sra. Solinsky seguía en su escritorio. "Hola, dormilona", dijo. Me sobresalté, no sólo porque era muy tarde, sino porque la Sra. Solinsky intentaba, con delicadeza, ser divertida. Esa noche, me llevó a casa en su viejo Buick azul. Subió conmigo los dos pisos de escaleras hasta nuestro departamento, algo difícil para ella y entró conmigo cuando abrí la puerta. Sabiendo que mi madre se enojaría por haber llevado a casa una visita sin previo aviso, la llamé de inmediato. Salió de la cocina mientras la Sra. Solinsky esperaba de pie en la sala cerca de la puerta. Presenté a la Sra. Solinsky con mi mamá. Mi mamá se portó muy amena y le pidió a la Sra. Solinsky que la llamara Blanca. También se disculpó por todos los problemas que yo había causado.

"Ella no es problema en absoluto. Estamos preocupados porque está muy cansada y tiene algunos moretones muy feos".

"Sí. Le expliqué a la enfermera que me llamó al trabajo que desde la muerte del padre de Olga no puedo vigilarla tan de cerca cómo me gustaría", dijo mi madre.

La Sra. Solinsky respondió: "Entiendo que debe ser difícil criar a tres hijos por su cuenta, pero quiero que sepa que, si alguna vez puedo ayudar en algo, me pueden llamar". Colocó un papel sobre la mesa con su número de teléfono.

"Gracias, es muy amable. Lo haré". Por supuesto, mi madre nunca llamaría.

"Fue un placer conocerte, Blanca. Tu hija es muy buena estudiante, muy inteligente. Algunos de los otros profesores y yo nos hemos encariñado mucho con ella. Estaremos al tanto para asegurarnos que tenga todo el apoyo que necesite". Mi madre agradeció de nuevo a la Sra. Solinsky y cerró la puerta cuando salió. A medida que iba asimilando las palabras de la Sra. Solinsky, sentí cómo me separaba para aferrarme a lo que había dicho de mí.

Después de lo que pasó con Frank, nunca volví a hablarle ni a ir a ningún lado con él. Poco después desapareció, no sé por qué. Mientras tanto, me disociaba más a menudo cuando estaba con gente, en el autobús y en otros lugares públicos muy concurridos. Ojalá pudiera decir que Frank fue el único depredador sexual que reconoció que yo era alguien vulnerable a ser atacada, pero este tipo de cosas sucedieron muchas veces durante mis años de bachillerato. Afortunadamente, Liz y algunos de mis maestros encontraron clubes en los que me podía inscribir, equipos en los que podía estar y tareas a completar después de clases, lo que me hacía un poco menos accesible a las personas que podían detectar y abusar de mis vulnerabilidades.

Con el ánimo que me daba Liz y mis maestros, me destaqué en los deportes y en el trabajo académico, en clubes de oratoria y periodismo y en concursos regionales de redacción y oratoria. Estas personas no sólo me cuidaron de maneras que nunca sabré por completo, sino que también hicieron posible que asistiera a la universidad. A instancias de la Sra. Solinsky, varios maestros presentaron solicitudes para que yo recibiera una beca completa a nuestra universidad estatal.

También fui una de tres estudiantes, de una clase de ochocientos, elegida para dar uno de los discursos de graduación a los niños de nuestro grado. Mi madre y mis hermanos no vinieron a mi graduación, pero Liz se tomó el día para estar ahí y se sentó en la primera fila de la sección para familias. Hablé sobre las esperanzas, los sueños y las aventuras de nuestro futuro y de todo el potencial y posibilidades que en ese momento teníamos. Aquel otoño, comencé a tomar clases en la universidad estatal con una beca que cubría mi colegiatura en su totalidad.

...

Vivía en casa con mi mamá e iba y venía a la universidad. Para ese entonces, Alex se había alistado en el ejército y Mike vivía en los dormitorios de su universidad, por lo cual estar en casa me resultaba un poco mejor y me sentía mucho menos ansiosa. Durante ese tiempo desarrollé partes que estaban resentidas, enojadas, duras y frías hacia mi madre, debido a que ella supo del abuso de mis hermanos hacia mí durante mis años en el bachillerato, pero no me protegió. Aun así, desde muy temprana edad me enseñaron que, al ser adulta, sería mi responsabilidad cuidar a mis padres conforme envejecían y claramente mi madre aún esperaba eso de mí. Como resultado, mis sentimientos oscilaban desde no sentir nada por mi mamá, a estar fría y enojada, a sentir que quería cuidar de ella. Evité estar en casa y me mantuve ocupada con dos trabajos de medio tiempo.

Mi primer día en el campus, el día de las inscripciones, las multitudes y el caos me abrumaron. Entré en un enorme edificio lleno de largas filas de estudiantes, todos hablando y riéndose con una emoción ansiosa que se podía partir con cuchillo. El sistema de anotarse para las clases no tenía ninguna lógica para mí. Mis pensamientos se aceleraron, dejándome confundida y desorientada. Luego me sentí tranquila y entumecida, pero eso no me ayudó a lograr lo que necesitaba hacer. Mi cabeza se llenó de algodón y me paralicé, incapaz de pensar con claridad o de hablar.

De repente, escuché una voz conocida. Era Liz, estaba en el campus porque había regresado a la escuela para obtener otra certificación. Ella me tomó del brazo y permanecimos juntas paradas en la fila. Mi sensación de desconexión se alivió un poco. A medida que el entumecimiento disminuía lentamente, sentí mucha gratitud por la amistad de Liz y un gran amor hacia ella. Sentí que no estaba sola.

La mujer de la mesa de inscripciones nos explicó que una de mis clases obligatorias en el departamento de inglés estaba llena; tenía que encontrar al profesor y obtener su consentimiento para poder tomar su clase. Abrumada, dije: "Olvídalo. Esto es demasiado difícil. No sé dónde está ninguno de los edificios". Me sentí derrotada. "Tal vez todo esto fue un error".

"Esto sucede todo el tiempo", dijo Liz, y la mujer detrás de la mesa estuvo de acuerdo. "Iré contigo. Todo va a estar bien. Ya verás". Liz se inscribió rápidamente en sus propias clases, agradeció a la mujer por su ayuda, y dijo, "Vámonos". Mis pensamientos se habían tranquilizado y me sentía más conectada con mi entorno, pero estaba agotada por toda la actividad en mi cabeza. Liz me mostró el campus camino al departamento de inglés y cuando llegamos allí, el profesor firmó la forma que me permitía ingresar a su clase. Todo estaba listo.

...

Ese año, Mike venía a casa a menudo. Una noche a principios del primer semestre, me sorprendió verlo venir de visita con su amigo Harold. Normalmente no quería que sus amigos nos conocieran ni que vieran nuestra casa, pero le explicó a mamá que tenían hambre. Rápidamente, ella les preparó frijoles negros dominicanos y arroz blanco, con un bistec de falda sazonado con ajo y cebolla. Era una comida tradicional para nosotros, pero por alguna razón yo no quería formar parte de ella. Esa noche, mientras Mike y Harold se instalaban, entré a mi habitación para estudiar. Pero ni siquiera leer en voz alta penetraba la ofuscación en mi cabeza, así es que decidí darme un baño y prepararme para dormir. Cerré la puerta del baño, me desnudé y me metí en la ducha, todavía luchando con una fuerte sensación de pavor y ansiedad.

La puerta del baño se abrió y Mike irrumpió. Le grité que se fuera, pero no quiso hacerlo. Mike le hizo un gesto a Harold para que entrara al baño. Inmediatamente entré en pánico y luego dejé mi cuerpo. En el fondo, escuché a mi mamá subir el volumen del televisor. Esa noche, me violaron en la ducha. Cuando terminaron, se secaron, se vistieron y se fueron. Los escuché agradecerle la cena a mi mamá y a mi madre responderles que había sido agradable conocer a Harold.

Me quedé en el baño, fría y temblando. *Necesito ducharme*, pensé una y otra vez. A pesar de que acababa de salir de la ducha, el pensamiento era recurrente. Me quedé sentada ahí, desnuda, hasta que hubo más agua caliente. Mientras me bañaba otra vez, me dividí en una serie de partes que guardaron el recuerdo de ese ataque, las cuales identifico con el nombre de 'Dieciocho'. Después, me sequé. Todavía sintiéndome aturdida, abrí el botiquín y encontré una botella de píldoras, una especie de analgésico, y mientras sostenía la botella en la mano, sentí que mi mano se separaba en dos. En ese momento se formó otra parte, casi como un área de entrada, para separarme de todas las partes de dieciocho años. Esta parte tomaría medidas para evitar que supiera lo horrible que era mi vida y lo sola que estaba. *Nunca estaré a salvo*, el pensamiento pasó por mi mente repetidamente. En esta área de entrada, como en muchas otras habitaciones, había planes y la intención de suicidarme. Esta parte tenía la sensación de que mi desesperación sería interminable e ineludible y el suicidio parecía ser la única opción. Tomé todas las píldoras que había en la botella, esperando que fueran suficientes.

Pero una vez que esa parte hizo su trabajo y cerró su puerta, yo no recordaba haber tomado las píldoras. Me sentía dura e indiferente, se formó un nuevo caparazón protector para evitar que volviera a pensar que Mike me protegería o que se preocuparía por mí. Simplemente, él ya no me importaba. Me vestí para acostarme y me fui a dormir, luego me desperté a medianoche y vomité, pensando, *He de tener gripe. No he comido nada extraño.* Entonces vino un pensamiento diferente: *Sólo muérete.*

A la mañana siguiente me levanté sin ningún recuerdo de haber sido atacada ni de haber tomado las píldoras. En cambio, mientras me vestía y salía rumbo a la escuela, me preocupaban mis clases y mi amistad con Liz.

Eventualmente encontré aún más maneras de evitar estar en casa, incluso estudiar con amigos. Liz pasó, felizmente, noches enteras en la biblioteca conmigo, estudiando y tomando siestas. Otros amigos me permitían pasar la noche en sus dormitorios cuando les decía que estaba demasiado cansada para irme a casa.

...

La universidad fue un reto tremendo para mis habilidades de lectura. En cada clase había varios libros de lectura obligatoria, libros difíciles escritos por grandes pensadores. Cuando podía, leía en voz alta y cuando estaba con otras personas leía en voz alta en mi cabeza, como me había enseñado la Sra. Solinsky. De cualquier manera, eso era muy lento. Me desanimé por la cantidad de trabajo y lo desafiante que era. Me encontraba en una lucha constante dentro de mí dudando de mí misma, preguntándome: *¿Por qué creí que iba a poder terminar una carrera en la universidad? Ni siquiera puedo leer.* Miraba a mi alrededor en la biblioteca, veía a todos los estudiantes inteligentes y estaba convencida de no pertenecer ahí. *Soy estúpida. No puedo hacer esto. Estoy desperdiciando el dinero del estado.* Los pensamientos venían más rápidos y más intensos. Sentía el pecho apretado y mi cabeza girar. Me sentía agobiada. Me quedaba mirando estupefacta mis tareas de lectura.

Me di cuenta que Liz, quien estudiaba conmigo en la biblioteca la mayoría de las noches, me miraba desde el otro lado de la mesa. En el fondo, me reconfortó su presencia y recargué la cabeza en el escritorio para descansar un poco de todos los pensamientos. Liz se acercó a mí y en voz baja me preguntó qué pasaba. Me concentré mucho e intenté convertir los pensamientos de mi mente en palabras. Finalmente respondí, "No puedo hacer esto. No puedo entender lo que estoy leyendo. Soy una estúpida".

Liz se sorprendió. Nunca me había escuchado preocuparme por mi trabajo escolar y sabía que me había ido bien en el bachillerato. "La universidad es diferente, Olga. Te dan muchas más lecturas. Pero tú puedes. Sé que eres lo suficientemente inteligente". Atravesé la bruma y levanté la cabeza. "Sólo tienes que encontrar tu camino". Dejé que las palabras permanecieran en mi cabeza: *Sólo tengo que encontrar mi camino*. Después de unos momentos, Liz agregó: "Cuando terminemos, conozco una cafetería que está abierta toda la noche donde podemos comer algo". Sólo pensar en eso me llenó de emoción. Sus palabras de aliento me calmaron y me deleité con la idea de una tarta o un helado al final de todo este arduo trabajo.

Durante las siguientes semanas, en la clase de filosofía, conservé conmigo las palabras de Liz. Para compensar mi dificultad con la lectura, me centré mucho más en lo que el profesor decía. Mi mente había creado una parte que aprendería escuchando, observando y discutiendo. Cuando no entendía un punto, iba a la oficina del profesor para aclarar lo que había querido transmitir. Durante los exámenes, podía recordar el día exacto en que habíamos tocado esos puntos en particular en clase. Cuando me concentraba mucho durante una conferencia, después podía escuchar la discusión en mi mente como si estuviera viendo un tramo de película y podía visualizar las palabras en el pizarrón. Creía que todos podían hacer esto.

Irónicamente, en gran parte logré terminar el bachillerato y la universidad gracias a mi buena memoria. Creo que mi capacidad para reproducir discusiones o visualizar las anotaciones en un pizarrón en el momento del examen surgió de todos esos años de capturar instintivamente en mi mente las imágenes y sonidos de los ataques. Aunque los recuerdos del abuso se almacenaban en habitaciones cerradas e inaccesibles para mí, la captura instintiva de imágenes y películas en mi cabeza se había convertido en una especie de habilidad y funcionaba a mi favor aun en situaciones que no eran traumáticas. Desarrollé el hábito de concentrarme atentamente en las lecciones, conferencias y discusiones y, sin querer, fui perfeccionando aún más las habilidades de mi memoria.

Por supuesto, tener buena memoria no me ayudaba si no ponía mucha atención en clase ni si sencillamente no asistía a clases. La universidad estatal a la que asistí era tan grande que me resultaba abrumadora y a menudo me era difícil lidiar con todo. Me causaba ansiedad cruzar el estacionamiento del campus hasta mis clases y cuando finalmente llegaba a ellas, por lo general estaban repletas. Así es que a menudo faltaba a clases y después de los primeros dos años en la universidad tenía apenas un promedio de 2.5. Liz estaba sorprendida por mis bajas calificaciones. Sin embargo, con su motivación, decidí esforzarme más. En mi penúltimo y último año fui a todas las clases y me senté enfrente para poder concentrarme. De esta manera, eventualmente logré elevar mi promedio a alrededor de 3.5 y obtuve una licenciatura en ciencias políticas.

...

Todavía evitaba estar en casa, aunque Alex y Mike rara vez estaban ahí. Mi mamá trabajaba todo el día, veía a Tomás los sábados y estaba sola la mayoría de las noches. Dado que en realidad no tenía amigos, recurría a mí. Sin embargo, después de anhelar la atención de mi madre durante tantos años, cuando finalmente estuvo disponible, ya no me era necesaria. De hecho, en ese momento yo estaba endurecida y protegida en relación a mi madre. Pero cuando la veía triste, sola o asustada, aparecían las partes dentro de mí cuyo trabajo era protegerla de mi padre; las puertas de esas habitaciones se abrían y yo la cuidaba. Casi siempre ella podía lograr que esas partes aparecieran.

En casa, cuando yo estaba estudiando, a menudo quería que viera la televisión con ella o la llevara a la tienda. Quería que fuera al cine con ella, pero no a ver películas divertidas como *Aliens*, la cual vi con Liz. Mi madre prefería películas que yo no disfrutaba, como el *Dr. Zhivago*. Ella quería salir a comer conmigo y con Liz y quería que invitara a mis amigos a la casa. Yo me resistía a sus sugerencias y me sentía cada vez más resentida y amargada.

Viví con mi mamá todo el tiempo que estuve en la universidad y un año después, mientras trabajaba a tiempo completo. Pero después de trabajar para mi senador local, decidí que lo que realmente quería hacer era adentrarme en la política, y para hacerlo tenía que estudiar derecho. Fui aceptada en la Universidad George Washington en D.C., y poco después le avisé a mi mamá que me mudaba. Fue difícil. Siempre la he amado tanto y había partes que aún querían quedarse con ella y cuidarla. Mamá lloró, luego se sintió abandonada y enojada y más tarde se volvió indiferente.

Después de decirle que me iba, cuando estaba cerca de ella me costaba trabajo pensar, sentía la cabeza borrosa y nebulosa. Pensaba en ella todo el tiempo. Ahora sé que mis partes resentidas, frías y auto-protectoras entraron en conflicto con las partes que querían cuidarla. Tuve que trabajar muy duro para mantenerme firme en la determinación de irme. Tantas veces escuché en mi cabeza, *"Mamá, lo siento. Me voy a quedar"*. Pero no lo dije.

En mi primer año en la facultad de derecho trabajé a tiempo completo para un senador, a tiempo parcial en una farmacia, a tiempo parcial para un abogado de derecho laboral y asistía a clases en la noche. Me desvelaba estudiando por las noches y también estudiaba los fines de semana. No dormía mucho. Las clases eran dificilísimas y larguísimas, con muchos estudiantes. Durante las primeras clases, cada profesor circulaba una hoja con la asignación de los asientos, en la cual debíamos escribir nuestros nombres en las casillas correspondientes de los asientos que escogíamos para que fuera nuestro asiento asignado. "Este va a ser el asiento permanente donde van a sentarse cuando vengan a esta clase", gritó un profesor. "Asegúrense de escoger uno que les guste porque no van a poder cambiar su asiento". Me pasé adelante tan pronto como escuché eso, a sabiendas de que si me sentaba muy atrás me iba a distraer.

La hoja con la ubicación de asientos ayudaba a cada profesor a dirigirse a los estudiantes y hacerles preguntas sobre los casos que cada noche les encargaban leer. Nunca sabías cuándo te iban a llamar a participar frente a un centenar de estudiantes y algunos profesores se ocupaban de que la experiencia fuera muy vergonzosa.

Para la mayoría de los estudiantes nuevos esto era difícil y para mí lo era particularmente porque le tenía pavor a lo imprevisto, especialmente cuando se sumaba a la posibilidad de ser humillada. Ese primer día, mientras un profesor nos explicaba el proceso, mi mente, aceleradamente, se llenó de temores: *Él te hará daño frente a todas estas personas. ¡Tenemos que irnos de aquí!* Surgió un grito desde dentro. *Simplemente no eres lo suficientemente inteligente para esto. ¿Qué te hizo pensar que podrías hacer esto?* Desde hacía varios años, a veces tenía la sensación de que varias partes dentro de mí hablaban como si fueran una, y me parecía de lo más natural. Dudar de mí misma me provocaba pánico y luego una tranquilidad borrosa se apoderaba de mí.

A pesar de estos desafíos iniciales, me sentía mejor de lo que jamás me había sentido. Me sentía mucho más tranquila que cuando vivía con mi madre. A pesar de que todavía hablábamos por teléfono todos los días, no tenía miedo del dolor que siempre había experimentado estando con ella. Por lo que, a pesar de mi muy ocupada agenda, me sentía mucho más relajada. No tenía esa sensación de ofuscación en la cabeza con tanta frecuencia.

Pero en las noches me despertaba a menudo sudando, confundida con todo tipo de sueños raros, sueños extrañamente vívidos que se trataban de relaciones sexuales con hombres, algunos conocidos y otros no. Hasta donde tenía entendido, yo era virgen. Ni siquiera había realmente salido con chicos en el bachillerato o la universidad. Pensaba en eso y me preguntaba por qué tenía esos sueños sexuales una y otra vez; y luego me sobrecogía la preocupación por la facultad de derecho y mi estado financiero, mis dos obsesiones.

Mis antiguas estrategias para enfrentar las cosas todavía estaban presentes con mucha fuerza, me preocupaba no ser lo suficientemente inteligente. Me preocupaba que mis profesores decidieran que había sido admitida en la facultad de derecho sólo por error. Me preocupaba reprobar, no tener suficiente dinero, tener que dejar la escuela y tener que regresar a casa con mi madre. Había usado préstamos estudiantiles considerables para poder pagar mis cuentas y me preocupaba deber tanto dinero.

Había también un nivel más profundo de preocupación, una serie de pensamientos acelerados e interconectados que a veces podía escuchar: *No sé a dónde voy. Nunca antes he estado aquí. No es seguro ir a lugares nuevos. Me podrían lastimar. En el tren subterráneo, alguien podría estar esperando para atacarme.* Antes, no podía retener estos pensamientos el tiempo suficiente para reflexionar sobre ellos, pero ahora, de vez en cuando lo podía hacer. Aun así, tenía mucha práctica evitando pensamientos. Capturaría una de estas preocupaciones más profundas y la cuestionaría brevemente, en seguida mi mente se ocuparía de preocuparse por cosas de la escuela o las finanzas.

...

En la primera semana de clases, buscaba el salón del curso de Contratos 101. El pasillo en el Centro de Derecho era estrecho y me quedé atrapada en el bullicio de los estudiantes que iban y venían. A mitad del pasillo, a la derecha, había un área abierta, una sala para estudiantes donde algunos esperaban que comenzaran las clases nocturnas. La breve caminata por el pasillo lleno de gente me dejó medio aterrorizada y abrumada, pero la sensación de los estudiantes en esa sala era diferente. Parecían más amigables, me fui acercando al área abierta.

Logré la concentración y el valor para preguntarle a un par de chicos que estaban sentados en una mesa si sabían dónde estaba el salón de Contratos 101. Uno de ellos, quien tenía el cabello y los ojos oscuros y una sonrisa amable, me dijo: "Está al final del pasillo. Pero todavía no puedes entrar porque están en clase y aún no ha terminado". Luego extendió la mano y se presentó. "Hola, soy Raymond y él es David", dijo, señalando al chico sentado a su lado. David alzó la mirada y me di cuenta de que era tímido. Tenía el cabello café oscuro, con entradas, los ojos más azules que jamás había visto y una amplia sonrisa. Resultó que Raymond y David también estaban en la clase de Contratos 101. No tenía idea de que acababa de conocer al hombre con el que me casaría, el hombre que me enseñaría a estudiar y el hombre más amable que conocería en la vida.

Ese primer día, mientras esperábamos juntos que se desocupara el salón, conversamos. "La escuela nocturna tiene sentido para mí", dijo Raymond, "porque en el programa diurno la competencia es más dura. Todos los estudiantes que toman clases por las noches tienen empleos, por lo tanto, en comparación, la probabilidad de salir bien en las clases es mayor. Pensé en comenzar aquí, luego colocarme en el 10 por ciento más alto del grupo, participar en la publicación académica y cambiarme al programa diurno". Dudé de mí misma y mis pensamientos comenzaron a acelerarse: *Tengo que trabajar tres trabajos. Nunca podré competir con gente como Raymond. ¿Quién me creo que soy? ¿A quién creo que estoy engañando?* Por fuera, probablemente parecía distraída, un poco aturdida. Por dentro, estaba luchando para poder concentrarme.

Escuché la voz suave de David: "¿Cómo llegaste al programa nocturno de GW?" Levanté la mirada hacia él y al instante me perdí en sus brillantes ojos azules.

"Quiero entrar a la política, y todas las personas que conozco que están en la política tienen un doctorado en Derecho. Esta fue la mejor Facultad de Derecho a la que fui admitida". David me miró atentamente, escuchando cada palabra. Parecía genuinamente interesado en lo que le decía.

"¿Y tú?", le pregunté.

"Crecí en una granja y mi padre quería que lograra algo más que él. Estudié ingeniería química y trabajé durante un par de años como ingeniero. Pero odiaba el trabajo, así que ahorré para poder asistir a la Facultad de Derecho. Mandé solicitudes de admisión a algunas escuelas de Nueva York, pero D.C. parece ser el mejor lugar para ser abogado ambientalista". Seguí de cerca cada palabra. David pensaba en todo. Lo tenía todo planeado. Parecía tener tanta energía y entusiasmo. Estaba lleno de esperanza e ilusión del porvenir.

En cuanto se abrió el salón, todos entramos juntos. Bajé por los largos escalones del auditorio, siguiendo a David y Raymond. Quería sentarme con ellos, pero cuatro de sus amigos estaban ahí y no quería ser inoportuna auto invitándome al grupo. Así que seguí a los seis y cuando se sentaron en la segunda fila del frente, yo me metí en la fila detrás de ellos y me senté justo detrás de David y Raymond. Fácilmente podría haberme sentido abrumada en ese gran salón lleno de estudiantes escandalosos. Pero me había sentido segura en el poco tiempo que había hablado con David y Raymond, y pensé: *Me quedaré con ellos*. Ese primer día de clases, me senté con ellos, así como en clases posteriores durante los años siguientes.

La Facultad de Derecho me desafió más que cualquier experiencia educativa previa. Antes, mi éxito se debía en gran parte a la capacidad de recordar palabras específicas en una página o el pizarrón o el recordar fragmentos de una conferencia. El Derecho era un lenguaje completamente nuevo y no lo entendía. Las conferencias no siempre ofrecían lo que me hacía falta para salir bien en los exámenes y en la mayoría de las clases sólo nos daban un examen, en el que se basaba la calificación de todo el semestre. Tuve que trabajar duro para adaptarme al aprendizaje en este entorno.

En esa primera semana, estaba segura de que estaba metida en algo que rebasaba mi capacidad. No podía seguir el ritmo de la lectura, e incluso cuando podía leer, no podía entender muchas de las palabras. Todavía no había comprado un diccionario de leyes porque eran caros, por lo que usaba el de la biblioteca o trataba de descifrar el significado de las palabras en el contexto de las oraciones. Eso fue un gran error. Me atrasé mucho y la carga de trabajo parecía imposible de realizar. Sólo en la clase de Contratos 101, se nos asignaban cien páginas de lectura por clase y nos reuníamos tres noches a la semana.

Un mes después de haber empezado el semestre, Raymond me preguntó si quería estudiar con él y David. Acepté, pero por dentro no estaba segura: *Estoy tan atrasada. ¿Qué pasa si descubren que no tengo idea de lo que estoy haciendo? No me van a querer cuando descubran que soy una estúpida.* Cuando nos sentamos con nuestros libros abiertos, noté que no usaban los libros de texto tanto como otros libros, textos llamados "marcos jurídicos" y "resúmenes". A medida que hablábamos sobre los casos, trataba de tomar apuntes de todo, pero no podía mantenerme al tanto con la discusión. Me sentía cada vez más estúpida y quería llorar. Finalmente, dije, "¿Cómo es que ustedes dos ya saben todo esto?"

David me recordó que ellos podían estudiar durante el día mientras yo trabajaba, pero luego sacó sus marcos jurídicos y resúmenes. "Estos te dirán lo que es importante sobre el caso. Entonces, si no tienes tiempo de leer el caso en su totalidad, estará bien".

Me tranquilicé mucho. "¿Dónde los puedo conseguir?"

David me dijo el nombre de la librería donde los tenían al mejor precio y ofreció llevarme. Ese fin de semana fuimos a la librería y luego regresamos a su casa a estudiar y a hacer pizza.

A Raymond no le importaba pagar por el servicio a domicilio, pero David estaba cuidando sus ahorros y yo no tenía dinero, así que hicimos pizza en su cocina, lo cual fue una experiencia nueva para mí. Ese fin de semana también aprendí a usar un índice, una tabla de contenido y el *Diccionario de Derecho de Black*, que había comprado.

Mi mente instintivamente desarrolló nuevas partes para especializarse en las habilidades necesarias para poder seguir y terminar con mis estudios de Derecho. Estas aprendieron a enfocarse en la información importante: los marcos jurídicos, resúmenes y lo que significaba cada caso. Sin embargo, en ese primer año, David y Raymond terminaron en el 10 por ciento más alto, y yo terminé en el 10 por ciento más bajo. Raymond estaba conmigo el día que obtuve una D en Procedimiento Civil. Estaba tan avergonzada. Mis pensamientos se aceleraron, llenos de humillación, y los expresé en voz alta: "No pertenezco aquí. Debo salirme ahora antes de malgastar más dinero".

Raymond se sorprendió y dijo: "Mira, saliste mal en una clase. Te fue bien en tus otras clases. Vas a poder cada vez más y serás una buena abogada. Lo único que esto significa es que no trabajarás en uno de los grandes bufetes de abogados".

No sé por qué, pero le creí. Raymond, David y yo hablamos y elaboramos un plan: Conseguiría otro trabajo mejor pagado para poder dejar mis trabajos de medio tiempo y me mudaría cerca de la escuela para no desperdiciar tanto tiempo yendo y viniendo. El plan funcionó. Pasaba todo mi tiempo libre estudiando con Raymond y David en su casa o en la biblioteca. A menudo nos reuníamos en un grupo de estudio grande con algunos de los estudiantes más inteligentes de nuestra clase. Las conversaciones que teníamos durante esas sesiones de estudio se quedaban en mi mente y podía recordarlas fácilmente durante los exámenes. Ese año saqué A en todas las clases. Los tres celebramos juntos y Raymond me recordó el día en que quería dejarlo todo. Me sentía lo más segura que jamás me había sentido. Estaba lo más lejos de mi familia de lo que nunca había estado. Estaba feliz.

7

Una vez que me familiaricé con la Facultad de Derecho, me fue muy bien. David y yo estudiábamos juntos con más frecuencia y nos hicimos muy buenos amigos. En mi tercer año en la universidad empezamos a vivir juntos y en el cuarto año nos casamos. Nuestros compañeros de clase no podían creer que estuviéramos dispuestos a perder dos semanas de clases para irnos de luna de miel, pero ambos ya habíamos conseguido empleo y no sentíamos la presión que sentían muchos de los otros estudiantes. Finalmente, me gradué en el 30 por ciento más alto de mi clase y David en el 15 por ciento más alto. Los dos conseguimos trabajo en importantes bufetes de abogados, ganando más dinero de lo que deberían ganar personas de nuestra edad.

Nunca había sabido lo que se sentía al ser tan bien amada. A David le importaba lo que yo pensaba, lo que me gustaba y lo que no me gustaba. Él hacía cosas que a mí me interesaban, sólo para que pudiéramos pasar más tiempo juntos. Nunca había sido de correr ni madrugar antes de conocerme, pero a menudo se levantaba a las 5:30 a.m. para correr conmigo. Tampoco había sido aficionado al fútbol o al baloncesto, pero después de casarnos en el otoño se sentaba conmigo todos los domingos por la tarde a ver equipos de fútbol que realmente no le importaban. Y durante *March Madness*, el campeonato nacional de baloncesto colegial, sacaba el calendario de juegos del periódico y elegía sus favoritos. Durante los juegos reñidos nos aferrábamos a la orilla de nuestros asientos.

Me sentía tan bien interiormente al ver que David disfrutaba haciendo cosas que eran importantes para mí, era casi una sensación de alegría. En ese momento no sabía por qué eso era tan cautivador. Pero ahora sé que todas las partes que instintivamente había creado para funcionar de manera óptima en mi vida cotidiana se sentían bien de ser el centro de su atención. Todas nosotras podíamos hacer cosas con él. A menudo pensaba: *Soy tan afortunada de haber encontrado a alguien que quiera estar conmigo tanto. Ya no estoy sola.*

Yo hacía lo mismo con David, cultivaba un interés por las cosas que él disfrutaba. Le encantaba jugar al ajedrez y quería que yo jugara con él. Él siempre ganaba, pero a menudo estuve a punto de ganar. Esto también me llenaba de pensamientos positivos: *David quiere que juegue con él. Él tiene muchos amigos a los que podría visitar y pasar el rato con ellos. Él me quiere a mí.* Cuando quiso comenzar a jugar al golf, yo estuve allí con él y estaba encantada. Todos los domingos por la mañana, muy temprano, después de salir a correr, íbamos al campo de práctica o al campo de golf. A menudo lo usábamos como excusa para reunirnos con amigos de la Facultad de Derecho.

Aun así, había cosas inesperadas en mi felicidad recién hallada, situaciones con las que batallaba por razones que no podía explicar. Controlar mi entorno era, todavía, una necesidad imperiosa para mí. Hacía todo lo posible para que nada me sorprendiera. Cuando viví con compañeros de cuarto, siempre traté de concretar los planes y predecir los posibles cambios a esos planes en un intento por controlar mi vida. Había sido difícil. Yo no era muy flexible y la vida de mis compañeros de cuarto era impredecible. Con David me sentía más segura que nunca. Pero ahora que ya no estaba soltera, sentía que mi vida era menos predecible y que tenía menos control sobre ella. En retrospectiva, creo que mi necesidad de predecir cómo se desarrollaría mi día era una respuesta directa a la cantidad de caos en mi infancia. Cuando algo cambiaba en los planes que David y yo habíamos hecho, me enojaba con él.

Por ejemplo, quería correr por el mismo camino todos los días. Tenía una rutina en mi recorrido y quería que David también la siguiera. Conscientemente no me daba cuenta de esto, solamente era la manera en que mis partes manejaban mi mundo para tratar de mantenerme a salvo. Un día David dijo que estaba aburrido de recorrer el mismo camino y quería correr por una ruta diferente. Me resistí al cambio, pero no podía explicar por qué. Discutimos, pero al final David estuvo de acuerdo en que corriéramos por el camino nuevo otro día. En otra ocasión, David decidió correr más aprisa y adelantarse. Me sentí amenazada interiormente de una manera que no podía explicar. Intenté correr al mismo paso que él, pero no era tan fuerte ni tan veloz como David. El cambio repentino me asustó y tuve problemas para recuperar el aliento. En aquel entonces, no sabía que el miedo se había producido debido a ese cambio repentino, lo cual coincidía con la imprevisibilidad de mi infancia. Solamente pensé que no tenía buena condición física. Cuando finalmente pude alcanzar a David, estaba muy enojada. "¿Por qué te estás adelantando? ¡O corres conmigo o te adelantas! ¡Me tienes que dejar saber! ¡De lo contrario no puedo establecer mi ritmo!"

La expresión de sorpresa en el rostro de David hizo que me avergonzara. Lo amaba y me di cuenta que lo había lastimado. No lo comprendí entonces, pero las partes que había creado a lo largo de mi vida se estaban volviendo más activas que nunca. Cada vez tenía más conversaciones internas. Pero en lugar de que los pensamientos pasaran por mi mente tan veloces que no me era posible captarlos, ahora llegaban más lentamente, a un ritmo al que podía reflexionar sobre ellos. Los sentía como pensamientos encontrados, pero más fuertes y más convincentes: *Es que David no sabe que tengo que hacerlo de la misma manera cada vez. ¿Por qué le estoy gritando? Él está aburrido de este recorrido. Él puede correr más rápido que yo. ¿Qué tiene eso de malo? Sus sentimientos están heridos.* De repente me disculpé por gritarle y por enojarme. Me sentí estúpida y poca cosa por ser tan inflexible. Escuché la voz de Mike en mi cabeza: "Eres una perra. ¿No puedes relajarte y dejar que nos divirtamos?"

David y yo trabajamos con mi comportamiento controlador sin siquiera nombrarlo o discutirlo. Mi forma indirecta y a veces manipuladora de comunicarme, mi necesidad de control sobre mi entorno y mi necesidad de saber qué esperar me parecían completamente naturales y justificadas. A pesar de todo esto, nuestra vida estaba repleta de diversión y aventuras. Y la mayoría del tiempo, era ordenada, controlada y predecible. Aunque eso no suene muy romántico, era maravilloso para mí. Necesitaba estabilidad.

David también me apoyó de otras maneras. Me ayudó a superar retos en el trabajo. A veces, todavía me costaba trabajo leer y concentrarme. En retrospectiva me doy cuenta que esto solía ocurrir cuando me detonaba alguna situación semejante a un contexto en el que había sido abusada. La amenaza percibida podía ser un lugar, una persona, un olor o un evento que pudiera parecer completamente inofensivas para los demás. Estas situaciones surgían con frecuencia en el contexto de un gran bufete de abogados. Los socios, que en su mayoría eran hombres, me asignaban tareas que debía realizar para tener éxito en la empresa. Había una sensación generalizada entre el personal de que, si no eras lo suficientemente inteligente o lo suficientemente rápido, serías despedido. Siempre me sentí insegura y vulnerable allí. En cierto modo, la sensación coincidía con la época en que mis padres me prostituían. El dinero venía a la par del rendimiento.

Cuando uno de los socios me daba una tarea de investigación, a menudo iba a la biblioteca de leyes del bufete de David, la cual estaba sólo a una cuadra de distancia. Ahí completaba la investigación, con su ayuda, mientras él hacía su propio trabajo. David no se percibía a sí mismo como particularmente amable y generoso, pero yo veía esos rasgos en él todos los días. El tiempo que pasaba con él era mágico. Constantemente sentía su amor por mí. Yo era el centro de su mundo, y todo lo demás —trabajo, amigos, familia— venía después. Me encantaba, pero no confiaba en eso. Todas las partes que se habían desarrollado para mantenerme alejada y a salvo no sabían cómo dejar que me acercara a alguien y ser vulnerable.

Aunque, intelectualmente, nunca pensé que David dejaría de amarme de esa manera, siempre me preocupaba perderlo. En general, me preocupaba que la gente pudiera ver dentro de mí, más allá de mi sonrisa practicada, y ver el fraude que yo sentía que era. Ni siquiera yo misma sabía lo que había dentro de mí, pero podía percibir una pesadez interna, y temía que me invadiera y destruyera la vida que había construido, una vida de felicidad y éxito.

Sin conocimiento de todos los recuerdos almacenados en las habitaciones fuertemente custodiadas dentro de mí, creí que había superado una infancia de pobreza, para ir a la universidad, convertirme en abogada y tener un matrimonio feliz. Tenía muy pocos recuerdos de mi infancia. Sabía que habíamos sido pobres. Recordaba a mi padre como alguien estricto y que murió cuando yo tenía once años. Traté de no pensar en la época de mi crecimiento y mantuve mi infancia muy separada de la persona en que me había convertido.

Después de aproximadamente dos años, David y yo dejamos los grandes bufetes de abogados en los que habíamos trabajado después de salir de la Facultad de Derecho y nos fuimos a trabajar para el gobierno federal. Mi trabajo en el Departamento de Justicia era predecible y seguro aunque interesante.

David me enseñó la importancia de ahorrar dinero. Yo sabía que lo debía hacer para ayudar a mi familia, pero no entendía que ahorrar fuera una meta a tener por un período largo de tiempo, pues eso no era algo que mi familia hubiese hecho. Cuando era pequeña, claro que era difícil ahorrar porque éramos pobres, pero cada vez que mi madre tenía un poco de dinero extra, lo gastaba impulsivamente en cosas extravagantes.

Me gustaba que pensáramos concienzudamente en nuestras compras, pero yo a menudo quería comprar cosas que David consideraba innecesarias. Por ejemplo, David no podía imaginar tener que reemplazar su colección de discos LP con CDs. La nueva tecnología había estado en uso por muchos años antes de que compráramos un reproductor de CDs o cualquier CD. No tuvimos computadora hasta mucho después de que todos nuestros conocidos tuvieron una. La austeridad de David se convirtió en motivo de burla suave hacia él de nuestros amigos y para mí. Pero a pesar de lo difícil que era a veces, David me enseñó que podíamos ahorrar y esperar, y aún tener las cosas que queríamos. Su filosofía era que, si algo funcionaba, no necesitábamos reemplazarlo. Este enfoque nos permitió pagar nuestros préstamos estudiantiles en cinco años y comprar una casa en un vecindario agradable. Posteriormente, me permitió pagar el tipo de cuidado que necesité cuando finalmente aparecieron mis recuerdos y mis partes comenzaron a surgir.

Fue un arduo período de aprendizaje para mí y para toda mi familia. Ahora, mi madre ganaba un buen sueldo y no tenía nadie más a quien mantener. Mis hermanos también habían trabajado duro para conseguir trabajos que pagaran bien. Ahora que eran clase media, compraban lo que querían sin pensar demasiado si podían pagarlo. Mi madre acumuló todo tipo de chucherías y electrodomésticos caros para la cocina a pesar de que no le gustaba cocinar, y de que su creciente deuda la abrumaba. Mike compraba ropa cara y tomaba vacaciones extravagantes. A la edad de veintinueve años, soltero y viviendo solo, tenía una casa enorme y tres autos, uno de ellos un BMW. Vivía endeudado, y cuando el mercado se fue a pique, perdió la casa y sus autos.

Cuando era niña, nunca fuimos de vacaciones, pero David y yo hacíamos uno o dos viajes austeros al año. Aunque en principio apreciaba las vacaciones austeras, eran todo un reto para mí. Los hoteles que David encontraba siempre eran modestos y en algunos casos no muy limpios. En aquel entonces, no sabía por qué me molestaban tanto, pero me daba miedo entrar a las habitaciones. Lo único que sabía en ese momento era que los hoteles me recordaban a una casa a la que había ido de visita o en la cual había vivido cuando era niña.

La primera vez que esto sucedió fue en nuestra luna de miel en España. Cuando llegamos a Madrid después de pasar una semana en las playas de Mallorca, David estaba preocupado por el dinero. Mallorca había sido mucho más cara de lo que esperábamos. Por lo tanto, en el aeropuerto, David propuso que tomáramos el autobús a nuestro hotel. Me mareo en los autobuses así es que yo quería tomar un taxi. Discutimos el asunto por un momento y fingí conceder. Como David no habla español, estaba a mi merced. Pregunté en el módulo de información dónde podía conseguir un taxi y le dije a David que no había autobuses. Se dio cuenta que le había mentido porque vimos pasar un autobús tras otro mientras esperábamos en la fila para tomar un taxi. Cuando finalmente me subí a un taxi, le di al conductor la dirección de nuestro hotel. David se subió a regañadientes y nos fuimos.

Veinte dólares después, llegamos a nuestro "hotel", un hostal sucio y descuidado con alrededor de cincuenta muchachos de escuela secundaria esperando registrarse. Miré a David horrorizada y le dije que no podía quedarme allí. Estuvo de acuerdo, pero se negó a pagar otro taxi, así es que caminamos por las calles de Madrid, arrastrando nuestro equipaje, buscando otro lugar donde quedarnos. Todos los hoteles que encontramos estaban completamente ocupados, pero en todos me dijeron que un hotel llamado Reina tendría vacantes.

Finalmente, llamé al Reina desde un teléfono público para reservar una habitación por el resto de nuestra estancia. David me pidió que averiguara cuánto costaban las habitaciones. Cuando nos dijeran que era $160 por una noche, sabía que él no aceptaría quedarse allí, así es que me negué a decirle. Renuente, se subió conmigo a otro taxi y después de pagar otros veinte dólares nos detuvimos frente a un hotel de cinco estrellas. David estaba furioso.

En la recepción, saqué mi tarjeta de crédito y pagué la semana. David vio la cuenta y nuevamente furioso, insistió: "¡No nos vamos a quedar aquí!" Le dije que era demasiado tarde, que acababa de pagar. Cuando el botones vino a ayudarnos con nuestro equipaje, a pesar de que estaba agotado, David se negó a aceptar su ayuda. "No voy a pagarle a un botones para que lleve mis maletas quince metros a mi habitación cuando las he estado arrastrando por todo Madrid". Subimos en el ascensor en silencio.

De regreso en casa, contamos este episodio como un ejemplo chistoso de la frugalidad de David. Ahora lo veo como un ejemplo de lo profundamente amenazada que me sentí por la falta de control y la imprevisibilidad que conlleva el viajar. Una ciudad extraña, autobuses llenos de extraños, multitudes de adolescentes, albergues sucios, preocupaciones sobre el dinero, conflictos con David, siendo él la única persona conocida allá, todos estos elementos amenazaban mi sensación de estar a salvo. Intelectualmente, sabía que me estaba comportando de manera inflexible e incluso manipuladora, pero me sentía demasiado abrumada como para hacer algo al respecto.

Durante mi infancia, nadie en mi familia lograba que sus necesidades fueran satisfechas mediante una negociación respetuosa y un acuerdo mutuo. Las únicas victorias que le conocí a mi mamá habían sido pequeñas y las había logrado a través de la manipulación, la cual era una de las pocas técnicas que ella tenía para sobrevivir su relación con mi padre. Después de que él murió, la manipulación se convirtió en una forma de vida para ella. También se volvió algo natural para mí, aunque hubiera querido que ella hubiera sido más directa y odiaba que me manipulara.

...

Hasta este momento, casada por cinco años, había manejado mi vida cotidiana a través de una serie de partes: partes que trabajaban, partes que corrían y hacían ejercicio, partes que iban de vacaciones y partes que iban a fiestas y eran extrovertidas. Algunas partes experimentaban mi relación sexual con David.

Aunque David y yo pensamos que teníamos una buena relación, nuestra conexión íntima, tanto emocional como sexual, era un gran reto. No sabíamos por qué, pero había algunas pistas, e hice todo lo posible para evitarlas. En mi mente consciente, David era el único hombre con quien había tenido relaciones sexuales, además de alguien con quien salí brevemente al principio de la Facultad de Derecho. La primera vez que tuvimos relaciones sexuales fue físicamente doloroso y confuso para mí y creo que mi reacción dañó la confianza de David. No tenía miedo de él en modo alguno, pero mi respuesta a cualquier contacto sexual era sentir ofuscación en mi cabeza, luego alejarme intelectualmente y realizar el acto sin deseo ni pasión. Lo que David veía era que estaba aturdida y no muy participativa. Supuso que a mí no me atraía el sexo y sintió que era su culpa. Trató de hacerlo más emocionante para mí, pero permanecí distante y callada y mayormente permanecía inmóvil o sólo lo hacía mecánicamente.

David era tierno y afectuoso. Él nunca quiso hacer algo que yo sintiera incómodo o que me lastimara, sexualmente o en cualquier otro aspecto. Los dos suponíamos que yo tenía muy poca experiencia, por lo que él siempre consultaba conmigo antes de hacer cualquier cosa. Eso me encantaba de él. No supe lo importante que era para mí hasta mucho después. Me hacía sentir muy segura estar con él. Pero no importaba cuán amable y considerado fuera como amante, la intimidad siempre era un detonador, era evidente el abuso que había experimentado. Primero sentía pánico por un momento breve y luego sentía un aturdimiento en la cabeza y dejaba mi cuerpo.

Al principio del primer año de matrimonio, David me sentó y me preguntó si estaba segura de que realmente lo amaba. ¿Me sentía atraída hacia él? ¿Estaba él haciendo algo mal? El dolor en su rostro me rompió el corazón. Amaba a David tanto como podía amar a alguien; simplemente no estaba interesada en tener relaciones sexuales con él, ni con nadie más.

Aun así, quería que la relación funcionara. Ambos lo queríamos. Trabajamos duro para hacer que esta parte de nuestra relación fuera tan buena como las otras. Leímos libros de autoayuda para parejas. Fuimos a una terapeuta que me aconsejó tener relaciones sexuales con David si quería que nuestro matrimonio funcionara. Ella me recomendó que fantaseara o leyera cosas eróticas.

La verdad es que, con las partes dentro de mí trabajando duro tan sólo para lograr llegar al final del día, tenía un rango muy limitado en mi capacidad de sentir. Ese era el meollo del asunto, claro. Las partes que contenían los sentimientos relacionados a la violencia que había sufrido mantenían esos sentimientos alejados de mí. Las partes protectoras que se habían desarrollado hace mucho tiempo me ayudaban a no sentir amor por las personas más cercanas a mí, para así no sentir el dolor de sus traiciones. Esta clase de distancia era todo lo que conocía y ahora que estaba con alguien a quien amaba y en quien podía confiar, las partes protectoras no me dejaban sentirlo. A menudo traté de atravesar esas partes. Al enfocarme en David, veía sus ojos, su sonrisa y su talle pequeño, y pensaba en todo lo que hacía por mí y lo que había hecho por mí y sentía cuánto lo amaba. Sentir tanto amor por él era muy agradable, pero estar distante era mi forma de ser a la que siempre regresaba.

A menudo David sentía mi distancia como indiferencia. Creo que su percepción de mí era la de una persona ansiosa y a veces malhumorada, pero, no obstante, me amaba.

Desafortunadamente, por más que quisiera cambiar, no tenía idea de cómo hacerlo. La devoción inquebrantable de David hacia mí fue lo que nos mantuvo unidos durante tanto tiempo, eso y el hecho de que, a pesar de que nuestra intimidad emocional y física era limitada, David y yo seguíamos divirtiéndonos. Salíamos de vacaciones, jugábamos, nos reíamos. Me sentía a salvo con él. Creí que David nunca me hubiera dejado. Sentía su adoración amorosa y respeto y eso me conmovía. Estaba agradecida, pero nunca sentí que me lo merecía.

David y yo compramos una casa en un vecindario agradable. Todos los días camino al trabajo, nos tomábamos de la mano mientras caminábamos a la estación del tren subterráneo. Nos sentábamos juntos, David leía el periódico y yo escuchaba música en mi Walkman. Nuestras oficinas sólo estaban a unas cuantas cuadras de distancia entre sí, así que bajábamos en la misma estación, caminábamos juntos lo más que podíamos, luego nos besábamos y nos deseábamos un buen día. Al final de cada día, David me llamaba para ver cuánto tiempo más tendría que trabajar. Él se quedaba a trabajar el mismo tiempo para que juntos pudiéramos caminar al tren subterráneo y regresar a casa.

...

Me fue bien en el Departamento de Justicia. Algunas de mis partes eran muy trabajadoras. Mi memoria, bien desarrollada, me ayudaba a recordar a las personas: sus nombres, sus puestos y lo que decían durante las reuniones. En lugar de que mi disociación me hiciera pasar como alguien que no estaba poniendo atención, me hacía parecer serena y en control de mí misma. De hecho, el estado disociativo en el que siempre estaba me ayudaba a funcionar muy bien. Recopilé información, interactué a nivel personal y profesional y fui muy hábil para manejar la mayoría de las tareas de mi vida desde este lugar superficialmente entumecido y tranquilo. La mayoría de las personas, incluyéndome, no nos dábamos cuenta. Esta forma de ser e interactuar era realmente todo lo que sabía hacer.

Partiendo de esa leve disociación, rápidamente entraba en un estado disociativo más profundo si había conflicto a mi alrededor, si alguien expresaba emociones fuertes o si sucedía algo impredecible. Aunque estas situaciones difíciles me detonaban, salía a relucir un comportamiento que me ayudaba a salir adelante cuando las cosas se ponían difíciles. Me encantaba resolver problemas y entrar en el meollo de las cosas, y también tenía habilidades bien desarrolladas para percibir a las personas y anticipar sus necesidades. Todo esto me ayudó a destacarme y ascender profesionalmente con rapidez. A la edad de treinta años, yo era la abogada de rango más alto en la Oficina de Programas de Justicia. David, que me había ayudado a cursar la facultad de derecho, estaba orgulloso de mí. Yo también estaba orgullosa de mí misma.

...

A mi mamá y a mi hermano Mike no les interesaba, ni trataron de comprender, la importancia de mi ascenso en el Departamento de Justicia, pero esto no me sorprendió ni me decepcionó. Mi matrimonio con David había cambiado, de muchas maneras, mi relación con mi familia. Cuando David y yo visitábamos a mi madre, ella me trataba bien y parecía estar interesada en nuestras vidas, enfocándose menos en lo que ella necesitaba de mí o en cómo debería estarla cuidando.

Mamá reservaba esas conversaciones para nuestras llamadas telefónicas diarias, porque pensaba que de esa manera David no se enteraría de ese otro lado suyo. Pero él se daba cuenta de los cambios en mí cuando hablaba con mi madre. Y cuando dimos el anticipo de un automóvil y un condominio para mi madre, a David no le gustó, pero de todos modos apoyó mi decisión. Le disgustaba ver a mi familia gastar tanto dinero y cómo yo los rescataba. No le gustaba sacar a mi mamá de aprietos, a consecuencia de sus decisiones de compras impulsivas, y me alentó a que la ayudara a establecer un presupuesto. Eventualmente acordamos que yo pagaría su deuda hasta ese momento, la ayudaría a establecer un presupuesto y luego dejaría de darle dinero.

David me animó a no hablar tanto con mi mamá porque eso me hacía sentir mal conmigo misma. Él tenía un sentimiento extraño acerca de mi familia y notaba la falta de límites, respeto y bondad. Mike hablaba mal de Alex a sus espaldas y mi mamá se quejaba de Mike de la misma manera, pero nunca hablaban directamente sobre estas cosas. A David no le gustaba la forma en que mi hermano Mike nos hablaba a mi mamá y a mí. A menudo, Mike intentaba hablar con David, de hombre a hombre, acerca del rol de una mujer en el hogar y David, abiertamente, expresaba su desacuerdo. Creo que Mike sentía la desaprobación de David y mantuvo su distancia. Esto me ayudó. Dejé, lo mejor que pude, de hacer cosas compulsivas por ellos.

...

Alrededor de un año después de casarnos, empecé a comentarle a David que pensaba que quizá yo era diferente de las otras personas. "¿Te duelen las piernas?", le pregunté un día.

Él pareció desconcertado. "No, ¿por qué?"

"A mí me duelen todo el tiempo", le dije. El cuerpo me dolía todos los días, especialmente las articulaciones. David y yo pensamos que podría ser artritis. A veces tenía dolor vaginal o anal momentáneo pero agudo, pero no le pregunté sobre eso.

Finalmente, decidí consultar a un reumatólogo acerca del dolor crónico. Me diagnosticó fibromialgia y me explicó que era un trastorno del sueño. "El dolor se produce por la falta de sueño profundo, el cual permite que los músculos se restablezcan".

No entendí cómo esto podría ser cierto, "Estoy durmiendo tan bien como siempre". Por alguna razón, no hice la conexión entre mis pesadillas y sudores nocturnos con la forma en que dormía.

"Me dice que siempre ha tenido este dolor. ¿Podrían haber existido situaciones estresantes cuando era joven que interrumpieran su sueño?"

"Siempre me sentía ansiosa por la escuela y los deportes. Aparte de eso, lo que recuerdo de mi infancia es que fue buena". Estaba confundida y pensé, *siempre he dormido bien*. Traté de pensar en alguna posible causa de la dificultad para dormir, pero mi mente se sentía lenta y espesa, y de repente me sentí muy cansada. "¿Qué puedo hacer ahora acerca del dolor?"

"Bueno, tenemos que asegurarnos de que duerma bien logrando un sueño profundo. El ejercicio ayuda. El yoga y la meditación también ayudan, y una buena dieta".

Escuché esto como si el doctor estuviera del otro lado de un largo túnel. Me costaba trabajo conectar sus palabras para formar oraciones que tuvieran significado. Pensé, *tengo excelente condición física,* y hablando lentamente, dije: "Corro todos los días y levanto pesas. ¿Por qué no me está ayudando eso?"

"¿Se siente bien?", preguntó el doctor.

Su pregunta me sobresaltó y lo miré. "Estoy bien".

Me miró cuidadosamente. "Tiene la mirada fija. ¿Ha ocurrido esto antes?"

Lo pensé. "Otros doctores han notado esa mirada también. Me han hecho exámenes de la tiroides, los cuales siempre habían resultado negativos. ¿Crees que tenga algo que ver con mi dolor?"

"Es posible. A veces, una mirada fija viene por demasiada ansiedad o estrés. Su sistema puede sentirse abrumado". No lo sabía entonces, pero algunas partes dentro de mí tenían miedo porque él nos estaba mirando muy de cerca. *Se está acercando demasiado. Nos va a descubrir*. No hice el esfuerzo de tratar de captar ninguno de estos pensamientos. "Podría ser ansiedad", continuó. "¿Tal vez del trabajo? Ser abogada puede ser estresante. O también podría ser algo del pasado".

Algo se apretó dentro de mi pecho y sentí una pulsación en los oídos, luego me sentí calmada y entumecida, con una ofuscación que no me dejaba pensar, mucho más espesa que antes. Él me observó durante algunos segundos y luego dijo, "Hay medicamentos que pueden ayudar, pero realmente debe tratar de averiguar por qué no está durmiendo bien". Me recetó un relajante muscular y una pequeña dosis de un antidepresivo y empecé a tomarlos cada noche. También tomaba ibuprofeno tres veces al día para aliviar el dolor. Inmediatamente, noté una diferencia en la profundidad de mi sueño y finalmente logré obtener alivio de la mayoría del dolor crónico.

Durante las siguientes semanas, pensé en mi conversación con el médico. Finalmente, se me ocurrió que no todo el mundo tenía sudores nocturnos y sueños extraños. Le pregunté a David sobre eso. Él estaba preocupado. También le dije que a veces, cuando me veía en el espejo, no veía a quién creía que debería ver. "A veces me veo más vieja de lo que me siento. A veces mis manos parecen más grandes de lo que deberían ser o me siento más alta de lo que creo que debería estar". En otras ocasiones, aparentemente de la nada, empecé a pensar en español, lo cual era particularmente raro porque no había hablado español con regularidad desde que mi padre murió y se podía hablar inglés en casa.

A medida que crecía mi confianza en David y mi amor por él, me sentía más segura, por lo que podía prestar atención a cosas que antes había tenido que ignorar o evitar. Con mi nueva sensación de seguridad llegaron pensamientos extraños y repentinamente aparecían fragmentos de escenas en mi cabeza. Aparecían lo suficientemente lentos como para poderlos ver claramente, aunque estaban fuera de contexto y no entendía lo que querían decir. Cada vez más a menudo me despertaba empapada en sudor. Fría y húmeda, me levantaba mecánicamente, me cambiaba el pijama y me volvía a dormir. En mis sueños, había gente que se metía a nuestra casa para matar a David y lastimarme. O me encontraba en un lugar extraño y aunque no había nadie más allí, sabía que estaba allí para ser lastimada. A veces soñaba en español. En esos sueños, con frecuencia me encontraba bajo la cama rezando y había gente tratando de entrar a la fuerza. Aunque por la mañana podía recordar mis sueños y me intrigaban, no reflexionaba demasiado sobre ellos. En cambio, mi vieja capacidad de lidiar con las cosas intervendría y continuaría con mi vida, preocupándome con el pago de deudas o una presentación en el trabajo.

Esto continuó durante varios años, hasta el día que David y yo fuimos a ver la película *Thelma y Louise*. Al principio de la película, en una escena vívidamente detallada, casi violan a una de las protagonistas. Mientras veía la escena, comencé a tener problemas para respirar y mi cabeza comenzó a girar. En retrospectiva, entiendo que esto fue causado por partes que corrían a advertirme o distraerme, o que esperaban finalmente darse a conocer. El abdomen me dolía terriblemente y tenía miedo. Nunca me había sucedido algo como esto. El dolor empeoró y mi pánico creció. Sentí que iba a salirme de mi piel. Los pensamientos que corrían por mi cabeza estaban en inglés y en español.

Tuve que irme inmediatamente. Nos fuimos a casa y pasé el resto del fin de semana sintiendo estos síntomas de manera intermitente. Quería estar con David y tenía pavor de estar sola, pero tampoco podía tolerar a nadie cerca de mí. Me senté en posición fetal en el sótano de nuestra casa, con David sentado al otro lado de la habitación. Él trataba de hablar conmigo, pero sólo me causaba más dolor y pánico. Me balanceaba hacia adelante y hacia atrás, lo cual me tranquilizaba. David tuvo la corazonada de que la escena de la película me había provocado esto, por lo que buscó el número de una línea de crisis por violación. Llamé y me ayudaron a calmarme.

Empecé a tener ataques de pánico todos los días, varias veces al día, cada vez que intentaba salir de la casa. Cuando mi familia llamó, no podía hablar con ellos sin entrar en pánico. No fui a trabajar esa semana para intentar controlar ese pánico.

Encontré a una terapeuta y me atendió por unos meses, pero no me sentía segura con ella. Sentía que se adentraba en mí, hablando con partes de mí que yo aún no conocía y que aún no estaba lista para reconocer. Era aterrador y apresurado. Sin embargo, ella me ayudó a diseñar una estrategia para manejar las crisis. Me enseñó a calmar la respiración cuando sentía pánico y esa simple sugerencia me permitió volver al trabajo. Pero cada vez que ella encontraba una parte mía y hablaba directamente con ella, a mí me daba pánico, me sentía violada y entonces se acababa nuestra sesión.

Mi terapeuta y yo concluimos que algo traumático debió haberme sucedido cuando estaba creciendo. Le dije esto a David cuando llegué a casa, y lo devastó. Lloró. Mientras lo veía llorar, me asusté pero al mismo tiempo me sentía molesta. "¿Por qué lloras?"

"Porque aquí termina nuestra relación tal como la conocemos".

Estaba enojada con él por llorar. Aun no me daba cuenta de lo que esto implicaba y ciertamente no quería creer que iba a cambiar nuestra relación. No recuerdo lo que le dije a David esa noche, sólo recuerdo estar molesta con sus sentimientos e intentar desesperadamente no sentir algo similar.

Quería ir a algunas sesiones de terapia y volver a la normalidad. A mi manera de ver, los ataques de pánico eran el problema. Lo que realmente quería era dejar de tenerlos. Genuinamente pensé que podía hacerlo. No quería pensar en el pasado. Pero a medida que pasaban las semanas y los ataques de pánico sólo aumentaban, le pedí a mi terapeuta que me recomendara otro terapeuta. Se sorprendió. Ella pensaba que nos estábamos acercando al final de nuestro trabajo. No le había dicho que después de cada sesión con ella tenía un ataque de pánico. Ante mi insistencia, me refirió a un psiquiatra.

Me tomó un poco de tiempo dar el siguiente paso, pero finalmente hice una cita para ver al psiquiatra. Sentía vergüenza de necesitarlo y no quería que nadie lo supiera. No quería que la gente pensara que algo andaba mal conmigo.

Abriendo puertas

8

Nerviosa, me senté en la sala de espera del centro de asesoría. Otras personas iban y venían, esperando entrar a sus citas o saliendo de ellas, y los observé a todos cuidadosamente. Me costó mucho trabajo salir de mi casa esa mañana e ir a mi cita. Tenía pavor de tener otro ataque de pánico y tenía miedo de lo que me estaba pasando. Me obligué a ir y me sentí mayormente ofuscada.

Quería desaparecer. El sólo hecho de estar allí en una sala de espera era prueba de que algo estaba mal conmigo, que estaba enferma de alguna manera. Al cabo de un rato, un hombre salió de una de las oficinas. Era de estatura promedio y tenía el cabello corto, color castaño con unas cuantas canas a los lados. Su incipiente calvicie dejaba mucho que resaltaran sus amables ojos azules. Miré sus ojos y tuve una sensación agradable con relación a él.

Me puse de pie cuando se me acercó. Estaba vestido con pantalones color café y un chaleco tejido sobre una camisa informal. Todavía sentía un entumecimiento interior, pero sonreí hacia mis adentros, pensando: *Así se supone que se deben ver los psiquiatras.* Él dijo, "Soy el doctor Mitchell Summer. ¿Eres la señora Trujillo?" Se dirigió lenta y deliberadamente hacia su oficina, y mientras lo seguía, comencé a sentirme mareada de esa manera que me era tan conocida. Entonces, me invadió la ofuscación y un entumecimiento más profundo.

Cada pared de su oficina estaba pintada de un color diferente. En el fondo me inspiró alegría y tuve que contenerme para no mirar los libros infantiles que estaban apilados en el rincón. Los muebles estaban acomodados como si fuera una sala de estar, dos sillas y un sofá ocupaban la mayor parte de su consultorio y más atrás había un escritorio cubierto de papeles y una computadora. "Siéntate donde quieras", dijo. Una de las sillas era de piel negra, grande y giratoria. Había una taza de té caliente junto a ella. *Él no lo dice en serio*, pensé al instante. *No puedo sentarme en su silla.* Volteé a ver la silla detrás del escritorio. *Tampoco puedo sentarme en su escritorio. Él no lo dice de verdad.* En silencio consideré mis opciones reales: el sofá frente a su silla negra o la silla de piel más pequeña, lo cual me situaría cerca de él. Al elegir el sofá, me pregunté si podría confiar en el Dr. Summer. *No*, apareció una voz pequeña. Me sentí aún más mareada y desorientada.

Cerró la puerta y se dirigió a su asiento, la gran silla de piel negra que giraba, y parte de mí dijo: *¿Ves?* Él comenzó a hablar, y aunque reconocía las palabras, no podía conectar unas con otras. Era como estar en un sueño. El Dr. Summer parecía estar muy lejos, al final de un túnel que se estaba cerrando. Intenté enfocarme. Él me sonrió de manera suave y cálida. Me sentí un poco más tranquila y miré alrededor de su oficina.

Había libros en todas partes. Traté de leer los títulos, pero, al igual que con su voz, no pude entender lo que decían. Sólo eran palabras, como solían ser los libros para mí, un montón de palabras que no formaban oraciones, párrafos, historias, casos ni artículos. Eventualmente, llegué a entender por qué tenía tanta dificultad con la lectura. Soportar el abuso de mi infancia implicaba separar las experiencias dolorosas en partes pequeñas. La lectura requiere lo contrario: acomodar distintas piezas de información y unirlas para lograr obtener un significado. Simplemente, tenía demasiada práctica en no juntar las partes de una historia.

Había diplomas colgados en una pared de la oficina del Dr. Summer, demasiado lejos para ver algo claramente, aparte de su nombre en letras grandes. *Yo también tengo muchos diplomas, pero no tantos.* De repente noté que el Dr. Summer no hablaba. Sólo estaba allí sentado, observándome estudiar su oficina. Comencé a sentir calor en mi cara y enrojecimiento en mi nariz y orejas. Me di cuenta que él estaba esperando que yo contestara una pregunta. Mis pensamientos comenzaron a acelerarse, y luego me calmé. "¿Por qué todas tus paredes son de diferentes colores?" le pregunté.

"¿Qué te parecen?" respondió. Eran de color rosa, amarillo, azul y verde. La sensación era jovial y ligera, una oficina bonita y luminosa. Pero permanecí en silencio. "Entonces, ¿cómo puedo ayudarte?", preguntó. Esa debió haber sido su pregunta inicial.

"He estado teniendo algunos ataques de pánico", me escuché decir a mí misma en ese tono monótono que había usado tantas veces. Continué sin emoción, como si le estuviera diciendo lo que había desayunado. "Estaba viendo a otra terapeuta y ella piensa que abusaron de mí a lo largo de mi infancia, pero no estoy segura. Ya no puedo verla, así que me dio tu nombre. Me dijo que habías supervisado su trabajo". Dejé de hablar y esperé nerviosamente. *Le he dicho demasiado*, surgió una voz joven.

"¿Qué le hizo pensar que abusaron de ti mientras crecías?" preguntó.

¡No le digas! ¡No va a entender! "He estado teniendo pensamientos extraños. Puedo ver cosas en mi cabeza que no tienen sentido".

"Ya veo", dijo.

¿Qué ves? Sentí una multitud en mi cabeza. Había demasiadas voces.

Después de preguntar un poco más sobre mi terapeuta anterior, él me dijo cómo solía trabajar con la gente. No recuerdo nada de lo que dijo sobre su manera de trabajar con excepción de sus reglas. Al principio me parecieron un poco duras, pero luego entendí que estas reglas creaban una estructura dentro de la cual, desde un lugar seguro, podía hacer el trabajo que necesitaba hacer: desenredar mi pasado.

"Si aceptas trabajar conmigo, debes venir dos veces por semana. Si faltas y no vienes a una sesión, igual tendrás que pagarla. Si no puedes venir a una sesión, tienes que avisarme al menos con un día de anticipación, pero igual tendrás que pagarla". Esto me pareció severo. Empecé a preguntarme si lo único que le importaba era el dinero, pero seguí escuchándolo. "Puede ser que estés pensando en el suicidio y quiero que sepas que eso es normal". Mi mente se aceleró de nuevo. Se me dificultaba respirar y mi cabeza se ofuscó aún más. *¿Cómo supo?* Él tenía razón; yo deseaba poder morir. Con cada onza de mi ser, quería morir. A veces era una compulsión y otras veces sólo era una sensación de desesperanza. No entendía la diferencia entre los dos sentimientos; sólo sabía que me sentía desdichada todo el tiempo.

Varias veces al día me encontraba atrapada en síntomas que yo llamaba un ataque de pánico. De repente, no me sentía a salvo. Me doblaba del dolor abdominal tan severo y una opresión en el pecho que me dejaba jadeando para poder respirar. Sólo quería acostarme en posición fetal en un rincón, cerrar los ojos y esperar a que el dolor y todos los pensamientos extraños y horribles pasaran, pensamientos que temía contarle a cualquiera por temor de que, al decirlos, se hicieran reales. Posteriormente supe que se trataba de dolor físico y emocional de traumas pasados, que se detonaba y aparecía nuevamente a causa de experiencias en el presente, que de alguna manera se sentían similares, y que esta es una experiencia común entre aquellas personas con historial de trauma.

Quería que todo se detuviera y pensaba que la única manera de lograrlo era muriendo. No quería que la muerte me doliera; sólo quería dormir y nunca despertar. Todo el tiempo lo estaba planeando. Pensé en tomar un montón de pastillas y quedarme dormida para siempre. Cuando iba conduciendo sola, consideraba estrellar el auto contra un árbol en la carretera. Cuando corría, sentía el impulso de saltar al paso de un autobús o camión. Pensaba que probablemente moriría rápidamente de esa manera. A pesar de que resistirme a estos impulsos requería un esfuerzo enorme, sabía que si me suicidaba lastimaría a David más allá de lo que podía imaginar y no quería lastimar a David. Sólo quería que el dolor se detuviera.

El hecho de que el Dr. Summer hubiera mencionado pensamientos suicidas sin que yo le contara acerca de todo esto me proporcionó la esperanza de que supiera lo que estaba haciendo. Esa esperanza fue un gran alivio. Él continuó con sus reglas: "Mientras trabajes conmigo, necesito que te comprometas a no tomar ninguna acción que tenga que ver con pensamientos suicidas. Podemos establecer un plan para que, cuando estos aparezcan, puedas encontrar personas a quienes llamar para pedir ayuda. No puedes romper este compromiso". *Ya lo veremos,* apareció un pensamiento. Asentí con la cabeza, indicando estar de acuerdo.

Continuó, "Espero que trabajes duro en esto. Yo me comprometo a trabajar duro contigo. Nos reuniremos dos veces por semana. Te ayudaré tanto como yo pueda. Puedes llamarme cuando tengas momentos difíciles, y, sea la hora de nuestra cita o no, te regresaré la llamada. Me comprometo a acompañarte en este proceso si tú te comprometes a seguir este proceso conmigo". Escéptica, no estaba convencida de que hablar tanto de compromiso fuera creíble o necesario. Sin embargo, acepté. Sentí que no tenía otra opción. Me daban ataques de pánico cada vez más seguido y hasta me eran difíciles de realizar las actividades de rutina.

Ese día, salí de la oficina del Dr. Summer preguntándome si él podría ayudarme. Cuanto más lo pensaba, más optimista me volvía. *Él tiene todos esos diplomas, todos esos libros, ojos amables, una sonrisa amable y una actitud amable a pesar de sus reglas estrictas.* "Tal vez esto me ayude", dije en voz alta mientras conducía de regreso a mi oficina. Aunque yo no lo había dicho, y el no podría haberlo dicho deliberadamente para tranquilizar y calmar a partes internas, ese fue el efecto que tuvo, apaciguando mis pensamientos acelerados para que pudiera concentrarme en el trabajo y lo que tenía en mi calendario para ese día. En aquel entonces, no sabía que acababa de cambiar de una parte a otra, o que estaba comenzando un proceso que me ayudaría a entender cómo estaba ensamblada.

Me era difícil ir a mis citas porque no me gustaba dejar el entorno relativamente seguro de mi hogar ni de mi oficina. Sentía que todo lo que estaba fuera de esos lugares seguros era impredecible y aterrador. No le dije al Dr. Summer lo aterrador que me resultaba el trayecto, sólo seguía yendo, esperando que el trabajo con él me ayudara. Pero durante los primeros meses no me parecía que estuviéramos logrando nada. Sentía que las sesiones con él eran superficiales, nuestras conversaciones intrascendentes. Hablábamos sobre problemas en el trabajo o pequeños asuntos del hogar.

No entiendo lo que se supone que debo estar haciendo, pensaba a menudo antes de una sesión. *No sé cómo hacer esto*. Entonces surgían más pensamientos acelerados. *No quiero ir. ¿Cómo me está ayudando esto? Cuesta mucho. ¿Para qué es todo esto? ¿Cómo se supone que sepa qué hacer? Él simplemente se queda ahí sentado*. Me sentí impotente, aterrada y enojada.

Después supe que el Dr. Summer estaba siendo muy deliberado y reflexivo en su enfoque y que estábamos logrando bastante sin que yo lo supiera. En esas sesiones iniciales, lenta y cuidadosamente él me estaba acostumbrando a ir y venir. Él sabía que el pánico podía presentarse con cualquier tipo de transiciones y gradualmente me estaba mostrando la idea de que podía estar segura en diferentes lugares. Cada vez que salía de un lugar e iba a otro con éxito, esa sensación de estar a salvo aumentaba en mí y me volvía un poco más confiada. Ahora sé que muchas de mis partes necesitaban aprender eso.

Nunca hablamos sobre agorafobia; él sólo me animaba a ir a mis sesiones, incluso cuando no sentía que podía hacerlo. También me animó a ir a trabajar, a seguir corriendo y a continuar realizando a diario tantas actividades como me fuera posible. Tan importante como esto, me animó a ser amable conmigo misma, incluso cuando no pudiera lograr estas metas.

El Dr. Summer también me protegía cuando los asuntos de mi vida le preocupaban. Mis conversaciones telefónicas diarias con mi mamá y las llamadas semanales con Mike habían cesado abruptamente cuando comencé a tener ataques de pánico. No sabía por qué, pero simplemente no quería hablar con ellos. Confusos y dolidos, continuaron llamando regularmente, pero David solamente les decía que yo no estaba disponible. Le pregunté al Dr. Summer acerca de esto y, aunque él me había alentado a mantener mis hábitos diarios, en este caso estuvo de acuerdo en que debería hacerle caso a mis miedos, sin importar lo ilógicos que fueran.

Durante esos primeros meses, el Dr. Summer también estaba construyendo una relación conmigo para que eventualmente pudiéramos desarrollar el trabajo más difícil. Al experimentar su constancia, yo estaba aprendiendo que estaba a salvo con él. Aprendí a confiar en sus ideas, por ejemplo, que estaba a salvo en el trayecto de su oficina a mi casa. Él era cariñoso y yo podía ver esto en sus ojos. Estábamos desarrollando un ambiente en el que pudiera llegar a confiar en él lo suficiente para poder hablar de lo que yo estaba recordando. *Ya veremos, ya veremos...* seguía pasando por mi cabeza. Pero con cada sesión y cada llamada que me regresaba, mi confianza crecía.

Una noche, tuve el peor ataque de pánico hasta ese momento. Acababa de llegar a casa del trabajo. En la seguridad de nuestro hogar, mis pensamientos se aceleraron incontrolablemente y luego, como de costumbre, me sobrecogió la confusión. Pero esta vez no me hizo sentir más calmada. Sentía puñaladas en el abdomen y me doblé de dolor y terror. Mi pecho se apretó tanto que apenas podía respirar. Sentí como si me fuera a morir. Sollozando, cerré los ojos y me esforcé mucho para recobrar el control de mi cabeza. Necesitaba pensar. No quería caer en el agujero negro que se avecinaba.

David estaba conmigo y me preguntó: "¿Qué está pasando? ¿Qué puedo hacer?" Quería abrazarme para ayudarme a que me sintiera a salvo y hacer que el pánico desapareciera, pero no podía tolerar tenerlo cerca de mí.

Me costó poderle responder y finalmente logré decir, "Llama al Dr. Summer". Me acosté en posición fetal, con dolor y una sensación de confusión, con pensamientos extraños pasando por mi mente: *Alex me lastimó en el sótano. Alex me violó.* Seguí viendo escenas de esta violación. En el transcurso de una hora, el Dr. Summer regresó la llamada. Escuché a David diciéndole lo que estaba pasando y luego sentí que sostenía el teléfono en mi oreja. La voz del Dr. Summer era calmada y tranquilizadora, pero mis pensamientos eran difíciles de contener y el dolor se volvió más severo al tratar de hablar. "Siento dolor. No puedo detener los pensamientos.

Siento pánico". Con calma me dijo que estaba a salvo. Me recordó que David estaba allí, que David no me lastimaría, que David me cuidaba muy bien. Me pidió que respirara lenta y profundamente. Inhalé y exhalé, inhalé y exhalé, y con cada respiración, el pánico disminuía.

"Despeja tus pensamientos, Olga. Ve frenándolos y despéjalos. Piensa que estás en tu hogar con David. Estás a salvo ahora". A medida que escuchaba, el dolor disminuía. Se aflojó la tensión en mi cuerpo. Mis pensamientos se fueron frenando y me sentí entumecida. "¿Cómo te sientes?", preguntó el Dr. Summer.

"Mejor", dije en voz baja, apenas un poco más fuerte que un susurro. Con una voz pequeña que nunca había escuchado, le pregunté al Dr. Summer: "¿Me va a lastimar David?" El Dr. Summer me aseguró que David me amaba y que no me haría daño. Él tenía razón. David nunca haría nada más que apoyarme y amarme. No sé cuánto tiempo estuve hablando por teléfono con el Dr. Summer esa noche, pero cuando colgó, mi dolor había desaparecido, estaba sentada y había quedado en verlo al día siguiente. Cuando entré, en lugar de sentarme en el sofá, por primera vez elegí la silla más pequeña cerca de él, pensando, *Me regresó la llamada cuando lo necesité*.

Varias semanas después, nuestras pláticas se transformaron en algo más profundo. Cuando llegué a mi sesión, me dejé caer en la silla más pequeña y admití: "No sé lo que se supone que debo hacer aquí". El sonrió. En retrospectiva, ahora creo que él había estado esperando que yo confiara en él lo suficiente para admitir eso. Me dio un libro para niños, *Hay una pesadilla en mi clóset*, de *Mercer Mayer*. Lo miré y una voz más joven preguntó: *¿Qué es esto?* Entonces surgió una voz mayor: *¿Está bromeando?* Me quedé sentada en silencio con mis pensamientos, tratando de descifrar por qué me había dado a leer un libro para niños.

Finalmente, el Dr. Summer dijo: "Léelo. Creo que te ayudará a comprender nuestro proceso". Sintiendo que me trataba con condescendencia, abrí el libro. Para mi sorpresa, mi enojo fue reemplazado instantáneamente por alegría. Sonreí con una sonrisa joven y partes que yo no sabía que existían veían emocionadas el libro a través de mis ojos. Sentía cómo traducía las palabras en inglés al español, lo cual era extraño porque no había hablado ni pensado mucho en español desde que estaba en la universidad. Pero no permanecí con ese pensamiento por mucho tiempo y no se lo mencioné al Dr. Summer. Los dibujos eran interesantes y la historia fácil de seguir.

Un niño pequeño tiene miedo de algo que está en su clóset. Todas las noches se asegura de que la puerta del clóset esté bien cerrada antes de meterse a la cama, donde permanece despierto, agarrando su pistola de juguete para protegerse. Una noche, sus peores temores se hacen realidad. Oye cómo una pesadilla sale lentamente del clóset y va hacia él. Rápidamente enciende la luz y le dispara a la pesadilla con su pistola. La pesadilla comienza a llorar. El niño, que ya no tiene miedo, consuela a la pesadilla, la acomoda en su cama y se acurruca junto a ella. Oyen otro ruido y se dan cuenta que debe haber otra pesadilla en el clóset. Pero esta vez, el chico sonríe. No está preocupado. En su cama ya no hay suficiente espacio para más pesadillas.

En un abrir y cerrar de ojos terminé de leer todo el libro. Lo dejé a un lado y cambié el tema, contándole al Dr. Summer algo que había sucedido ese día. Pero algo dentro de mí insistió, *Necesito contarle mis pesadillas. No todas mis pesadillas, sino los pensamientos que tengo.* Dejé el libro a un lado y un pensamiento me vino a la cabeza: *Papi me hizo algo.* Luego siguieron otros pensamientos: *Papi me lastimó. ¿Le podemos decir? Papi me lastimó. ¿Le podemos decir?* Estos pensamientos rebotaban insistentemente en mi mente. Sentía como si fuera una conversación interna con una niña de tres años. En el exterior, seguía hablando del trabajo. Pero el Dr. Summer pareció darse cuenta que estaba distraída y me preguntó si estaba pasando algo. Quería decirle, pero estaba aterrorizada. Hasta ese momento, sólo le había contado sobre asuntos del presente, nunca había hablado de mi pasado.

A medida que consideraba contárselo, mi cabeza se tornó borrosa y desenfocada y sentía el pecho apretado cuando las partes que llegaría a conocer como 'Cinco', 'Siete' y 'Doce' aparecieron para protestar. *No podemos decirle. No podemos decirle a nadie. Es nuestra culpa. Él lo hará también.* Me senté en silencio, luchando por sacar las palabras. Finalmente dije suavemente, en una voz muy joven, "Creo que papi me hizo algo. Algo malo". El terror pulsaba a través de mi cuerpo. Me preparé para el diluvio de preguntas y desafíos que seguramente vendrían.

Él me examinó por un segundo. "Okey", dijo.

"¿Tiene sentido?" pregunté, estudiando su expresión cuidadosamente.

"Sí", respondió.

Una sensación de alivio me inundó de un modo que nunca había experimentado. Yo le había dicho, él escuchó y yo estaba bien. *No pasó nada malo. Él me cree.* A pesar de que no me sentía exactamente conectada con la idea de que papi me había lastimado, esta idea me había estado aterrorizando y me sentí eufórica de liberarla. Quizá ahora ya no me atormentaría. Decirlo fue una de las cosas más poderosas que he experimentado. Además, lo había dicho y no había sido lastimada en respuesta. El Dr. Summer no me acusó de mentir. Él había escuchado y me había creído.

La sensación de alivio no duró mucho. Un nuevo pensamiento llegó rebotando a mi cabeza para reemplazar el que acababa de decir. Esta vez era 'Doce': *Alex me lastimó. Alex me hizo cosas malas. Alex me lastimó.* Mi respiración se volvió difícil. Vi escenas cortas de lo que sucedió en el sótano el día de mi cumpleaños, pero estaban desarticuladas y no les encontraba sentido. Me sentí congelada, demasiado aterrorizada para decir en voz alta lo que estaba pensando y viendo. El dolor en mi abdomen, que siempre acompañaba al pánico, llegó de nuevo junto con la urgencia de decirlo, de tener a alguien que atestiguara lo sucedido y que me creyera. Después de permanecer sentada en silencio durante un rato, atormentada con pensamientos, imágenes y dolores, dije con una voz un poco mayor que la anterior: "Alex me hizo cosas malas".

Escudriñé al Dr. Summer buscando una reacción, y él respondió igual que antes, con tranquilidad y amabilidad, diciendo: "Okey. ¿En qué más estás pensando?"

"¿Es esto posible?", le pregunté.

"Sí, tristemente si lo es".

"Puedo verlo en mi cabeza, pero no tiene sentido".

"¿Qué ves?", preguntó. Instantáneamente me sentí ofuscada y me quedé viendo fijamente las imágenes en mi mente: nuestro departamento, la sala de almacenamiento, Alex, su amigo Gary, ellos pateándome. No podía decirlo. El Dr. Summer me preguntó otra vez qué estaba viendo.

Finalmente, dije: "Siento dolor". Fue difícil recuperar el aliento. Estaba de vuelta en la sala de almacenamiento.

"Olga", dijo el Dr. Summer con calma, pero con firmeza. Regresé parcialmente, pero todavía estaba parcialmente en el pasado. "Olga", dijo con más firmeza. "Respira profundo. Estás a salvo aquí".

"No me siento a salvo. Siento como si estuviera sucediendo en este momento".

"Lo sé", respondió el Dr. Summer, "pero no es así. Estamos en el año 1993. Eres adulta, vives con David y estás a salvo".

"Siento dolor. El mismo dolor que aparece con los ataques de pánico". No entendía por qué aparecía el dolor, por qué estaba teniendo estos pensamientos horribles. *¿Por qué?* seguía pasándome por la cabeza. "¿Por qué está pasando esto? ¿Cómo puede ser que esta sea mi vida? ¿Cómo puede ser cierto?"

El Dr. Summer explicó suavemente que cuando ocurren cosas que son demasiado difíciles de manejar o entender, la mente nos protege instintivamente almacenando la experiencia en un lugar donde no podamos encontrarla. Dijo que aparentemente eso podría haberme sucedido. Los pensamientos sobre Alex y la sala de almacenamiento volvieron a aparecer. Me quedé viéndolas fijamente y reporté sin emoción, como si estuviera hablando acerca de otra persona, "Alex también me hizo algo malo. Él y su amigo Gary lo hicieron en la sala de almacenamiento de nuestro edificio". No sentía ninguna conexión con el incidente. El Dr. Summer escuchó. Dijo que lo que había descrito era posible y que él creía que estas cosas me habían sucedido.

Nuestra sesión terminó. Agotada, me fui a trabajar. Lo último que quería hacer era perder la sensación de estar a salvo en la oficina del Dr. Summer, subir a mi automóvil y conducir al centro de la ciudad, pero me concentré en su exhortación de mantener mi rutina y me recordé a mí misma que estaba a salvo. No pude concentrarme, pero sobrellevé el día lo mejor que pude.

En el transcurso de esa semana, siguiendo un impulso, llamé a mi mamá. Habían pasado meses desde que habíamos hablado. Haber dicho recientemente mis pensamientos aterradores en voz alta y que alguien que me creyera, me hizo sentir la esperanza de tener esa misma experiencia con ella. Le conté sobre mis ataques de pánico y que estaba viendo a un terapeuta, y luego dije, "Estoy recordando cosas que me hicieron papi y Alex". A grandes rasgos le dije lo que recordaba, luego aguanté la respiración y esperé.

"No me sorprende", dijo de forma casual, sin vacilar. "Papi era un hombre duro. ¿Y no recuerdas que Alex fue arrestado cuando tenía dieciséis años por violar a una niña de ocho años? Lo hizo en la sala de almacenamiento también". No hubo indignación, ni preguntas mortificadas, ninguna emoción en lo absoluto. No lo podía creer. Pero fue un gran alivio que ella confirmara lo que yo estaba recordando. Estaba muy agradecida por eso. Charlamos un rato más sobre su día en el trabajo.

Todavía me encontraba lidiando con mis emociones en torno a esa conversación cuando Mike llamó. Contesté. "Mamá me dice que estás recordando cosas que sucedieron cuando éramos pequeños". Me dijo que él también recordaba a mi padre golpeando a mi madre, a él y a Alex. A pesar de que él no recordaba que papi me violara, no le sorprendía. Le dije que también estaba empezando a recordar lo que Alex me hizo en el sótano, pero entonces Mike protestó diciendo: "¡Me estás matando! No quiero escuchar más". Sus palabras sonaban preocupadas, pero su voz sonaba enojada. Sus palabras no coincidían con su tono. No le conté nada más de lo que recordaba, pero sí le dije que necesitaba enfocarme en mi terapia, mi trabajo y mi relación con David y que esa era la razón por la cual no lo llamaba con tanta frecuencia. Mike dijo que entendía.

La semana siguiente reconstruí (más o menos) el recuerdo de haber sido violada por Alex y Gary. Furiosa, pude finalmente llamar a Alex para confrontarlo: "¡Recuerdo que tú y Gary me violaron en la sala de almacenamiento de nuestro edificio!"

"Yo jamás te hice eso", dijo, sonando genuinamente sorprendido y un poco asustado.

"¡Si lo hiciste! Mamá me cree. También sé que fuiste arrestado por violar a una niña de ocho años. ¡Te odio y nunca quiero volver a hablar contigo!" Escuché más negaciones en lo que colgaba el teléfono. Ese día, Alex llamó a todos los integrantes de nuestra familia que pudo localizar, primos, tías y tíos, para decirles que yo estaba mintiendo acerca de él.

...

Mientras más me escuchaba y tranquilizaba el Dr. Summer, más confiaba en él. Mientras más confiaba en él, más le contaba sobre los pensamientos, aunque estuvieran desarticulados y parecieran dispersos. Mis pensamientos saltaban de lo que mi padre me hizo a lo que Alex me hizo. Recordaba las experiencias guardadas en cierta habitación dentro de mí, pero no sabía por qué. Tenía dolor, pero no sabía por qué. Me costaba mucho creer que los pensamientos que tenía eran ciertos y, realmente, no quería que las terribles historias que estaba reconstruyendo fueran mi pasado. Después de meses de esto, me encontraba inundada de pensamientos, dolor e imágenes que surgían y se derramaban incontrolablemente.

Aunque esta información había llegado a mi conciencia, todavía no podía sentirme conectada a ella. La disociación mantenía las historias alejadas y me ayudaba a evitar sentirme inmovilizada por los ataques de pánico, pero no me gustaba estar tan adormecida todo el tiempo. Sentía que había estado adormecida la mayor parte de mi vida, y ahora anhelaba poder tener sentimientos reales: alegría, tristeza y todos los demás. El problema era que los recuerdos eran simplemente demasiado horribles y aterradores para sentirlos todos a la vez. Estaba bloqueada. En la oficina del Dr. Summer, abrumada con todos los pensamientos, a menudo tenía la mirada en blanco mientras le contaba un recuerdo o permanecía en silencio, mis ojos moviéndose de un lado a otro con tanta rapidez que no podía mantenerlos abiertos.

Un día, el Dr. Summer propuso que probáramos la hipnosis como una manera de permitirme reportar lo que estaba recordando, manteniéndome a distancia de la información para no tener que disociarme. Estuve de acuerdo. Estando bajo hipnosis, el Dr. Summer me ayudó a hacer un plan para poder manejar los recuerdos. Sentí alivio cuando los pensamientos se ajustaron. La hipnosis se sentía como una disociación más profunda, pero después siempre podía recordar lo sucedido.

Decirle al Dr. Summer lo que estaba recordando, sin disociarme, era un gran logro para mí. Pero no significaba que pudiera aceptarlo completamente y conectarme con las experiencias. Todavía me sentía alejada de la información, como si los ataques no me hubieran sucedido realmente a mí. Durante los meses siguientes, simplemente reportaba pensamiento tras pensamiento, más que nada sobre cosas que papi y Alex habían hecho. Después me di cuenta que me era más fácil recordar lo referente a mi padre y Alex que lo que Mike había hecho, porque nunca me sentí cercana a ellos.

Llegué a entender intelectualmente que mi mente usaba la disociación a manera de protección para que yo no me enterara de cosas. El Dr. Summer me explicó en repetidas ocasiones, "Si te hubieras despertado todas las mañanas sabiendo que más tarde ese día o esa noche abusarían de ti, te hubieras suicidado". Siempre asentía, como si estuviera de acuerdo. Teóricamente todo tenía sentido, pero no podía y verdaderamente no quería entender ni aceptar lo que me había sucedido. A medida que surgían más pensamientos entre sesiones, llamaba al Dr. Summer en las noches con más frecuencia. Él siempre me regresaba la llamada.

David continuaba apoyándome lo mejor que podía. Compró y leyó innumerables libros acerca de la sanación del abuso sexual infantil. Asistió con regularidad a un grupo de apoyo para parejas de sobrevivientes de abuso. Me ayudaba a ir y venir del trabajo. En la plataforma del transporte subterráneo camino al trabajo, si el tren llegaba lleno de gente, se me apretaba el pecho y le decía a David que no podía subirme. Él, esperaba conmigo los diez minutos que tardaba en llegar otro tren y, si había espacio suficiente, yo entraba al vagón y él se paraba detrás de mí. Era reconfortante tenerlo allí. No lo sabía entonces, pero tener a alguien con quien me sentía a salvo, calmaba mi temor de ser atacada por atrás. A medida que nos acercábamos al trabajo, inevitablemente los trenes se llenaban más. Sentía una presión en el pecho como si alguien estuviera sentado sobre mí, mis pensamientos comenzaban a perseguirme, el dolor en mi abdomen y espalda aparecían y sentía como si fuera a salirme de mi piel. David me abrazaba, casi en un intento de mantenerme en el presente. Saber que era él me ayudaba a llegar a nuestra estación, pero llegaba al trabajo exhausta del viaje.

A medida que me iba volviendo más sensible a las multitudes, David y yo decidimos ir en automóvil al trabajo. No fue una decisión difícil, ya que mi puesto en el Departamento de Justicia me proporcionaba un lugar de estacionamiento gratuito. A veces, David se ausentaba del trabajo para llevarme y traerme a mis citas con el Dr. Summer. Optó por trabajar las mismas horas que yo para que pudiéramos regresar a casa juntos. Él, estaba dedicado a mi recuperación y me ayudaba de todas las maneras que podía concebir. No le dije al Dr. Summer que había dejado de tomar el transporte subterráneo. Era el tipo de cosas que le habría preocupado y me habría desafiado. Él quería que me sintiera segura, pero también pensaba que consentir a mis miedos limitaba cada vez más mis actividades.

Para poder seguirle el paso a mis nuevos recuerdos, el Dr. Summer añadió una sesión más, así que lo veía tres veces a la semana. Mientras más le contaba, más recuerdos surgían y no podía detener ni frenar los pensamientos. Sentía como si partes de mí estuvieran pensando: *Hemos esperado lo suficiente. Alguien tiene que saber esto*. La avalancha de pensamientos empeoró, pero aún me sentía desconectada de los recuerdos. A pesar de que estos me perseguían en el trabajo, en casa y mientras dormía, no quería hacerlos míos y enfrentar el hecho de que esta era mi vida. Por mucho que quería experimentar una vida auténtica y plena, también estaba desesperada por aferrarme al éxito que había logrado para mí, una vida feliz, ordenada, segura y en la cual me sentía a salvo.

Le conté al Dr. Summer sobre mi frustración continua: "Vengo y te cuento estos pensamientos, pero no sé qué hacer con toda esta información. No sé lo que significa ni a dónde voy con todo esto".

El Dr. Summer me miró por un momento y me preguntó si estaba molesta o irritada. Le dije que sí lo estaba. Lo había estado viendo durante muchos meses, ahora tres veces a la semana y me sentía peor que cuando comencé. "¿Cómo me está ayudando esto?"

El Dr. Summer me explicó una vez más que creía que yo estaba recordando el abuso real que me sucedió a medida que crecía, que los pensamientos eran recuerdos congelados en el tiempo por un proceso disociativo. Estábamos armando una imagen clara de lo que me había sucedido para poder poner mis recuerdos en el lugar apropiado: el pasado. Me explicó que el dolor era la manera en la que mi cuerpo recordaba lo que había sucedido. Él me había explicado el proceso muchas veces, de la misma manera, pero yo todavía no entendía. Las palabras no se conectaban. Pregunté: "¿Cómo puedo ser abogada, estar casada? ¿Cómo puedo estar funcionando si me pasó todo esto? No entiendo".

Antes de comenzar a tener ataques de pánico, pensaba que había tenido una infancia feliz que solamente no la recordaba muy bien. Recordaba haber hecho cosas en el centro comunitario, en la escuela y con amigos, pero no recordaba mucho de la vida en casa. Sabía que mi padre había sido estricto y que murió cuando yo tenía once años. Alex no me agradaba mucho, pero pensaba que era porque siempre rompía cosas y le causaba estrés a mi mamá. Tenía una mejor relación con Mike, pero sentía que era egoísta y se aprovechaba de mí. Mike a menudo me pedía favores que parecían sencillos, pero luego iban en aumento. Por ejemplo, me pedía que lo llevara al aeropuerto, y luego me decía, "Ah, olvidé decirte que el vuelo es a las 6:00 a.m. y que mis amigos Tim y Joe también vienen. Necesitas pasar a recogerlos a sus casas". Cuando finalmente me negaba, me decía que era una perra, su término habitual para mí cuando no hacía lo que él quería y me colgaba el teléfono disgustado.

Pensé que había tenido una relación cercana, incluso amorosa con mi madre. Después de todo, durante años habíamos hablado todos los días, pero recientemente había comenzado a sentirme incómoda con algunas cosas de nuestra relación, particularmente porque yo hacía mucho por ella y le compraba muchas cosas que ella quería, pero rara vez hacía ella algo por mí.

Dejando de lado todos los asuntos con mi familia, sabía que era feliz, exitosa, que estaba casada con un hombre fenomenal y que tenía una carrera prometedora. Todo esto era cierto, pero no era toda la verdad. Sin embargo, me aferré desesperadamente a la fantasía.

"Necesitas conectar los pensamientos contigo", finalmente recomendó el Dr. Summer. Me dio otro libro, *Un hechicero de Terramar*, de Ursula K. Le Guin, y me dijo: "Creo que esto podría ayudarte a comprender lo que quiero decir".

9

Regresé a casa después de la sesión de terapia y puse el libro en la mesa del vestíbulo junto con mi portafolio. Siempre traía trabajo a casa. Debido a que mi habilidad para concentrarme y leer no era muy buena, mi trabajo inevitablemente se extendía a mis noches y fines de semana. Mientras subía las escaleras para colgar mi ropa de trabajo y ponerme ropa más cómoda, seguía pensando en mi sesión con el Dr. Summer. *Él sabe que tengo problemas con la lectura. ¿Por qué me dio a leer un libro? ¿Por qué este libro de fantasía? No me gustan las historias de fantasía.* Estaba molesta, pero al mismo tiempo tenía un poco de curiosidad. Me había sentido tan perdida últimamente en mis sesiones. Aunque normalmente me iba bien en todo lo que probaba hacer, el trabajo con el Dr. Summer me hacía sentir como si estuviera dando vueltas en vano y hundiéndome más profundamente. Era difícil no saber lo que necesitaba hacer. Esto me hacía sentirme vulnerable. Temía que el Dr. Summer descubriera que yo no era tan inteligente como la gente creía.

Faltaban algunas horas antes de que David llegara a casa. Pensé en hacer la cena o algo de trabajo, pero la curiosidad acerca del libro consiguió vencerme. Me intrigaba que el Dr. Summer pensara que ese libro era perfecto para mí en este momento y qué me mostraría sobre el camino a seguir, así es que me senté en el sofá a leer. Lo primero que me sorprendió fue que me pude concentrar muy bien en el libro. Me pude enfocar. Luego me sobresaltó el estar traduciendo internamente la historia al español, aunque ya no tenía ninguna razón para seguir hablando ese idioma. Luego, me di cuenta que la historia era cautivadora para todas las edades dentro de mí y que todas la estábamos leyendo juntas.

En resumen, la historia trata sobre Ged, un niño con el potencial de ser un gran mago. El menor de ocho niños en su familia, nació en la isla de Gont, lugar conocido por sus ladrones de cabras y sus magos. Su madre murió poco después de su nacimiento, por lo que fue criado por su padre, un herrero que trabajaba el bronce, y quien lo descuidó. La hermana de su madre, una bruja, se hizo cargo de Ged cuando era bebé, pero tan pronto como el pudo valerse modestamente por sí mismo, ella también lo descuidó. Por lo que Ged pasó los años de su infancia solo, mientras que sus hermanos mayores cultivaban la tierra y trabajaban en sus oficios. Cuando estaba en casa, repetidamente le decían lo inútil que era.

La historia me resultaba conocida de maneras que no podía explicar. Instantáneamente sentí una conexión con Ged. Pude sentir su historia dentro de mí. *Inútil, inútil, inútil* me pasó por la cabeza. Seguí leyendo con el ansia de encontrar el mensaje escondido que el Dr. Summer pensó que estaba enterrado, esperándome en la historia. Perdí la noción del tiempo y seguía leyendo cuando David llegó a casa del trabajo.

No quería suspender la lectura, pero dejé el libro, fui al vestíbulo y abracé a David. Le pregunté sobre su día. Mientras respondía, noté lo cansado que se veía y me preocupé: *Lo estoy cansando. Se preocupa mucho por mí. ¿Es demasiado esto para él? ¿Me va a dejar?* Perdida en mis pensamientos y preocupaciones, no escuché lo que David estaba diciendo acerca de su día. Ahora me doy cuenta que a menudo no escuchaba a David. Nuestras vidas giraban alrededor de mi sanación. Y estaba tan distraída la mayor parte del tiempo que David, como persona, con pensamientos y sentimientos propios, se volvió invisible para mí. Era mi esposo, pero principalmente me estaba ayudando a superar una crisis. No había cabida en mi mundo para los miedos, sentimientos, pensamientos y preocupaciones de David. Los toleraba, pero no los acogía, ni a estos ni a él, más allá de lo que yo necesitaba. A pesar de todo eso, David nunca se quejó de cuán drásticamente nuestras vidas habían cambiado y cuánto había cambiado yo desde que nos casamos.

Le mostré el libro, y mientras hacíamos la cena juntos, le conté sobre mi sesión. "El Dr. Summer cree que este libro me va a ayudar a entender lo que se supone que debo estar haciendo".

David miró el libro y preguntó: "¿Lo puedes leer?"

"Sí. Qué raro ¿verdad?"

"Sí, pero es genial. Tal vez significa que estás mejorando". Noté un tono de esperanza. Después de la cena, en lugar de ver la televisión, como solíamos hacer, tomé el libro otra vez y David también leyó. Él siempre tenía un montón de libros esperándolo.

A la edad de trece años, Ged, salvó a la isla de Gont del ataque de una isla vecina, la cual era parte del Imperio Kargad. Los aldeanos habían oído hablar de la destrucción que los Karg estaban causando en los pueblos de otras islas y se prepararon para una batalla inútil: unos cuantos pastores de cabras contra muchos guerreros. Cuando los Kargs se acercaron a la aldea de Ged, el, desesperado, creó un hechizo para rodear a los atacantes con una gran niebla y desorientarlos. Cuando Ged pronunció el hechizo, se formó la niebla y los atacantes no pudieron ver nada a su alrededor. Los aldeanos, que conocían bien el terreno, no se desorientaron con la niebla y pudieron derrotar a los Kargs.

Después de salvar la isla, Ged despertó el interés de un mago viejo y sabio, Ogion el Silencioso, quien le dijo al padre de Ged, que su hijo tenía el poder de un hechicero, pero necesitaba desesperadamente obtener conocimientos, ya que aquellos que tienen un gran poder, pero conocimientos limitados, son vulnerables a las tinieblas. Ofreció llevarse a Ged con él para enseñarle. El padre aceptó y Ged se fue con Ogion.

Mientras leía, *la obscuridad* rebotaba amenazadoramente en mi cabeza.

Ogion era un hombre paciente. Ged lo veneraba por todo lo que había oído acerca de sus habilidades para hablar con las montañas y apaciguar los terremotos. Pensó que Ogion le enseñaría hechizos, conjuros y formas de tener poder sobre los demás. Sin embargo, Ogion tenía un estilo diferente de enseñar. Dio muchos paseos con Ged y no hablaba mucho excepto para comentar sobre las flores y los paisajes. Ogion era tan modesto, tan realista, que Ged comenzó a desafiarlo con impaciencia.

Pensé en el Dr. Summer: *Tengo que aprender su forma de enseñarme. ¿Es eso lo que se supone que debo aprender? ¿Soy como Ged, vulnerable ante la obscuridad porque carezco de conocimientos?* No sabía lo que había en la obscuridad, pero sabía que algo tenebroso y oscuro estaba dentro de mí.

Esa noche, seguí leyendo y perdí la noción del tiempo. Me sobresalté cuando David dijo que pronto se iría a acostar y me preguntó si estaría despierta mucho más. *No quiero detenerme*, vino una voz desde adentro. Eran las 11:00 p.m. Le dije que leería un poco más y luego iría a la cama.

Seguí leyendo más sobre la vida de Ged con Ogion. Ged le preguntaba a Ogion cuándo iba a enseñarle hechicería. Ogion dijo que sus lecciones ya habían comenzado. Frustrado, Ged no podía ver lo que supuestamente estaría aprendiendo, al caminar en el bosque y estar en silencio.

Mis pensamientos fueron a mi relación con el Dr. Summer: *He perdido la paciencia. El Dr. Summer quiere que vayamos despacio y yo quiero ir de prisa. ¿Esto es parte de lo que él quiere que yo entienda?* Me di cuenta de que eran las 12:30 de la madrugada y que David se había ido a dormir. Había estado tan absorta en el libro que no lo oí darme las buenas noches. Me pregunté si estaba enojado conmigo y lo desperté sólo para preguntarle si lo estaba. Dijo que no y que simplemente no había querido interrumpirme. Me cambié y me acosté, pero me levanté temprano para ir abajo y leer más.

Ogion sabía que Ged estaba impaciente. Quería enseñarle que la hechicería es mejor usarla sólo en casos de gran necesidad. Pero Ged estaba inquieto y muy ansioso por aprender. A pesar de que Ged amaba a Ogion, cuando tuvo la opción de quedarse con él y aprender a su manera, o ir a una escuela de magos, Ged decidió irse.

Seguí pensando en mi propia impaciencia con el Dr. Summer. Creía que él podía ayudarme. Sólo que yo no sabía cómo.

En la escuela, Ged desarrolló la reputación de aprender con rapidez y pronto llegó a ser el mejor de su grupo, sólo superado por un estudiante mayor llamado Jasper. Un día, Ged, ansioso por demostrar su poder frente a los otros estudiantes y a Jasper, dijo en voz alta el conjuro para convocar a los muertos. Al hacerlo, inesperadamente levantó a una figura tenebrosa, sin rostro. Esta sombra de gran maldad atacó a Ged y casi lo mata.

Mis pensamientos divagaron. *¿Quiere el Dr. Summer que tome más en serio los recuerdos? ¿Es esto lo que él quiere que aprenda?*

Escuché a David arriba vistiéndose para salir a correr conmigo. En este momento, estaba a la mitad del libro y sin ganas, lo dejé y me puse la ropa para ir a correr. Corrimos nuestra ruta habitual y nos preparamos para ir al trabajo, pero durante todo ese tiempo me encontraba distraída con la historia y lo que significaba para mí. *¿Qué quiere el Dr. Summer que aprenda? ¿Que necesito ir despacio? ¿Que él es sabio como Ogion?* Estaba desesperada por encontrar las respuestas a estas preguntas. No se me ocurrió que mi búsqueda del significado del libro era apresurada y distante, al igual que mi enfoque en la terapia: apúrate y recuerda, reporta los recuerdos al Dr. Summer y aléjate de ellos. Sólo había aceptado superficialmente lo que estaba recordando y la forma en que sobreviví.

Después del trabajo, David y yo volvimos juntos a casa. Mientras él hablaba sobre su día, yo sólo lo escuchaba a medias, los pensamientos sobre el libro y lo que se suponía que debería aprender de él nadaban en mi cabeza. Esperé hasta que terminó antes de volver a hablar sobre el libro. Le di un resumen de la historia y mis ideas sobre lo que se suponía que debía aprender. Él pensó que mis ideas eran factibles.

"¿Quieres leer otra vez esta noche?", le pregunté con entusiasmo. "Quisiera terminar el libro esta noche. Tengo sesión con el Dr. Summer mañana y quiero discutirlo con él". David estuvo de acuerdo. En casa, fui directamente a cambiarme a una ropa más cómoda y David preparó la cena. Me instalé en el sofá y comencé a leer de nuevo.

El mago director de la escuela, intervino para salvar a Ged de la sombra del mal, la cual huyó de la isla, pero el gran mago dio su vida, porque la sombra era demasiado poderosa. La experiencia fue conmovedora para Ged, quien perdió un año de escuela mientras se recuperaba en el hospital. Cuando estuvo suficientemente sano para volver a la escuela, estudió con seriedad, pero con un enfoque solemne. Había perdido la mayor parte de su confianza, pero se quedó en la escuela por varios años más, estudiando, para eventualmente recibir su bastón de hechicero. Se esforzó mucho para no pensar en la sombra, aunque a menudo le venía a la mente.

Me vi en Ged antes de que levantara la sombra. Me di cuenta de que yo también pensaba que era alguien especial. Fui a la facultad de derecho, pasé el examen de la barra de abogados, trabajé en un gran bufete de abogados y luego en el Departamento de Justicia. Yo era joven para estar en una posición tan importante. A veces era displicente, condescendiente y arrogante. Me preguntaba si el Dr. Summer quería que yo fuera más humilde, o si yo no estaba respetando el proceso. Me pregunté si quizás los recuerdos habían estado a mi alcance durante años y simplemente no había querido enfrentarlos, como Ged que no quería pensar en la oscuridad tenebrosa.

Continué leyendo. Al graduarse de la escuela, a Ged se le asignó un puesto como hechicero en la isla de Pendor. Su tarea allí era ayudar a los residentes a resolver el problema que tenían con seis dragones que constantemente los amenazaban. Navegó a la isla donde vivían los dragones, donde derrotó fácilmente a los cinco dragones más jóvenes antes de enfrentar al mayor y más peligroso. Después de una larga batalla, lo sometió y le ordenó que se quedara en su propia isla y que nunca más volviera a la isla de Pendor. De ese día en adelante, el dragón dejó a los isleños en paz.

Nunca libre de la amenaza de la sombra que aún lo perseguía, Ged comenzó un viaje nómada, navegando de isla en isla y sin permanecer nunca por mucho tiempo en ninguna parte. De hecho, a veces, la sombra casi lo atrapaba o le ponía una trampa. Fue seducido por la sombra para involucrarse con hechiceros malvados que le prometían gran poder y riquezas. Cada vez que esto ocurría, apenas se escapaba.

Finalmente, en la desesperación y el agotamiento, navegó a casa con Ogion para buscar su consejo. Ged confesó su tonto error al levantar la poderosa sombra y le pidió consejo a Ogion para derrotarla. Mientras estaban sentados, dilucidando qué hacer, Ogion le sugirió a Ged que se diera la vuelta y enfrentara la sombra, en lugar de huir de ella.

Esto me pegó duro. Mis pensamientos se aceleraron. Me fue difícil concentrarme en cualquier pensamiento. Tuve problemas para recuperar el aliento. Cerré el libro por un momento y cerré los ojos. Hice un gran esfuerzo por enfocarme. *Enfrentarte a la sombra en vez de huir de ella, ¿es esto lo que el Dr. Summer quiere que haga? Pero estoy enfrentando la oscuridad en mi vida. Estoy recordando todo tipo de cosas horribles.* Le pregunté a David qué pensaba. "Eso podría ser lo que el Dr. Summer quiere que aprendas, ¿pero no estás haciendo eso ya?", preguntó.

"Eso creía", respondí.

"¿Terminaste el libro?"

"No, aún no".

"Pues, ¿por qué no sigues leyendo y ves si eso es?"

Me quedé sentada en silencio. Estaba asustada. Finalmente dije, "Ya no quiero enfrentarlo más".

David me sonrió con una sonrisa tranquilizadora. "Lo sé cariño. Pero tú puedes hacerlo". No me sentía muy capaz, más bien atemorizada. Me quedé sentada unos minutos más antes de volver a abrir el libro.

Ged hizo exactamente lo que Ogion le sugirió. Se dio la vuelta y comenzó a perseguir a la sombra. En un momento dado se acercó lo suficiente para agarrarla, pero abrió las manos y no encontró nada. Ged no podía entender la naturaleza de la sombra, de qué estaba hecha y por qué lo acosaba. Pero continuó, recorriendo vastas distancias, pasando por muchas islas, persiguiendo a la sombra.

Finalmente, en la orilla del mar, donde el agua se convierte en arena, Ged alcanzó a la sombra y esta se volteó hacia él.

La sombra primero tomó la forma de su padre, luego la de un enemigo y finalmente el mismo Ged. Se dio cuenta de que la sombra era su propio lado oscuro, no algo separado de él. Él supo qué hacer. La abrazó y la sombra entró en él, y en ese momento se sintió completo.

"La luz y la oscuridad se encontraron, y se unieron, y fueron uno".

Mis pensamientos se acomodaron y la imagen de Ged abrazando la sombra me impactó. Una y otra vez, pensé, *Él la acogió*. Cerré el libro y comencé a llorar. David me abrazó.

...

Vi al Dr. Summer al día siguiente. "Leí el libro", dije casi inmediatamente después de sentarme en la silla más pequeña.

"Ah", dijo el Dr. Summer. "¿Qué piensas?"

"Es una buena historia. Puedo ver las similitudes con mi vida".

"¿De qué manera?", preguntó.

"Pues, puedo ver cómo es que tengo una sombra que se manifiesta en mis pesadillas y pensamientos. Puedo ver cómo he estado huyendo de ellos toda mi vida, cómo todas las actividades, todos los trabajos y la educación me han ayudado a evitar las pesadillas y los pensamientos que he estado teniendo durante años".

El Dr. Summer escuchó en silencio, y finalmente dijo, "¿Hay alguna otra cosa que veas en esta historia?"

"Puedo ver que soy como Ged. He pasado gran parte de mi vida tratando de obtener respeto y poder. Creo que por eso fui a la escuela de leyes. Creo que es por eso que me gusta la posición en la que estoy ahora. Demuestra que soy buena en lo que hago, que soy inteligente y que merezco respeto. También puedo ver que no he tratado bien a la gente por mi sensación de orgullo o de poder".

Le di un par de ejemplos más, pero sentí una presión interna de hablar sobre el asunto más importante que el libro había planteado. Podía darme cuenta que él también estaba esperando que yo lo planteara. Me senté en silencio por un rato, mis pensamientos se aceleraron.

"Me doy cuenta ¿sabes?"

"¿De qué te das cuenta?", preguntó el Dr. Summer con una pequeña sonrisa.

"Me doy cuenta de lo que tengo que hacer aquí. Tengo que hacer lo que hizo Ged. Debo aceptar el lado oscuro de mi vida".

El Dr. Summer me miró por un minuto y sonrió de nuevo. "Sí", dijo en voz baja.

Empecé a llorar suavemente, y luego más fuerte. Estoy segura de que el Dr. Summer apenas pudo entender lo que le estaba diciendo a través del llanto: "No quiero, Dr. Summer. No sé cómo. Temo que me matará".

"Ged creía eso también", me recordó el Dr. Summer.

"¿Qué pasa si no soy lo suficientemente fuerte?"

Sentado en silencio, el Dr. Summer, fue testigo de mi miedo y mi dolor. De repente, mis pensamientos fueron claros y certeros: *Esta es mi vida. Los pensamientos que le he estado contando me sucedieron a mí. Todos los recuerdos son parte de mí.* Seguí llorando.

El Dr. Summer dijo, "Si no fueras lo suficientemente fuerte, no estarías aquí. No te habrías dado cuenta de lo que tienes que hacer. Todavía estarías huyendo de la sombra, de la oscuridad".

Después, conduje a casa con una profunda premonición. Finalmente, entendí lo que necesitaba hacer en la terapia y estaba aterrorizada. Rebasada por el miedo a lo que estaba dentro de mí, la ofuscación tan conocida llenó mi cabeza. Me sentí tranquila, luego entumecida de nuevo.

10

En mi siguiente sesión, resignada, me dejé caer en la silla y otra vez confesé: "No quiero hacer esto". *Un hechicero de Terramar* me había ayudado a entender en qué se suponía debía estar trabajando, pero aún no quería apropiarme de los recuerdos. "Si todo esto me sucedió ¿cómo es que puedo funcionar hoy en día?", supliqué, deseando que el Dr. Summer me dijera que se había equivocado, que todos esos pensamientos no me pertenecían.

El Dr. Summer me recordó suavemente, "Cuando te atacaron, tu mente se fue muy lejos para que pudieras sobrevivir. Algunas personas describen esto como una experiencia fuera del cuerpo. Tu mente te protegió de forma creativa e instintiva disociándote de la violencia y el terror. Cuando hablas de los pensamientos en tu cabeza, tu expresión es totalmente plana, como si estuvieras hablando de otra persona. ¿Tú no lo sientes así?"

"Sí. Nunca siento que estoy hablando de mí. No siento que me haya pasado a mí".

Estaba al borde del barranco y no confiaba en que sobreviviría una caída a la oscuridad de mi pasado. Pero la imagen de Ged acogiendo su sombra era poderosa, y permaneció conmigo. Por un breve instante pensé en lo que estaba recordando. Traté de no disociarme. Dije con resignación: "Soy yo. Tenía tres años", y comencé a llorar suavemente. Por primera vez, me conecté con los pensamientos acerca de la niña violada de tres años. Pude sentir que era yo.

El Dr. Summer, me había explicado repetidamente cómo, cuando era niña, me había separado en partes para sobrevivir al abuso que estaba recordando en imágenes y pensamientos segmentados. Me costó trabajo comprender lo que esto significaba. Una y otra vez, pensé, *Necesité separarme en partes, en mi cabeza*, pero no lograba encontrarle sentido a esto. Eran sólo palabras que no se fusionaban en algo significativo. Un pensamiento surgió. Lo perseguí y pude aferrarme a él lo suficiente para reflexionar al respecto: *No podía conocer esto, o algo malo hubiera sucedido.*

Mientras continuaba enfocándome silenciosamente en los pensamientos de haber sido lastimada cuando tenía tres años, comencé a sentirme aturdida y mareada. Tenía miedo, pero seguí escuchando los pensamientos. Ahora, mis pensamientos eran en español. *Soy 'Tres'*, surgió un pensamiento. *Viví en la casa de la calle 12 con mami y papi. Me llamo Olguita. Papi me hizo daño.* La escena de la primera violación que recuerdo, repentinamente salió a la superficie, seguida de cerca por terror y dolor. El Dr. Summer me observó de cerca desde su silla. "¿Qué está pasando?"

"Veo que es papi, haciéndome daño". Mi respiración se hizo más superficial y difícil. El dolor en la parte inferior del abdomen y la espalda se hizo de repente más fuerte. "¡Dr. Summer, ahí viene el pánico! ¡Ayúdeme!"

Tranquilo y al mando, el Dr. Summer dijo: "Respira despacio, Olga". Me quedé con la mirada fija, escuchando su voz. 'Tres', quien había sido entrenada para hacer lo que le dijeran, siguió sus instrucciones. "Respiraciones lentas y profundas. Ahora otra vez, otra respiración profunda. Estás a salvo. Es 1994 y nadie va a lastimarte. Vives con David, quien te quiere mucho. Trabajas en el Departamento de Justicia y valoran tu trabajo. Ahora eres grande y estás a salvo".

Me aferré a sus palabras como si fueran un salvavidas y yo me estuviera ahogando. Lentamente, tomé una respiración profunda tras otra. El dolor en mi abdomen disminuyó. Cuanto más hablaba el Dr. Summer, más me calmaba. Después de unos veinte minutos de esta instrucción, pude traerme de vuelta al momento presente, en su oficina.

El Dr. Summer suavemente me dijo que nuestra sesión se había pasado de tiempo unos quince minutos y me recordó que alguien más estaba esperando para reunirse con él. Todavía tenía dolor, estaba agotada, temblando y muy vulnerable. Me sentía desorientada debido a la parte de tres años que acababa de salir a la luz y estaba luchando por recuperar el control sobre mi mente y mi cuerpo. El Dr. Summer me explicó que, cuando surgieron el dolor y el pánico, tuvimos que quedarnos con eso y luego ayudarme a encontrar algo de alivio, pero en el proceso nos habíamos pasado del tiempo acostumbrado. Quizá percibiendo que no le estaba entendiendo y que aún no estaba lista para volver al trabajo, él propuso una solución: "Voy a llevarte a una parte de la oficina donde no hay muchas gente. Quiero que esperes allí y te iré a ver entre un paciente y otro. Tengo tiempo libre en unas horas. Entonces podemos terminar nuestro trabajo. ¿Te parece bien?"

En silencio, me aferré a cada palabra. Me enfoqué en el Dr. Summer y me esforcé para encontrarle sentido a todo. Me sentía como recuerdo haberme sentido la primera vez después de haber sido violada, como si estuviera escondida debajo de la cama rezando, con la cabeza llena de algodón. El Ave María en español pasó por mis pensamientos una y otra vez, y me pregunté por qué estaba pensando en español. Me sentía toda golpeada y aun sentía el dolor que me recordaba la violación. Estaba exhausta por todo lo que estaba pasando y sólo quería acostarme y cerrar los ojos. El Dr. Summer me miró con una mirada tranquilizadora que me hizo pensar que entendía mi lucha. Mientras me acompañaba al área de espera apartada, le dije: "Siento dolor".

"Esa es la parte de ti a la que papi lastimó. Ella quiere que sepas cómo te lastimó", dijo muy suavemente. Me recordó que volvería entre sesiones a ver cómo me encontraba y que podríamos vernos más tarde ese mismo día. Me llevó a una silla en un rincón de la habitación, un lugar donde tendría una pared detrás de mí y otra al lado. Con lágrimas en los ojos le di las gracias y pensé: *Él sabe mucho sobre mí. A él le importo. Él nos va a ayudar.*

Después de un ratito, pude recuperarme lo suficiente para encontrar un baño al fondo del pasillo. En el espejo, mis ojos se veían rojos e hinchados por haber llorado. Eso era de esperarse. Pero me sorprendí al ver que parecía mayor de lo que debería ser. No esperaba estar vestida para ir al trabajo. Bajé la mirada a mis zapatos y mis pies y no se veían como los míos. Alarmada, me salpiqué la cara con agua fría y volví a mirar. El reflejo no mostraba quién yo creía que era. Mientras me lavaba las manos, tampoco se parecían a las mías. Se veían muy grandes. Tenía anillos puestos. Todo era muy impresionante y confuso. Sentí un poco de pánico y no quería pensar demasiado en eso. Desorientada, choqué con el marco de la puerta al salir del baño y pensé, *¿por qué es tan pequeña esta puerta? ¿Por qué ocupo tanto espacio en esta sala? ¿De quién son esas manos? ¿De quién eran los ojos y la cara que vi?* Mis pensamientos comenzaron a acelerarse y comencé a tener problemas para recuperar el aliento. Luego sentí la falta de claridad en mi cabeza, seguida de calma y finalmente entumecimiento.

Le pregunté a la recepcionista si podía usar un teléfono en privado y llamé a mi oficina. Todavía no me sentía capaz de pensar con claridad y estoy segura de que mi voz sonaba inexpresiva. Les avisé que no iría a la oficina ese día. Las personas con las que trabajaba sabían algo de lo que me estaba pasando porque había pedido un convenio bajo la Ley de Estadounidenses con Discapacidades para poder ausentarme durante el día e ir a terapia. Aunque mi jefe y compañeros de trabajo sabían que lidiaba con ataques de pánico debido al abuso que había sufrido de niña y que estaba viendo a un psiquiatra para recibir ayuda, siempre estaba tan en control de mí misma cuando estaba con ellos y ha de haber sido difícil para ellos entender lo que estaba pasando.

Llamé a David y le hice saber que aún estaba en la oficina del Dr. Summer. Le expliqué lo que podía recordar y cómo estaba empezando a conectarme con los recuerdos y me preguntó cómo estaba. Sentí un nudo en la garganta y los ojos se me empezaron a llenar de lágrimas otra vez. Aunque me hacía sentir demasiado vulnerable, necesitaba decirle a David lo que estaba sucediendo. Necesitaba no sentirme sola. Finalmente, contesté en voz baja, "Tuve una sesión realmente muy difícil. Entré en pánico y siento que los recuerdos están muy cerca de la superficie. No me siento como si fuera yo y tengo miedo". Oculté el rostro mientras las lágrimas se derramaban. David me preguntó si quería que viniera a recogerme. "No, gracias. Estoy esperando tener otra sesión con el Dr. Summer. Probablemente estaré bien para conducir a casa más tarde".

"Aparte de eso, ¿estás bien?" Esta era la manera en que David preguntaba si me sentía suicida. Le preocupaban mis pensamientos y planes suicidas y quería poder preguntarme al respecto, pero no podía usar la palabra "suicida" sin asustarse y llorar. Habíamos acordado que usaría las palabras "aparte de eso" como una especie de código.

"Estoy bien. Ningún pensamiento ni nada. Estoy tan agobiada con este recuerdo que siento que no hay espacio para eso en mi cabeza en este momento".

Suspiró aliviado. Me sentí triste por abrumarlo con tanta preocupación. Cuando nos despedimos, me dijo, "Llámame si necesitas que vaya por ti".

"Lo haré. Te prometo no subirme al auto si me siento de esa manera. Me quedo aquí y te llamo si surgen esos sentimientos". David y yo habíamos hablado mucho sobre lo que haría si me sintiera suicida. Prometí no tomar ninguna acción relacionada con ese sentimiento y en su lugar lo llamaría a él o al Dr. Summer. Si ninguno de ellos estuviera disponible, procedería a llamar a una lista de amigos que siempre llevaba conmigo. David y yo habíamos hablado con estos amigos, pedido su apoyo y explicado que si los llamaba les diría dónde estaba y qué estaba sintiendo o planeando. Les dijimos que sólo tenían que decirme que yo era importante para ellos. Me podían recordar qué año era y recordarme la promesa que les había hecho a David y al Dr. Summer de que no tomaría ninguna acción de ningún plan para suicidarme. Con todo eso claramente explicado, varios amigos aceptaron estar en mi lista, y sí llegué a llamar a algunos de ellos. Cada vez que lo hice, me ayudaron a sobrepasar esos sentimientos tan destructivos.

Regresé a mi rincón a esperar. El Dr. Summer hizo exactamente lo que dijo que haría. Aparecía entre sus sesiones para ver cómo estaba y cada vez que lo veía, estaba más en control dentro de mí. 'Tres' aún estaba allí, pero estaba retrocediendo. Mientras tanto, me aferré a las palabras del Dr. Summer: *Estamos en 1994. Estoy a salvo. El Dr. Summer vendrá a verme entre sesiones y nos volveremos a reunir dentro de unas horas.* Sentí cómo confiaba en él cada vez más.

Alrededor de las 3:00 p.m., el Dr. Summer vino por mí. Todavía me sentía entumecida y ofuscada, pero mucho mejor que un poco antes. Me sentí aún más tranquila y segura cuando entré a su oficina. Desplomada en la silla, me sentí pequeña, como si el tamaño adulto de la silla no me quedara bien. Parecía que yo no ocupaba tanto espacio como antes.

"Hiciste un muy buen trabajo hoy, muy difícil. ¿Cómo te sientes?" preguntó.

"Estoy exhausta", dije muy suavemente. "Me siento como si me hubiera atropellado un camión. Todo me duele".

"Eso se debe a la adrenalina en tu cuerpo cuando entraste en pánico. Ahora ya debe estar saliendo de tu cuerpo". Estuvimos en silencio por un minuto antes de que me preguntara, "¿Sabes lo que pasó antes del pánico y el dolor?" Pensé por un momento y sentí que mi cabeza se llenaba de algodón. No podía enfocar la mirada. El Dr. Summer me detuvo de inmediato. "¿Cómo te sientes ahora? ¿Qué pensamientos tienes?"

Me tardé unos minutos en responder. "Mis pensamientos están en español. Me toma un poco de tiempo traducirlos al inglés".

El Dr. Summer asintió. "Eso tiene sentido". Luego hubo silencio. No quería saber por qué tenía sentido para él. "¿Qué más estás sintiendo?"

"Me siento distante. Realmente no siento mucho de nada".

"Quiero que pongas atención a esta sensación. Te estás disociando".

"Está bien. Puedo ponerle atención, pero me siento así muy a menudo".

"Entiendo, pero recuerda que quieres intentar dejar de usar la disociación como una forma de evitar tus sentimientos. Me has dicho que quieres sentir, a pesar de lo doloroso que puede ser a veces. Con los sentimientos malos también vienen sentimientos buenos. Ahí es donde queremos ir: donde puedas sentir alegría pura y felicidad profunda".

"Está bien".

"Así es que, por ahora, quiero que te des cuenta cuando te sientas de esta manera. Luego trataremos de descubrir qué sucedió justo antes de que eso te llevara a disociarte. Luego discutiremos estrategias para cambiar esas cosas, de modo que no necesites disociarte".

"De acuerdo", le dije, pero era demasiado para mí, y ni siquiera recordaba que ya habíamos discutido este plan. Estaba agotada, pero había una cosa más que necesitaba decir: "Hoy, tuve una experiencia extraña en el baño. La imagen que vi en el espejo no era la mía. Me sentí más alta de lo que debería ser y mis manos no parecían pertenecerme". El miedo comenzó a surgir.

El Dr. Summer se inclinó hacia adelante en su silla y dijo con firmeza: "Eso tiene sentido para mí. No hay nada que temer".

"¿Tiene sentido para ti?", le pregunté. Me consoló saber que él entendía. Si tenía sentido para él, yo no estaba sola.

"Sí".

Ambos estuvimos en silencio por un momento. "¿No tengo por qué tener miedo?", le pregunté, buscando una confirmación tranquilizadora.

"Correcto". El silencio colgaba sobre nosotros otra vez, entonces el Dr. Summer dijo, "Entonces hablemos de esta mañana. ¿Cómo te sentías antes de que entraras en pánico?"

"Comenzó cuando pude ver que era yo quien estaba siendo violada por papi. Luego sentí pavor". Mientras le decía, sentí como me iba calmando y distanciando cada vez más.

"¿Te das cuenta que te estás disociando en este momento?"

"Sí. Pero es muy difícil ir allí, Dr. Summer. Me duele y me da mucho miedo".

"Vamos a tratar de contener este recuerdo hasta nuestra próxima sesión. Te pediré que respires profundamente y cierres los ojos si te sientes lo suficientemente segura. Luego usaré hipnosis para crear un contenedor en tu mente donde este recuerdo y cualquier sentimiento, emoción y pensamiento relacionado pueda permanecer hasta nuestra próxima sesión. ¿Cómo te suena eso?"

Sin comprender en su totalidad el significado completo de lo que estaba diciendo, acepté porque confiaba en él. Quería que el dolor desapareciera. Y más que nada, quería ser feliz.

Tomé una respiración profunda y seguí las instrucciones del Dr. Summer mientras decía, "Cierra los ojos. Ve cada vez más profundo. Los sentimientos, emociones y pensamientos de este incidente se juntarán. Di sí cuando todo se haya juntado".

Pude sentir y ver en mi cabeza escenas cortas de la violación y los pensamientos y emociones relacionados como si fueran a colores. Una vez que pude sentirlos a todos en el centro de mi mente, dije en voz baja: "Sí".

"Muy bien. Ahora imaginemos un contenedor: un contenedor grande y redondo. Hagamos que sea lo suficientemente grande para que quepan todos los recuerdos, imágenes, sentimientos y emociones. ¿Lo puedes ver?"

"Sí". Me imaginé un gran bote de basura industrial amarillo en mi cabeza. Tenía un símbolo de peligro en el costado. Había cadenas a su alrededor, con candados para cerrarla herméticamente.

"Entonces, vamos a abrirlo y a colocar los recuerdos, imágenes, sentimientos y emociones adentro. Avísame cuando termines diciendo sí".

Me imaginé a Olguita de tres años de edad metiendo bolsas de basura de plástico negro en el contenedor. Una vez que todos estuvieron dentro, dije en voz baja: "Sí".

"Bien, ahora que todos los recuerdos, imágenes, sentimientos y emociones están dentro, pon la tapa y cierra con llave el contenedor. Cuando termines, di sí".

Vi a Olguita cerrar la tapa, saltándole encima para asegurarse de que estuviera cerrada y luego poniendo candados a las cadenas. "Sí".

"Eso está muy bien. Estos recuerdos, imágenes, sentimientos y emociones permanecerán dentro de este contenedor hasta cinco minutos después de que comencemos nuestra próxima sesión en persona. Cuando cuente de tres a uno y diga la palabra 'abre', para que vuelvas, te despertarás y estarás en tu estado normal de vigilia. Tres, dos, uno, *abre*".

Abrí los ojos y me sentí mejor, exhausta pero aliviada de haberme deshecho de una carga. Había sentido la presión de contar lo que me pasaba y el peso de las emociones durante semanas. Ahora que había contado lo que había sucedido, la carga se aligeró un poco. Después de unos minutos me reincorporé y le dije al Dr. Summer que estaba lista para irme. Él me observó muy de cerca y aceptó. Le di las gracias y nos despedimos dándonos la mano. Recuerdo su cálido apretón. Con una sonrisa comprensiva, dijo: "Cuídate bien hoy".

En casa, me cambié a una ropa más cómoda y me acosté en el sofá para ver la televisión. Mientras los programas no fueran extraños ni violentos, la televisión me ayudaba a calmar la mente, evitar las preocupaciones que tenía sobre el trabajo y David, y, en este caso, dejar de pensar en mis sesiones de ese día. Más tarde, cuando David llegó a casa, hizo de cenar y se sentó conmigo mientras le contaba lo que recordaba de las sesiones. Escuchó atentamente e hizo preguntas. Le expliqué lo que pude.

David y yo cenamos en el sofá. Luego él lavó los platos y yo me instalé en el sofá para pasar la noche. Hacía meses que no dormía en nuestra habitación con regularidad. No tenía nada que ver con nuestra habitación o David. Desde que comencé la terapia, cuando estaba en una cama veía imágenes de todas las formas en que me lastimaron en mis habitaciones mientras crecía. Las imágenes entraban a mi mente y me abrumaban, despertándome con pánico. Así que dormía en el sofá y David, quien no quería dejarme sola, dormía en el piso de la sala. Si me despertaba un recuerdo, él siempre estaba allí para calmar mi dolor y pánico y recordarme que era 1994. No recuerdo cuánto tiempo dormimos así en la sala, pero debe haber sido por lo menos seis meses.

...

A medida que pasaban las semanas, aprendí a identificar cuando me disociaba. Sabía que los pensamientos que había estado teniendo eran sobre mí, pero el pánico aún surgía cada vez que permitía que mi mente realmente sintiera que era a mí a quien atacaban. Y todavía no sabía mucho sobre el complejo mecanismo de supervivencia que me había ayudado a sobrevivir mi infancia. Era como si mi mente consciente aun no estuviera lo suficientemente fuerte como para entender por completo que yo estaba dividida en partes. Lo sabía superficialmente, pero no lo sentía en su totalidad. Simplemente entendía con claridad que teníamos que avanzar despacio. El Dr. Summer y yo teníamos un lema: "Despacio está bien".

Algunas de las partes dentro de mí estaban listas para salir y contar lo que había sucedido, pero otras ni siquiera querían que yo supiera que existían. Aprendí que cuando las partes estaban en conflicto entre ellas o no les gustaba lo que yo estaba haciendo, sentía dolor y pánico. El Dr. Summer me animó a prestar atención a las partes y abordar los problemas que planteaban, pero también a desafiarlas y seguir realizando tantas de mis actividades normales como pudiera.

Intelectualmente entendía estas cosas, de la misma manera en que entiendo que el mundo es redondo o que la gravedad es una fuerza universal. Pero me llevó mucho tiempo realmente entender lo que el Dr. Summer me había dicho tantas veces: "Para sobrevivir una infancia violenta, creaste aspectos de tu conciencia que mantenían la información sobre la violencia lejos de ti. Es por eso que lo recuerdas como si le hubiera pasado a otra persona. Tienes muchas formas de ser tú".

Con frecuencia respondía preguntando cómo podía haber hecho todo eso sin saberlo, a lo que él respondía: "Tu mente te protegió. Para hacer esto, tenías que ser creativa e inteligente. Eres increíblemente resistente". El Dr. Summer era maravilloso para replantear las cosas. Él me explicó mi mente durante mucho tiempo, sin usar ningún término de diagnóstico. Entonces, en lugar de verme a mí misma como loca o defectuosa, podía considerarme como fuerte e inteligente. Mi extraordinario sistema de partes me había ayudado a desarrollarme como persona, a tener amistades y a destacarme en la escuela y en los deportes.

Durante este tiempo, finalmente supe cuál era mi diagnóstico. El Dr. Summer me dijo: "Debido a la violencia que tuviste que aguantar y al trauma que sufriste, desarrollaste lo que se conoce como trastorno de identidad disociativo o TID, antes conocido como trastorno de personalidad múltiple. El TID comprende una gama de trastornos que incluyen la disociación y la creación interna de partes para protegerte de un trauma severo. En tu caso, fuiste capaz de mantener un 'yo' central que siempre está presente en algún nivel. Este yo central puede estar consciente de tus otras partes. Tus partes también pueden conocerse e interactuar entre sí. Esto se llama co-consciencia". Me mostró la definición del diagnóstico en la cuarta edición del *Manual diagnóstico y estadístico de trastornos mentales* (conocido como el *DSM-IV*), publicado por la Asociación Estadounidense de Psiquiatría.

El diagnóstico no debería haberme sorprendido, ya que habíamos estado hablando de mis síntomas durante tanto tiempo. Pero es más fácil pensar que simplemente tienes un montón de partes adentro. Todos dicen cosas como, "Una parte de mí quiere ir al cine, pero otra parte quiere quedarse en casa". Usar el término "parte" me hacía sentir normal. Sabía que en mi caso era un poco diferente ya que mis partes eran aspectos bastante separados de mí. Sabía que mi conciencia no estaba completa y sabía que era poco común tener algunos pensamientos en español. Sabía que la mayoría de las personas no experimentaban terror ni luchaban por recuperar el aliento cuando se encontraban en situaciones inofensivas. Pero no habíamos estado llamando a esto TID, por lo que había podido evitar aceptar por completo las implicaciones de tener estas partes especiales.

Me sorprendió y aterrorizó escuchar al Dr. Summer decir que tenía lo que antes se conocía como trastorno de personalidad múltiple. *¿Es como lo que tenía Sybil? ¿Soy como la mujer en* Las tres caras de Eva? La cabeza me comenzó a dar vueltas. *¿Qué tengo dentro de mí? ¿Hay una persona loca allí? ¿Qué soy?* Me sentí como un engendro. Tuve miedo de que alguien se enterara. Tengo una enfermedad mental. *La gente se burla de personas como yo.* Al escuchar mi diagnóstico, dejé de considerarme inteligente, creativa o ingeniosa. A pesar de que el Dr. Summer había trabajado mucho para ayudarme a entender que había desarrollado una técnica de supervivencia increíblemente adaptativa, de ninguna manera la seguía considerando como tal.

Me sentí abrumada por el miedo y la vergüenza. Las palabras *trastorno de personalidad múltiple* resonaron en mi mente. Pensé en todas las formas en que las personas con personalidades múltiples eran ridiculizadas y marginadas: *Están encerradas en hospitales psiquiátricos. Ellos están realmente enfermos. Yo no voy a ser el motivo de las bromas de la gente. Soy abogada. Trabajo en el Departamento de Justicia de los EE. UU. Mientras* más pensaba en ello, más profunda era mi desesperación. *¿Qué haría mi jefa si lo supiera? Podrían quitarme mi autorización de seguridad. Podría perderlo todo.* Mis jefes podrían tener acceso a mi expediente del seguro médico. Tendría que ponerlos al tanto en algún momento para mantener mi convenio, según la Ley de Estadounidenses con Discapacidades. Se iban a enterar eventualmente de una u otra forma. *¿Qué harán? La gente en* *el trabajo me quiere y me respeta. Soy muy joven para estar en el puesto que estoy. Soy un éxito. ¿Cómo me tratarán ahora?*

Me preguntaba si mis amigos dejarían de hablarme ahora que estaba oficialmente "loca". *¿Y si piensan que voy a lastimar a sus hijos?* Ese fue un pensamiento devastador. Luego me cayó de golpe un temor aún mayor y es extraño cuánto tiempo tardó en salir a la superficie: *¿Qué hará David? ¿Le daré miedo? ¿Me dejará? No puedo hacer esto sin David.* Estaba aterrada, tenía miedo de perder todo lo que había construido para mí con tanto trabajo, todo lo que me mantenía a salvo y segura. *Esta no puede ser mi vida. Simplemente no puede ser mi vida* pasaba por mi cabeza una y otra vez.

11

Aunque el Dr. Summer me dijo que estaba haciendo un progreso significativo, parecía que todo se estaba volviendo más difícil. En la oficina, traté de evitar los pensamientos y las imágenes extrañas en mi cabeza enfocándome en el trabajo. Pero en casa las cosas eran diferentes. Un día, a la media hora de llegar a casa, Olguita, de tres años, se acercó a la superficie y me mostró con detalles gráficos cómo papi violó a mi mamá y luego a mí. Estaba en la cocina preparando la cena con David, uno de los pocos días en que tenía suficiente energía para cocinar.

David me preguntó si algo andaba mal, pero decirlo en voz alta lo habría hecho real, así es que dejé de cocinar y me quedé mirando fijamente al vacío. Me sentí trabada en el recuerdo de las violaciones de papi. David trató de ayudar recordándome qué año era y haciéndome saber que ahora estaba a salvo. Apenas podía escucharlo. 'Tres' no quiso escuchar a David y dijo: *No estoy segura de confiar en él. Si él quisiera, podría lastimarme*. No queriendo afligir a David más de lo necesario, no compartí esos pensamientos. 'Tres' me mostró que papi también me violó en mi habitación. Ignoré el hecho de que estaba recordando esto en español e intenté alejar los pensamientos porque sólo quería, por una vez, hacer la cena con David. Pero como lo había estado aprendiendo, ignorar a una parte nunca resultaba ser una buena estrategia.

Preocupado, David preguntó: "¿Qué está pasando adentro?"

Lo miré y comencé a llorar. "Creo que estoy reviviendo algunos momentos". Para entonces, ya había encontrado el valor para contarle sobre el diagnóstico de TID y mostrarle lo que decía en el *DSM-IV*. David no estaba sorprendido. Me tranquilicé mucho y pensé, *Él sabe y no me tiene miedo.*

Esa noche, en la cocina, me preguntó: "¿Puedo ayudar?"

Le dije: "No, no lo creo". Trataré de contener los recuerdos hasta la próxima sesión con Dr. Summer. Me senté en el escalón más bajo de la escalera, justo enfrente de la cocina. Cerré los ojos, imaginé los contenedores e intenté que 'Tres' entrara al contenedor. No funcionó. Bajo hipnosis, habíamos acordado que sólo se permitiría un recuerdo a la vez y no antes del inicio de nuestra siguiente sesión. Pero mis pensamientos rebeldes habían estado surgiendo últimamente. Simplemente había demasiada información y no había suficiente tiempo con el Dr. Summer para sacarla toda. Eventualmente, tuvimos que hacer que el primer contenedor se guardara dentro de otro contenedor más grande, luego otro y otro, como las muñecas rusas.

Mientras más lo intentaba, más se enfurecía 'Tres' protestando, *¡No me ignores! ¡Tienes que saber esto!* En mi mente vi a mi padre patearme en el estómago cuando me escondí debajo de mi cama y sentí el dolor de sus golpes. Llorando, silenciosamente le pedí a 'Tres' que dejara de mostrarme esto. *¡No quiero saber esto ahora! Acordamos que no sucedería fuera de la oficina del Dr. Summer. Olguita, por favor espera hasta que lo veamos de nuevo.* Ella respondió: *¡No! Necesitamos saber esto ahora*, y sentí un dolor agudo y constante y presión en el pecho. Tuve que respirar cada vez más fuerte para obtener algo de aire.

Estaba tratando de no utilizar la disociación para escapar de la realidad y trabajé especialmente duro para no disociarme en público porque me dejaba muy vulnerable. Pero a veces era una herramienta efectiva, y estaba renuente de dejarla ir por completo. Cuando estaba en casa y sentía pánico, me ayudaba a escapar del dolor severo provocado por los recuerdos del abuso.

Traté de sentirme entumecida para aliviar el dolor y volví al rincón con mis rodillas contra el pecho. Pero el dolor empeoró. Respirar me era aún más difícil. Me acosté de lado en posición fetal con la espalda contra la pared de una manera que me era conocida y acepté las exigencias de 'Tres'. Recordé vívidamente que mi padre me sacaba de debajo de la cama y me golpeaba por esconderme de él. Vi todo en mi cabeza y sentí la mayor parte en mi cuerpo. Luego elegí llenarme la cabeza de algodón para poder adormecerme un poco, lo suficiente como para adormecer un poco el dolor y nublar la escena de la violación. Respiré profundamente.

David me miró consternado. Con voz que sonaba impotente, preguntó: "¿Quieres que llame al doctor Summer?" Apenas podía oírlo. Había cedido ante 'Tres' y, sin poder hacer nada, estaba viendo a papi violarme. David descolgó el teléfono y marcó el número que ya se sabía de memoria. Se sentó en la puerta conmigo mientras esperábamos que el doctor Summer me devolviera la llamada. 'Tres' conocía a David, pero estábamos demasiado atemorizadas para dejarlo sentarse cerca de nosotras. El Dr. Summer devolvió la llamada antes de que hubiera pasado una hora.

Tan pronto como escuché su voz, comencé a sollozar. Le conté sobre el dolor y el pánico. El Dr. Summer me tranquilizó y preguntó: "¿Hay alguien adentro que quiera hablar conmigo?" El Dr. Summer nunca hablaba directamente con las partes sin preguntarme a mí primero. Si una parte salía y comenzaba a hablar con él, él respondía. Pero nunca hurgó dentro de mí para tratar de identificar o hablar con una parte que sospechaba estaba allí. Eso se hubiera sentido como una violación. Me agradaba que yo y las partes internas tuviéramos el control de con quienes hablaba el Dr. Summer.

"Sí", dije en una voz muy joven.

"¿Con quién estoy hablando?", preguntó el Dr. Summer con cuidado.

"Olguita, soy 'Tres'". Sentí dolor en mi cuerpo que me recordó lo que papi me hizo. "Dr. Summer, siento dolor".

"¿Por qué le estás causando dolor al cuerpo?"

"Porque ella necesita saber lo que él le hizo".

"¿Quién?"

"Papi".

"Ella sabe lo que papi le hizo. Ya nos hemos conocido en mi oficina. ¿Me recuerdas?"

"Sí, pero no sabes todo lo que él nos hizo a mí y a mami. Ella no quiere saber y estoy cansada de aguantarlo todo yo sola".

"¿Por eso es que le estás causando dolor a Olga?"

"Sí. Ella necesita saber lo que se sentía, lo terrible que era él".

"¿Por qué necesita saber sobre el dolor?"

"Es la única forma de llamar su atención". Sé de muchas violaciones de papi de las cuales ella no quiere saber. Podría pasar de nuevo".

"¿Cómo podría volver a suceder?"

"David podría hacerlo".

El Dr. Summer hizo una pausa y luego preguntó: "¿Haría eso David?"

Miré a David y sentí que 'Tres' era quien lo miraba. Él se veía triste. Me entristeció verlo así. 'Tres' dijo: "No. Él cuida de nosotras".

"De acuerdo, querías que le dijera a Olga que papi te violaba a ti y a tu madre mucho y que dolía. Ahora ambos lo sabemos, ¿verdad, Olga?"

"Sí, así es", dije cansada.

"Olguita, se supone que debes esperar hasta que tengamos una sesión para salir. ¿Por qué estás saliendo ahora?"

"Porque hay mucho por conocer y hay muchas de nosotras adentro y ya no podemos esperar más. Tenemos que asegurarnos que ella se mantenga a salvo".

"Olga se mantiene a salvo. ¿Puedes volver a tu contenedor hasta nuestra próxima sesión en persona el viernes?"

"Sí. Si prometes dejarnos hablar la próxima vez".

"Si Olga quiere que hables en nuestra próxima sesión, entonces puedes. Olga, dejarás que 'Tres' tenga tiempo en nuestra próxima sesión, ¿verdad?"

"Sí", dije resignada. Sabía que no podía ignorar a 'Tres'. Yo estaba exhausta. Lloré ante la idea de que papi me violara en mi habitación. Sentado allí, en el piso del pasillo, los ojos de David se llenaron de lágrimas. Antes de que todo esto sucediera, estábamos teniendo una de las noches más agradables en mucho tiempo.

"Olga", dijo el Dr. Summer, "¿ya te sientes mejor?"

"Sí".

"Creo que deberíamos agregar otra sesión a nuestra semana. Claramente, hay demasiada presión dentro de ti, y tres veces por semana no está siendo suficiente para calmarla. Creo que, si las partes saben que cuentan con más tiempo, es posible que puedan esperar hasta que tengamos nuestras sesiones. Puedo hacer espacio los miércoles". Abrir un horario los miércoles era algo importante ya que era el día que el Dr. Summer dedicaba a la administración. "¿Funcionaría eso para ti?"

"Por supuesto. Tendré que informar en el trabajo y podría necesitar otra carta para ajustar mi horario bajo la ADA, pero sí, debería funcionar".

Después de colgar, abracé a David y le di las gracias por su ayuda. "Siento mucho que esto sea tan difícil, David". Hice una pausa. Nunca dijo que era duro para él, pero podía ver la preocupación en su rostro. Le pregunté, "¿podrías terminar de hacer la cena?" Él asintió y me tiré en el sofá, pensando, *Tengo partes. Tengo TID. Tengo que descubrir cómo vivir mejor con esto.* Mis pensamientos iban y venían entre 1964 y el presente. Lloré en silencio mientras David terminaba la cena. Comimos en la sala; ninguno de los dos habló.

...

Al día siguiente, miércoles, fui a la cita que acababa de agregar. El Dr. Summer me acompañó a su oficina y me ofreció una taza de té. Yo dije: "Sí, por favor".

"Está bien, vuelvo enseguida. Mientras tanto, toma asiento". Mientras estaba sentada en mi silla de costumbre, me sentí pequeña y noté que de repente estaba pensando en español. Sentí dolor y lo reconocí como el dolor de las violaciones. El dolor iba y venía, no era constante, pero muy agudo. 'Tres' estaba aquí. Ella salió y pude sentir que me desplomaba en la silla. Cuando el Dr. Summer llegó con los dos tés, tomé el mío y anuncié, "Estoy aquí", en una voz chiquita.

El Dr. Summer preguntó, "¿Cómo estás hoy?" Como 'Tres' había comenzado la conversación, habló directamente con ella.

"Mejor".

"¿Qué hizo que te sintieras mejor?"

"Llamaste, escuchaste y ella escuchó".

"Por 'ella' ¿te refieres a Olga?"

"Sí".

"Entonces necesitabas que supiéramos que papi te violó, ¿es correcto?"

"Sí".

"¿Hay algo más que necesites que sepamos?"

"Me violó mucho y me dolió mucho. Él hizo que me doliera mucho a propósito. Él me dijo cosas crueles. Dijo que era mi culpa".

"Lamento que te haya hecho eso y lamento que haya dicho que era tu culpa. Es importante que sepas que *no* fue tu culpa. Sólo tienes tres años. Él era un hombre adulto y él te lastimó porque quiso, no porque tú quisieras esto. ¿Lo entiendes?"

Sentí cómo me aferraba a sus palabras: "*No* fue tu culpa".

"¿Querías que papi te violara?"

"No".

"¿Puedes sentir que no fue tu culpa?"

"Sí".

"Incluso si tú lo buscabas y comenzabas el abuso, sigue sin ser tu culpa".

Sentí que mi pecho se apretaba y mi cabeza daba vueltas. Cambié de 'Tres' a una parte que tenía cinco años. Todavía estaba pensando en español. En mi mente, me veía a mí misma como una niña pequeña, ahora con el pelo más largo y con un broche en la cabeza. Llevaba una camisa a cuadros. ¿Cómo supo que iba con papi y lo comenzaba? Papi siempre decía: *"Ves, esto es tu culpa. Tú me obligas a que te haga esto". ¿Cómo podía no ser mi culpa?* El Dr. Summer notó un cambio sutil en mí.

"¿Hay otra parte presente?"

"Sí", dije en voz baja. Noté que estaba desplomada y me senté más derecha. Miré alrededor. Todo parecía nuevo y diferente. "Me gustan los colores en las paredes".

"Gracias. Hola. ¿Quién eres?"

"Soy 'Cinco'".

"¿Por qué estás aquí?"

Mi cabeza comenzó a dar vueltas de nuevo. Me sentí abrumada por la vergüenza. Me callé. *No puedo decirlo. Yo lo comenzaba. Yo iba con él. Fue mi culpa. No puedo decirlo.* Me sentí mareada. Estaba empezando a tener dolor de cabeza. 'Tres' estaba más presente otra vez. Hubo conflicto entre 'Cinco' y 'Tres'. Adentro, 'Tres' dijo: *Él sabe que no es culpa nuestra. Él sabe. Está bien que se lo digas. Yo se lo puedo decir.* 'Cinco' espetó: "Yo iba con él. Yo lo comenzaba. Fue mi culpa". Mi cabeza comenzó a dar vueltas y me sentí rebasada por la vergüenza. Me estaba entumeciendo cuando el Dr. Summer comenzó a hablar. Me concentré en él para ayudarme a no evadirme yéndome en mi cabeza.

Él dijo, "Lo sé. Muchos menores que son abusados durante mucho tiempo aprenden a comenzar el abuso que saben que sucederá de todos modos. Es una inteligente estrategia de supervivencia. Te ayudó a tener cierto control en un hogar impredecible y caótico".

Asentí. Todavía sentía que 'Cinco' y 'Tres' estaban cerca de la superficie. 'Cinco' habló de nuevo: "Cuando yo llegaba del jardín infantil a la casa, iba con papi si oía que estaba arriba y que nadie más estaba en casa. Mi pecho se sentía como si alguien grande estuviera sentado sobre él. Mi cabeza comenzaba a dar vueltas y sentía que iba a salirme de mi propia piel. Luego me sentía mareada y otra parte me tomaba de la mano. Íbamos a buscar a papi y comenzábamos a hacer lo que él quería, para que no nos lastimara tanto. Había otras de mis partes que me ayudaban. Mirábamos su cara y sabíamos qué hacer. Después, papi nos gritaba, 'Te dije que era tu culpa. ¡Tú me haces esto!' Le creía. Pero estaba demasiado asustada para esperar hasta que él decidiera lastimarme. Tenía que hacerlo de una vez".

"¿Puedes ver cómo no era tu culpa?"

Asentí con la cabeza, pero no estaba segura de que 'Cinco' o 'Tres' le creyeran.

"Intentabas sobrevivir en un hogar donde te lastimaban todo el tiempo. Pensar que era tu culpa te ayudaba, porque entonces pensabas que podías detenerlo. Pero no podías detenerlo, ¿verdad?"

"No", dije, llorando.

"¿Todavía está 'Tres' con 'Cinco'?"

"Sí".

"¿Estás bien si usamos la hipnosis para que las partes entren en los contenedores?"

"No se quedarán adentro".

"Okey, pero eso puede ser perjudicial para la vida de Olga. ¿Qué tal si algunas partes entran en sueño terapéutico entre sesiones? Sólo tienen que esperar dos días hasta el viernes. ¿Cómo suena eso?"

"Está bien, sólo hasta el viernes". Tomé una respiración profunda. "Lista".

El Dr. Summer dijo "Cierra", el cual se había convertido en su abreviatura de "Cierra los ojos". Durante esos meses, el Dr. Summer usó la hipnosis para ayudarme a que salieran partes a la superficie para compartir información, lo que me permitía tener conocimiento de la violencia, estando distante, para no tener que disociarme. Había una rutina para la hipnosis y eventualmente aprendí a hacerlo yo misma. El Dr. Summer comenzaba con la palabra "Cierra". Con eso, tomaba una respiración profunda, cerraba los ojos y me relajaba, entrando en un estado hipnótico profundo y tranquilo que me entumecía pero en el cual mi mente no estaba nublada y no olvidaría ni perdería el hilo de lo sucedido. Lograba estar allí con las partes. Luego me avisaba que iba a contar lentamente hasta diez. Entre uno y cinco, las partes que quisieran podían reunirse y compartir información con la mente. Mientras contaba de cinco a diez, cualquier parte que quisiera podía formar parte del todo, parte de Olga. Luego les pedía a las partes que no se habían unido al todo que encontraran un contenedor para los recuerdos que guardaban, y para ellas mismas, si querían entrar en él. Finalmente, a cualquier parte que no le gustara la idea de los contenedores, le ofrecía un sueño terapéutico en un lugar cómodo. La mayoría de las partes elegían esta última opción. El Dr. Summer siempre me regresaba al presente contando de tres a uno y diciendo, "Abrir".

Ese día, después que dijo, "Cierra", ciertas partes se reunieron y compartieron información conmigo. Las escuché e incorporé todo. 'Tres' compartió más información de la que me había dado a conocer la noche anterior. Vi mi habitación y todas las formas en las que mi padre me violó allí. También vi la habitación de mis padres, el baño y todos los demás lugares de nuestra casa donde mi padre me violó. Brevemente, sentí el dolor de las violaciones. A medida que el Dr. Summer contaba las partes que entraban en los contenedores o en el sueño terapéutico, sentí un poco de alivio.

Después de esa sesión, pasé unas horas en mi rincón de costumbre, esperando sentirme lo suficientemente fuerte como para ir a casa. El Dr. Summer me iba a ver entre sus sesiones. Lo que me estaban dando a conocer las partes era devastador. Me sentía expuesta y vulnerable. Llamé a David y a mi oficina y les hice saber que me iría a casa. Quería rendirme. Cuando David llegó a casa, no tuve la energía para contarle sobre mi sesión.

David estaba preocupado por el costo de tantas sesiones. Teníamos el dinero ahorrado, pero lo estábamos gastando rápidamente. Cada vez que me expresaba esta preocupación, yo pensaba que el asunto era sencillo: teníamos el dinero y yo necesitaba la ayuda. Pero para David no resultaba tan sencillo. Habíamos trabajado duro para ahorrar. ¿Queremos gastarlo en esto? Cada vez que teníamos esta discusión, yo (y algunas partes dentro) empezábamos a dudar de David. No era poco razonable tener esta conversación o sentir lo que David sentía. Pero en aquel entonces yo no lo podía ver así y a menudo pensaba, *Él realmente no me ama. Él ama más a su dinero. A final de cuentas, él elegirá su dinero. No puedo confiar en él. Él me va a dejar.*

...

Entré en la oficina del Dr. Summer mientras él traía dos tazas de té y me senté en la silla más pequeña, como ya era mi costumbre. Me sentía adolorida y cansada como siempre, la fibromialgia estaba constantemente presente, por lo que rara vez comentaba al respecto. La fibromialgia me provocaba un dolor crónico cerca de las articulaciones, que podía ser tan fuerte que me dolía la piel al ser tocada. Había tenido ese tipo de dolor desde que podía recordar, pero últimamente había empeorado. De repente, recordé la conversación que había tenido con el reumatólogo hacía mucho tiempo. Recuerdo que dijo que la fibromialgia era causada por no poder alcanzar un nivel profundo de sueño, y hasta ese momento en la oficina del Dr. Summer no había podido conectar esa explicación con mi experiencia. Había estado durmiendo muy mal otra vez, acosada por pesadillas y despertando sudando del pánico.

Siempre pude distinguir entre el dolor constante de la fibromialgia y el dolor agudo de los recuerdos. El dolor de la memoria venía con imágenes mentales de un ataque en particular y se sentía como el dolor de ser violada, sodomizada o pateada en el abdomen y la espalda. Era agudo y no permanecía conmigo por mucho tiempo. El recuerdo de cómo me sentía después del abuso, cómo me habían golpeado, era más difícil de diferenciar de la fibromialgia, pero ese dolor también me llegaba con recuerdos vívidos, tales como las imágenes de estarme limpiando.

Cuando llegó el Dr. Summer, me dio una taza de té y se sentó con la suya. Las paredes de colores brillantes de su oficina siempre me hacían sentir un poco más liviana. Puse mi taza en la mesa, entre las dos sillas. Había apenas suficiente espacio para la taza entre un reloj, una lámpara y una caja de pañuelos. El Dr. Summer tenía relojes por toda su oficina, para poder estar al tanto de la hora. También había muchas cajas de pañuelos desechables, lo cual alguna vez me había parecido gracioso e incluso había bromeado con él al respecto. Pero ahora, me acababa por lo menos una caja por sesión. El Dr. Summer usualmente estaba de buen humor. A pesar de lidiar con historias de abuso horribles y dolorosas, parecía mantener una sincera amabilidad y sentí que siempre estaba contento de verme. "¿Cómo estás esta mañana?", preguntó mientras tomaba su té con sorbos pequeños.

Mis reflexiones relajadas se detuvieron, me dolía todo y mi mente comenzó a acelerarse incontrolablemente: *veo imágenes de personas lastimándome todo el tiempo. Es parte del dolor. No puedo dormir por más de tres horas sin despertar con un sudor frío. La mayor parte del tiempo no tengo ganas de hacer nada. Tengo que arrastrarme para salir de la cama. Siento que tanto en el trabajo como en casa con David me muevo como autómata. Me siento abrumada por todo. Odio a todo el mundo. Me obsesiona la idea de cerrar los ojos y nunca despertar. Papi me violó. Lo hizo muchas veces. Les enseñó a Alex y a Mike cómo violarme. Ellos les enseñaron a sus amigos. Todos me hicieron daño. Cualquiera puede lastimarme. ¡Haz que esto se detenga!*

Podía ver que el Dr. Summer me observaba. Quería responderle, pero no podía. No podía aferrarme a ninguno de los pensamientos el tiempo suficiente para decirlos. Me llenaban la cabeza, y cuanto más trataba de detenerlos, más cansada me sentía. Sentía los ojos muy pesados y tuve que esforzarme mucho para mantenerlos abiertos.

"Me parece que tienes muchas cosas pasando por dentro. ¿Cierto?"

"Sí", dije, tratando de pensar con claridad.

Me enfoqué en los pensamientos. Finalmente, pude aferrarme a uno lo suficiente para decírselo al Dr. Summer. Con trabajo dije: "Tengo al menos una parte que me observa mientras duermo y creo que es por eso que tengo fibromialgia". Pensé en lo que acababa de decir y me pregunté cómo sabía eso.

El Dr. Summer asintió. "Eso tiene sentido".

"Papi les enseñó a Alex y a Mike las cosas que podían hacerme", dije en voz tan baja que el Dr. Summer apenas podía escuchar. Se inclinó hacia adelante para escuchar y me encogí en mi silla.

No podía mirarlo. Era realmente aterrador hablar de esto.

Él preguntó: "¿Hay alguien nuevo aquí?"

"Sí", dije con voz adolescente. Busqué dentro de mí para ver quién era. Surgió la idea de que yo era 'Doce', hablando a nombre de un grupo de partes cuyo trabajo era protegerme. "Nos dimos cuenta", dije con la misma voz, "que no podemos confiar en nadie. Ni siquiera podemos confiar en ella. Muchas de nosotras nos quedamos despiertas y estamos pendientes de protegerla. También levantamos un muro a su alrededor cuando vemos a personas que pudieran tratar de lastimarla".

"Entiendo que no confiaras. Todos los que supuestamente te deberían proteger te lastimaron. ¿Cómo podías confiar?" Sentí que me relajé un poco. *Él entiende. Papi, Alex y Mike me violaron, luego Mike y Alex con sus amigos.* Me quedé sentada en silencio mientras estos pensamientos pasaban por mi mente.

"Entonces, ¿a quién están protegiendo?"

"Estamos protegiendo de papi a 'Tres' y a las demás. De noche, él venía a su habitación y las obligaba a hacer cosas que ellas no querían hacer. Y él les hacía cosas que les dolían. También les decía cosas crueles".

"¿Cómo protegían a 'Tres' y a las demás?"

"Algunas partes protectoras harían ciertas cosas para que 'Tres' y otras no tuvieran que hacerlas. Se turnaban para estar allí, asegurándose que las demás no fueran lastimadas".

"¿Cómo lo hacían?"

"Veían la cara de papi, la manera en que caminaba, y cómo sonaba y dilucidaban qué era lo que él quería. Ellas estaban atentas por si él venía durante la noche. Había partes que sabían exactamente qué decirle, sabían justo qué hacer para evitar ser lastimadas demasiado. Lo observaban desde atrás para poder verlo porque podía cambiar y luego otra parte tenía que venir y hacer algo diferente".

"¿Por qué estás viendo a Olga dormir ahora?"

"Para asegurarnos de que esté a salvo".

"Pero ahora ella ya es grande. Tiene a David en su vida y él no la ha lastimado. Papi está muerto. Ya no puede lastimarla".

"Mike y Alex pueden lastimarnos".

"Sé que las lastimaron cuando eran jóvenes y después de la muerte de papi. ¿Pero podrían realmente lastimarte ahora? ¿Dejaría David que te lastimaran? ¿Olga no es lo suficientemente inteligente para detenerlos? Ella es abogada. ¿No crees que podría protegerse a sí misma?"

Mis pensamientos se fueron al presente para considerar esto, luego de regreso al pasado. Seguí yendo y viniendo para descubrir si lo que estaba escuchando era verdad. Finalmente, esa voz joven respondió, "Ella es inteligente y fuerte, pero todavía necesita que la cuidemos".

"¿Por qué?"

"Porque también hay otros que pueden lastimarla".

"¿Quienes?"

"Tú podrías lastimarla".

"Es verdad, podría". Hizo una pausa. "¿Pero la he lastimado alguna vez?"

"No". Escuché mi propia voz un poco más baja. Me sentí avergonzada por decir que podría lastimarme.

"¿He tenido oportunidades para lastimarla?"

"Sí". Yo, el yo central, entendí su argumento.

"Si la proteges de todos, puede ser que la mantengas a salvo, pero nunca se sentirá cercana a nadie. Nunca sentirá alegría. Nunca se sentirá amada como debería sentirse".

Me senté en silencio y mis pensamientos volaron: *¿Cómo dejamos de* hacer *esto? Esto es todo lo que conocemos. Pero queremos sentirnos cercanas. Queremos sentirnos amadas más.* Miré fijamente los libreros de piso a techo que estaban justo detrás del Dr. Summer. Intenté distinguir los títulos, pero dentro de mí, un pensamiento intentó volver a enfocarme. *Ahora no.*

Luché contra eso. *Quiero pensar en otra cosa. No quiero decírselo. Es demasiado difícil.*

Si no se lo cuentas, te quedarás aquí con todo este dolor. Él puede ayudarte. Podemos confiar en él. Ya pasaste por el dolor. Ahora toca poder decirlo.

Luché con los pensamientos y la vergüenza. Tenía miedo de volver a encontrar este recuerdo doloroso y decirlo en voz alta, porque si se lo contaba al Dr. Summer, se haría realidad. "Después de que papi murió...". Comencé a llorar y rápidamente sucedió un cambio. Ahora me sentía adolescente, pero sin emoción ni miedo. Dejé de llorar. "Después de que papi murió, Alex y Mike me lastimaron. Me engañaron y les mostraron a sus amigos cómo hacerme daño. Me violaron junto con sus amigos". Mi voz sonaba plana cuando le dije como adormecida sobre las violaciones en pandilla.

"¿Cómo te sientes, Olga?"

"Entumecida y ofuscada". Mike y Alex me habían dicho que me matarían si le contaba a alguien.

"Veamos si puedes regresar".

"No quiero. No quiero sentir esto".

"Utilizaremos la hipnosis. No creo que la disociación te sea útil ahora. Necesitamos que puedas sentir y estar lo suficientemente alerta para protegerte". Renuente, acepté. Continuó, "Este es un recuerdo de hace mucho tiempo. Eres mayor ahora. Eres abogada en el Departamento de Justicia y estás casada con David. Estás a salvo. ¿Puedes escucharme?"

"Sí", dije, todavía entumecida, pero con un poco menos de algodón en la cabeza.

"Olga, escucha mi voz. ¿Puedes escucharme?"

"Sí". Su voz estaba disipando la disociación. El pánico y el dolor comenzaron a precipitarse. Comencé a llorar incontrolablemente.

"Olga, escucha mi voz", dijo el Dr. Summer con calma, de una manera fuerte pero no dura y logró llamar mi atención. "Toma una respiración profunda". Lo hice. "Eres grande ahora. ¿Puedes ver lo grande que eres?" Miré hacia arriba y abajo de mi cuerpo. Parecía más grande de lo que pensé que debería ser. También me sorprendió estar vestida con ropa de adulto. Todavía estaba llorando, pero no tan fuerte.

El Dr. Summer comenzó el proceso hipnótico: "Cierra".

Cerré los ojos, respiré hondo y me dejé ir. Sentí como si estuviera cayendo en un agujero, pero se sentía bien. "Bien, con un pie aquí en el presente, veamos lo que recuerdas del pasado. Mientras vemos este recuerdo, ten en cuenta que esto te sucedió hace mucho tiempo. Así que mantén a tu yo adulta aquí mientras dejas que tu yo más joven se acerque. Estoy sentado aquí a tu lado. Estás a salvo".

Pude sentir un cambio en mis pensamientos. Una parte más joven se adelantó y, en español, me hizo saber que ella era 'Ocho' y que no se había sentido lo suficientemente segura como para estar aquí hasta ahora. Podía darme cuenta que era adulta y estaba sentada en la oficina del Dr. Summer, pero al mismo tiempo me sentía joven y mi cuerpo se sentía pequeño. De esta manera, una yo mayor y una yo más joven podían estar presentes al mismo tiempo y el yo mayor podría consolar al yo más joven a medida que se acercaba el recuerdo. Le describí esto al Dr. Summer y le pregunté, "¿Eso tiene sentido?"

"Sí. ¿Qué ves?"

"Veo a papi en la noche, en la entrada de mi habitación con Alex y Mike. Él los trae y les muestra qué hacerme". Podía ver el resto de lo que pasaba, pero no pude decirlo en voz alta. Eso lo haría demasiado real.

"¿Qué más ves?" Me quedé en silencio, viendo en mi cabeza lo que 'Ocho' me estaba mostrando. El Dr. Summer esperó un momento antes de preguntar: "¿Estás en tu habitación?"

"Sí".

"¿Qué ves?"

"El techo".

"Está bien. ¿Qué más?"

"Los estantes de mi habitación".

"Bien. Sigue adelante. Dime cualquier cosa que veas en tu habitación".

El Dr. Summer sabía que no quería describir lo que me estaba aterrorizando, pero que, si eventualmente podía hablar al respecto, el recuerdo perdería su poder. Así es que no insistió demasiado. Simplemente me pidió que describiera lo que veía en general y poco a poco me acerqué a lo que me aterrorizaba.

"Veo la ventana del baño. Veo el rosario en mi cama".

"Bien. ¿Hay alguien en tu habitación?"

"¡Sí! Me están lastimando mucho. Papi les está enseñando cómo lastimarme. Alex se ve perverso". Mis pensamientos comenzaron a acelerarse con todo lo que había captado en mi mente las noches en que papi había traído a Alex y a Mike a mi habitación. "Vi sus caras. Después oscuridad".

"¿Por qué oscuridad?"

"Cerré los ojos cuando vi la expresión en sus caras". Estaba teniendo problemas para recuperar el aliento. Estaba jadeando, luego sollozando. El Dr. Summer les recordó a las partes que ahora éramos grandes y que todo esto era un recuerdo. Pidió a mi yo mayor que calmara a mis partes más jóvenes que se habían presentado para contar lo que habían visto.

Enfócate. Enfócate. Allí, en la oscuridad, estaban 'Doce', 'Ocho', 'Siete' y 'Cinco'. Estaban llorando. Ellas estaban asustadas.

En mi mente, me acerqué a ellas. Traté de calmarlas, como sugirió el Dr. Summer.

Eran tan pequeñas y estaban tan asustadas.

Empecé a llorar. *¿Cómo pudo papi lastimarme tanto? ¿Cómo pudieron Alex y Mike lastimarme?*

'Siete' dijo, *Papi los obligó.* 'Cinco' me mostró la cara de Alex. 'Ocho' dijo, *Nadie lo obligó a lastimarme. A él le gustaba.* 'Siete' les recordó a todas las partes lo mucho que papi golpeaba a mis hermanos y dijo: *No tenían alternativa.* Pero 'Cinco' dijo, *Alex siempre fue cruel y aterrador.*

A la distancia escuché lo que decían y no pude acoger las partes ni la información que estaban proporcionando. No me acercaría más. "Les tengo miedo", susurré.

El Dr. Summer me escuchó y me preguntó: "¿Puedes calmar a las partes más jóvenes?"

"No. ¡Tengo miedo de lo que ellas saben!"

Algunas de las partes me suplicaron. *¿No nos abrazas? Necesitamos saber que estamos bien. ¿No nos ayudas?*

Aunque ahora podía reconocer que las partes estaban dentro de mí, todavía sentía pavor de acercarme a ellas. El hecho de que pudiera sentirme tanto joven como adulta al mismo tiempo debía significar que tenía partes, pero vacilaba entre aceptarlas y fingir que no existían. Del mismo modo, acepté el diagnóstico de TID, pero no quería pensar en que tenía partes y que eran la razón por la que todavía estaba viva.

"Dr. Summer, no puedo. No se calman".

Me llevó más profundamente a la hipnosis y dijo: "¿Pueden las partes mayores ayudar a calmar a las partes más jóvenes que valientemente se salieron para contar lo que vieron?" Sentí que otra parte de mí se acercaba más a mi conciencia. Me hizo saber que tenía dieciséis años y dijo que podría calmar a las partes más jóvenes. Le di las gracias.

Después de que las partes se calmaron, me sentí exhausta. Entonces, llegué a comprender que esto me había sucedido a *mí*. Empecé a llorar. *¡Dios mío, por favor haz que esto se detenga! Por favor haz que se detenga. Quiero morirme.*

El Dr. Summer parecía estar preocupado al mismo tiempo que me tranquilizaba. "Estás haciendo un buen trabajo. Necesitaremos parar pronto. ¿Te gustaría quedarte en la sala de espera para ver si tengo una vacante más tarde? Podemos terminar este recuerdo y no dejarlo que te siga atormentando". Podía sentirme queriendo rendirme de una manera profunda, pero no podía diferenciar si era un sentimiento del "aquí y ahora", causado por lo que estaba experimentando en el presente, o si era por los eventos del pasado.

Terminamos la sesión con nuestra rutina, reuniendo a todas las partes que se habían presentado. Suavemente ayudé a 'Cinco', 'Siete', 'Ocho' y 'Doce' a entrar en sus contenedores, junto con sus bolsas de basura de plástico negro conteniendo todos sus recuerdos, imágenes, sentimientos y emociones. Me vi a mí misma a los ocho años cerrando la tapa y luego cerrando las cadenas.

Después, el Dr. Summer me acompañó a la silla de mi rincón. Al cabo de un rato, llamé a David y al trabajo. Estaba agotada y pensando en maneras de morir. Me sentía resignada, como si quisiera renunciar por completo al intento de llevar una vida normal. Ese día, el Dr. Summer se reportó conmigo entre sus citas, pero no tuvo una cancelación, así es que estuve allí todo el día. Al final del día, vino por mí. "Estoy preocupado por ti. Te ves diferente. ¿Estás pensando que ya no puedes hacer esto?"

Asentí. "Me he dado cuenta de tantas cosas y ya he conocido muchas partes. ¿Debo seguir y recordar todo? Simplemente no creo que pueda sobrevivirlo".

"Ya lo sobreviviste, Olga. Ahora estás reconectando tu pasado con tu presente. Vamos a mi oficina". Me levanté lentamente y pude sentir dolor en todo el cuerpo. No era la fibromialgia porque concordaba con los sentimientos de ser violada. Me senté y miré al doctor Summer, suspirando con pesadumbre. El dolor continuó, y los pensamientos de morir iban en aumento.

"Tengo dolor, Dr. Summer. Se siente como algo viejo. Se siente como lo que sucedió".

El asintió. "¿Puedes discernir si estos sentimientos provienen de partes nuevas o de la misma parte?"

"Hoy temprano interactué con cuatro partes: 'Doce', 'Cinco', 'Siete' y 'Ocho'. Pero las partes que me transmiten estos sentimientos me parecen diferentes".

"¿Cómo es eso?"

"Estas partes las siento enojadas. Odio a Alex y papi. También hay una parte que le ruega a Dios que haga que todo se detenga y que nos deje morir".

El Dr. Summer me miró con preocupación en el rostro. Él también parecía cansado. "He tenido un día largo, pero no quiero dejarte ir sin haber trabajado esto para darte un poco de paz hasta nuestra próxima sesión".

"Dr. Summer, ya no puedo más. Estoy cansada de intentarlo. Estoy cansada de levantarme por la mañana. Estoy cansada de preocuparme de que David ya no pueda con esto. Estoy cansada de preocuparme acerca de perder mi trabajo. Estoy cansada de intentar". Estaba llorando. Le rogué: "Por favor, déjeme en un hospital donde esto sea todo lo que tenga que hacer. Por favor, métame en un hospital donde pueda dormir. No puedo intentarlo más, Dr. Summer".

"Sé que ahora te sientes así, Olga, pero esto mejorará. Sé que el trabajo que estás haciendo es difícil. Es el trabajo más doloroso que puede hacer una persona. Estás haciendo el trabajo, aunque no creas que lo estés haciendo. Sé que sientes que no estás mejorando, pero has recorrido mucho trecho. No creo que un hospital sea el camino a seguir, Olga. Creo que la estructura que te da tu trabajo y el apoyo que tienes allí, y de David y tus amigos, es importante. Me temo que, si te hospitalizas ahora, no podrás volver a trabajar. No tendrás el apoyo que tienes ahora. Y en el hospital, no podría trabajar contigo".

No me importó. Estaba agotada y sólo quería dormir. El hospital parecía un lugar donde podría dormir. "No puedo seguir haciendo esto".

"Está bien, te entiendo. ¿Qué pasa si hacemos un trato para probar algo diferente durante seis meses? Después de eso, si aún quieres internarte en un hospital, te ayudo a hacerlo".

"¿Qué podríamos hacer de manera diferente? ¿Qué probaríamos?"

"¿Qué tal si hago espacio para que tengamos una sesión doble todos los días, de lunes a viernes? En este momento, vienes cuatro días a la semana a una sola sesión, y eso no parece ser suficiente. Tus partes están muy presentes y te hacen la vida muy difícil. Veamos si cinco sesiones dobles por semana ayudarían. Luego, los sábados, puedes ver a la terapeuta de arte de aquí. Ella es muy buena. Veré si ella puede hacer tiempo para ti. Puedes llamarme los domingos si lo deseas. También te puedo recetar un antidepresivo para ayudar a equilibrar tu estado de ánimo y un medicamento contra la ansiedad, Klonopin".

Me sentí confundida. "¿Por qué un medicamento contra la ansiedad?"

"Cuando las partes se presentan, nublan tu mente con las emociones del pasado y los recuerdos del cuerpo. Tener la mente nublada te causa ansiedad. Luego, los recuerdos, el dolor o demás emociones agregadas aumentan la ansiedad. Creo que el Klonopin te ayudará con eso y probablemente te ayudará a dormir mejor. También debería ayudarte con los ataques de pánico, pero debes aprender a detectarlos temprano o tendrás que tomar mucho, lo que puede afectar tu capacidad de trabajo".

"Está bien, seis meses".

"Sí, y recuerda que siempre puedes llamar cuando lo necesites. No esperes tus sesiones".

Fui a casa esa noche y me derrumbé en el sofá. Estaba demasiado cansada para hablar con David, y tenía miedo de decirle sobre el trato que el Dr. Summer y yo habíamos hecho.

A la mañana siguiente cuando lo puse al tanto, David estaba preocupado. Estuvo de acuerdo en que ir a trabajar y quedarse en casa en lugar de ir a un hospital era una buena idea, pero nuestro seguro sólo cubría cincuenta visitas por año, y ya había superado esa cantidad. David había visto que aproximadamente un tercio de nuestros ahorros se habían ido a mis citas y me sugirió que le preguntara al Dr. Summer si podíamos pagar un monto fijo cada mes, y que luego, cuando comenzara a verlo con menos frecuencia, la cantidad se equilibraría y cubriendo las cuotas previas.

Podía ver cuánto le preocupaba a David tener ahorros para cuando lo necesitáramos, pero para mí este era un momento en el que lo necesitábamos. "Puedo pedir prestado de mi cuenta de jubilación si esto va a ser un problema para ti, David. Pero no creo que pueda pedirle al Dr. Summer que tome menos dinero ahora y le pague más después. Tenemos el dinero y creo que deberíamos pagarle sus honorarios completos. No quiero que esto afecte mi relación de trabajo con él".

Reticente, David accedió a seguir usando nuestros ahorros, pero creo que lo resintió. En ese momento creció mi desconfianza hacia David. Temía que el dinero fuera más importante para él que yo y mis necesidades. Nunca me deshice de esa sensación.

Fui a la oficina del Dr. Summer a la mañana siguiente y comencé el trato: sesiones dobles diarias y medicamentos.

Elegir no huir

12

Esperaba nerviosamente a mi jefa, Rosie, cuya reunión se estaba alargando. Necesitaba otro cambio más en mi horario, en esta ocasión para ver al Dr. Summer todos los días. Normalmente, Rosie no me ponía así de nerviosa. Ella era la asistente del fiscal general de la Oficina de Programas de Justicia, la parte del Departamento de Justicia que distribuía subvenciones. Yo trabajaba en la oficina desde hacía cuatro años y era la abogada principal y justo estábamos en la implementación de la Ley Sobre la Violencia contra las Mujeres. Era una legislación innovadora. Las leyes nuevas fortalecían la manera en que las comunidades podían apoyar a las víctimas de agresión sexual, acoso y violencia doméstica. Las disposiciones especiales ofrecían soluciones a las mujeres inmigrantes que estaban siendo maltratadas por sus maridos. Este trabajo me pareció indescriptiblemente importante, especialmente ahora que estaba descubriendo recuerdos de abuso.

Rosie y yo trabajábamos colaborando muy estrechamente y era fácil hablar con ella. Cuando le dije por primera vez que era una sobreviviente de abuso sexual infantil, me brindó mucho apoyo y empatía, aceptó mi necesidad de asistir a sesiones de terapia dos veces por semana y me animó a hacer lo que fuera necesario para superar esto. Habíamos designado a mi adjunto, Peter, como su contacto principal para cuando yo estuviera fuera de la oficina y no estuviera disponible, y eso parecía estar funcionando bien. Pero ahora que el Dr. Summer y yo teníamos este nuevo acuerdo, necesitaba reunirme con Rosie una vez más antes de presentar la documentación que modificaba mi acuerdo según la Ley de Estadounidenses con Discapacidades (LED). Sabía que, según la LED, mi solicitud debía cumplirse, pero no tenía que mantenerme en el mismo puesto, como asesora general.

Esperé nerviosa. Me preocupaba decirle a Rosie que iría a sesiones de terapia todos los días. Había trabajado mucho para llegar a este lugar en mi vida, y no quería perderlo. El proceso de sanación estaba siendo mucho más exigente de lo que jamás hubiera imaginado. Las repercusiones en mi persona deben haber sido obvias. Mi sonrisa de costumbre había desaparecido. Lloraba mucho. Había bajado tanto de peso que me veía enferma, mi cara estaba pálida, con ojeras oscuras debajo de los ojos. No me di cuenta de cómo me veía hasta que los amigos del trabajo comenzaron a notar los cambios. Algunas personas sabían que estaba lidiando con recuerdos de haber sido abusada de niña, pero otras personas, que no me conocía tan bien, sólo vieron cambios en mí y expresaron su preocupación.

Esta vez, cuando por fin me reuní con Rosie, de inmediato sentí que las cosas eran diferentes. Me saludó sin su calidez acostumbrada y se puso de pie detrás de su escritorio en lugar de sentarse en el sofá, donde generalmente nos sentábamos juntas. Parecía estar distraída y me puso nerviosa. *Ella está molesta con nosotras. Ella ya no me quiere en mi trabajo. No puedo confiar en ella.* La tristeza y la desilusión me sobrecogieron. De repente, sentí que su oficina era muy grande. Su enorme escritorio parecía aún más grande de lo normal, y las sillas de piel se sentían inhóspitas. *Algo está pasando. Esto no está bien.* Luché contra la sensación de pánico.

En mi trabajo con el Dr. Summer, había aprendido que una buena forma de manejar la ansiedad y el estrés era concentrarme en una sola cosa a la vez. Por ejemplo, en mi agenda comencé a repartir el tiempo en incrementos manejables. Aunque era ambiciosa, siempre planificando y pensando en futuras metas en mi carrera, tuve que dejar todo eso. Cuando el suicidio está constantemente contigo, como lo estaba en aquel entonces, sobrevivir es lo único que importa. Desbaraté el tiempo en pequeñísimos incrementos y me concentré en lo que se presentaba frente a mí a cada momento. Pensar con demasiada anticipación me abrumaba y los sentimientos de querer morir aparecían con fuerza. Ese día con Rosie, dejé a un lado los miedos constantes de perder todo, mi trabajo, mi matrimonio, mis amigos, y me enfoqué en terminar la conversación, ignorando todo lo demás. Me dije a mi misma que lidiaría con las otras cosas más tarde.

Vacilante, comencé a decirle los cambios que necesitaba hacer en mi agenda. Rosie se veía preocupada. No estaba segura si le preocupaba cómo estaba yo personalmente o si la preocupación era en relación a cómo iba a lograr sus responsabilidades con una abogada general que no estaba bien. Saqué ese pensamiento de mi cabeza y seguí: "Rosie, quiero que sepas que estoy presentando un cambio a mi horario de trabajo de la LED. Voy a empezar a ver a mi psiquiatra noventa minutos, todos los días. Haré lo que estoy haciendo ahora, mantener algunas horas esenciales en la oficina, pero es posible que necesite trabajar más desde casa. Pero trabajaré mis horas requeridas o propondré una ausencia".

"¿Has hablado con Marty sobre esto?" Marty era el jefe de servicios administrativos, que incluía al personal.

"Aún no. Quería hablar contigo primero. Sé que, de por sí, es difícil para ti contactarme. ¿Tienes alguna inquietud concerniente a este cambio?"

"Todavía puedo contactar a Peter cuando no estás, así que creo que estará bien. Creo que deberías hablar con Marty y averiguar qué necesita de ti. Quiero que tengas todo el apoyo que necesites. Si necesitas más sesiones, entonces debes tener la flexibilidad de tener más sesiones". Parte de mí protestó, *Sus acciones no concuerdan con sus palabras.* La desconfianza crecía dentro de mí.

"Rosie, ¿quieres que me retire del puesto de abogada general? Puedo hacerlo si necesitas que lo haga. Podríamos encontrar otro puesto para mí. La LED no requiere que me mantengas en el mismo trabajo. Sólo requiere que no pierda salarios ni beneficios debido a la discapacidad". Aunque traté de mantener la calma, mi corazón latía con fuerza y mis pensamientos se aceleraban mientras hablaba sobre esto. *La siento fría. Ella tiene miedo de nosotras. Ella ya no nos quiere. Protégete.*

En mis sesiones con el Dr. Summer había aprendido que, al menos una parte de mí tenía la tarea de buscar inconsistencias en otras personas. La desconfianza crecería hasta no sentirme segura alrededor de ciertas personas. Si tuviera que estar cerca de una de ellas, por ejemplo, en el trabajo, una gran pared aparecería y la persona se volvería casi bidimensional. Todo lo que podía ver era que no podía confiar en ella.

A través del torrente de sangre precipitándose en mis oídos y las palpitaciones en mi pecho oí a Rosie decir, "No, no seas boba. Sólo ve a hablar con Marty". Observándola de cerca, dudaba aún más de su honestidad. Empecé a sentir esa sensación de entumecimiento en la cabeza. Dentro de mí, podía escuchar a partes mayores tranquilizar a partes más jóvenes. *Todo va a estar bien. Sólo terminemos esta reunión. Lo resolveremos. Tendremos que alejarnos de ella y podemos lograrlo. No se preocupen, ella no es papi o mami.*

Salí de la oficina de Rosie con la sensación de un final inminente. Mis pensamientos seguían acelerados y el entumecimiento empeoraba. Fui de inmediato a la oficina de Marty. Estaba hablando por teléfono, pero, cálidamente, me hizo señas para que entrara. Cuando terminó su llamada, pasó al otro lado de su escritorio para sentarse a mi lado. Busqué en sus ojos y vi bondad y preocupación. Marty y yo trabajábamos regularmente juntos y nos llevábamos bien. Me preguntó qué necesitaba y le expliqué el cambio en mi horario de trabajo. Me dijo que Rosie estaba preocupada por mis frecuentes ausencias y que estaba considerando cambiarme a otro puesto. Mis pensamientos se aceleraron de nuevo. *Ves, te lo dije. Ella mintió. No es de fiar. Mantente alejada de ella.* El torrente de sangre latía en mis oídos. *Este es Marty. Él te dice la verdad. Cálmate. Está bien. Podemos trabajar con Marty.*

Respiré hondo y escuché a Marty decir que Rosie no quería lastimarme. "Ella creará un puesto para ti que te permita ir a tus citas y que mantengas un trabajo que sientas que es significativo. Tendrás el mismo salario y los mismos beneficios". Estaba más tranquila. *Algo arreglaremos. No vamos a trabajar para Rosie. No podemos confiar en ella. Nos iremos a otro lado.*

"Gracias por decirme, Marty. Aprecio tu honestidad. ¿Puedo ser yo quien averigüe a cuál puesto cambiarme?" Estuvo de acuerdo y me dijo que le avisaría a Rosie. Le di la carta que el Dr. Summer había escrito justificando la modificación y abandoné su oficina, antes de que tuviera oportunidad de leerla. Le dije que en uno o dos días le enviaría un correo electrónico tocante a mi nuevo puesto.

Sabía exactamente a dónde quería ir: a la Oficina para Víctimas del Crimen (OVC). Como consejera general, había trabajado con la directora, Verónica, y había llegado a respetarla y admirarla. Cuanto más aprendía sobre el abuso que yo había sobrevivido, más quería que el mundo supiera que era algo que sucedía y ayudar lo más posible a otras víctimas de abuso. Era irónico que estuviera en una posición en la cual podía ayudar, incluso antes de saber lo que me había sucedido. Mis ambiciones estaban cambiando. Me era menos importante alcanzar un cierto estatus. Poder impactar la vida de las personas comenzaba a ser más importante. Si no podía trabajar en la implementación de la Ley Sobre la Violencia contra las Mujeres, creía que trabajar para la OVC podría darme más injerencia en cuestiones relacionadas con el abuso a menores, la violencia doméstica y la agresión sexual.

Antes de su nombramiento actual, Verónica había trabajado directamente con sobrevivientes de agresión sexual. Llegué a su oficina, sintiéndome mucho más segura de mí misma. Yo tenía algo que ofrecerle si ella lo quería. Le dije, "Verónica, ¿te interesaría que yo viniera a trabajar para ti? Vendría con un puesto financiado, por lo que no tendrías que ceder uno de los tuyos. Podría ser tu asesora jurídica".

Estaba realmente interesada, pero tenía curiosidad de por qué Rosie estaría dispuesta a transferir un puesto del departamento jurídico a su oficina. Entonces me preguntó, "Olga, ¿por qué te dejaría ir Rosie?" Surgió un temor en mí, junto con una avalancha de pensamientos contradictorios: *Dile. No, no se lo digas. Ella tiene que saber. No tiene que saberlo todo. ¿Nos querrá?*

Tomé una respiración profunda y tratando de contener las lágrimas, le pregunté si podía sentarme. Dijo, "Sí, por favor", luego me miró de cerca e hizo una llamada para retrasar su próxima cita. Me senté un momento tratando de serenarme. No quería llorar y sonar patética mientras le preguntaba si podía trabajar con ella.

"Verónica, durante los últimos dos años he estado teniendo recuerdos de abuso cuando era niña. Estoy en terapia, pero es un proceso extenuante. Tengo un acuerdo por parte de la LED para ver a mi terapeuta cuatro veces por semana, pero estoy a punto de comenzar a verlo cinco veces a la semana en sesiones de noventa minutos. No tengo la disponibilidad que Rosie necesita de mí. El puesto de abogada general es un puesto muy demandante y en este momento no puedo con eso. Tú no tienes asesoría jurídica y si estás dispuesta a trabajar con mis limitaciones, pediré que me transfieran aquí". Me sentí sin aliento.

Verónica rodeó su escritorio y se sentó en la silla junto a mí. "Me encantaría tenerte en mi oficina. Traerías una cantidad enorme de conocimiento, no sólo de tus habilidades jurídicas, sino una comprensión de lo que experimenta una víctima. Puedes ayudarnos a todos a tener eso en mente. Puedes ayudarnos a comprender la sanación y el trauma. Pero primero, cuentas con todo mi apoyo para hacer lo que necesites hacer. Te instalaremos en una oficina cercana a la mía para que puedas ir y venir cuando lo necesites y tener privacidad cuando estés aquí. Luego, a medida que vayas mejorando, y lo harás, Olga...". Yo había empezado a llorar en silencio. "Vas a mejorar, incluso si en este momento no lo sientas así". Tomó mi mano.

Hizo una pausa momentánea y luego continuó: "Cuando te sientas mejor, nos ayudarás a desarrollar mejores programas y mejores respuestas y nos recordarás para quienes trabajamos. Así es que, como puedes ver, obtengo un trato genial. Te recibo a ti la abogada, y a ti, la sobreviviente".

Después de un momento me serené y le di las gracias. Bajé los cinco pisos de escaleras hasta mi oficina, evitando el ascensor, porque no quería que me vieran llorando. De regreso en mi oficina me sorprendió encontrar a Marty esperándome. Tenía la carta del Dr. Summer en la mano. El Dr. Summer había explicado cómo este cambio en mi horario era para tratar mi condición de debilitamiento. Expresaba que no podía comer, que mi sueño estaba alterado y que tenía un incremento de sentimientos suicidas derivados de una depresión severa. También incluyó que, como resultado del abuso en mi infancia, tenía trastorno de estrés postraumático, trastornos de ansiedad y pánico, y trastorno de identidad disociativo. Finalmente, la carta decía que esperaba que este acuerdo me permitiera seguir trabajando en un entorno de apoyo y así evitar ser hospitalizada. Los ojos de Marty estaban enrojecidos.

Él dijo, "Lo siento mucho. No estoy seguro de que hemos sido un lugar de trabajo que te haya apoyado de la manera en que pensaste que lo podríamos hacer. Te ayudaré de cualquier manera que pueda". Ahora, yo llorando de nuevo, cerré la puerta y lo abracé.

"Gracias. Eres un buen amigo". Nos sentamos allí con lágrimas escurriéndonos por las mejillas. "Marty, quiero cambiarme a la OVC como asesora jurídica de Verónica. Acabo de hablar con ella y le gusta la idea. ¿Puedes hacer que eso suceda? Él asintió". Hice una pausa y luego le dije lo que me había estado preocupando durante meses: "Tengo miedo de que la gente se entere de mi diagnóstico y de perder mi autorización de seguridad". Me sentí tan vulnerable al decírselo.

"¿Sabe Verónica todo esto?" Levantó la carta.

"No, no le dije tanto".

"No se la mostraré a nadie. Le diré a Rosie que tengo lo necesario para justificar la modificación al acuerdo".

Le di las gracias, tratando de no llorar otra vez. Le di otro abrazo, y se fue a hacer los arreglos necesarios con Verónica y Rosie. Sentada en mi escritorio, se me ocurrió que por esto era por lo que el Dr. Summer quería que siguiera trabajando. Pensé en la bondad de Marty, el apoyo sobrecogedor de Verónica e incluso la flexibilidad de Rosie para mis citas de terapia. En medio de todo por lo que estaba pasando, esto era muy poderoso. *Marty sabe que tengo TID y no se comporta como si estuviera loca.* No me trató con nada más que calidez y respeto. Verónica habló sobre lo valioso de tenerme en su oficina. Rosie, también, me apoyaría y aprobaría mi cambio a la OVC. Sentí una ola cálida atravesarme, algo que no había sentido en mucho tiempo, brindándome un pequeño respiro de la oscuridad interna.

...

En las sesiones con el Dr. Summer, estaba desarrollando habilidades para manejar mi vida, mientras mi mundo interior estaba dividido y lleno de miedo. Esto implicaba descubrir más partes, descubrir lo que sabían sobre mi pasado, escuchar cómo se sentían y darles la bienvenida o integrarlas. En lo que parecía un proceso lento e interminable, gradualmente obtuve un mayor discernimiento y conocimiento sobre mi vida y los factores desencadenantes que me remitían al pasado en estado de pánico.

El Dr. Summer estableció una rutina para nuestras sesiones y pronto supe qué hacer y cómo hacerlo. Todos los días llegaba a su oficina y me sentaba en la silla más pequeña tomando mi té. En cuestión de minutos, mi mente se llenaba de pensamientos. No me molestaba tanto como solía hacerlo. Aprendí a dejar que los pensamientos pasaran, a aceptarlos y a no tener tanto miedo de lo que me enteraba. Escuchaba atentamente mis pensamientos, se los comunicaba al Dr. Summer y luego le decía qué pensamiento o qué parte necesitaba ser atendida con mayor urgencia ese día. Aprendí a escuchar mientras el Dr. Summer oía lo que le contaba y luego me hacía preguntas. Cuando le reportaba un pensamiento como, "Hoy me siento asustada", el Dr. Summer me preguntaba: "¿Quién tiene miedo?" Luego buscaba en mi cabeza preguntando, *¿Quién tiene miedo?* Un pensamiento surgía y le respondía: "'Cinco' tiene miedo". Entonces el Dr. Summer preguntaba por qué. Al final de esa sesión, el Dr. Summer, 'Cinco' y yo habíamos tenido una conversación detallada sobre lo que 'Cinco' estaba sintiendo y cómo yo podía ayudarla. Entonces orientábamos a 'Cinco' hacia el presente y hacia mí como adulto.

Ahora, automáticamente tenía comunicación con las partes. Si sentía que una parte estaba particularmente cerca de la superficie, sugería que habláramos de lo que estaba recordando. Si más de una indicaba urgencia, me sentaba en silencio y meditaba qué memoria saldría primero y trataba de darles suficiente tiempo a ambas en esa sesión.

Me sentía más en control acerca de lo que hablábamos. Las partes estaban empezando a confiar en el Dr. Summer y en mí. Mis sesiones eran más productivas, pero a pesar de los indicios de mi progreso, odiaba el proceso. Era tan doloroso recordar los ataques. No podía alejarme de los pensamientos, las escenas de abuso y las emociones que me había ocultado a mí misma durante tanto tiempo. Aunque conocer mis partes me ayudaba a manejar mi vida de mejor manera y a sanar, el proceso también era devastador.

Sentada en la oficina del Dr. Summer, sentía que estaba de regreso en casa de mi familia, siendo atacada. Lloraba tan fuerte que no podía respirar. Tenía dolores de cabeza intensos por tanto llorar y por las partes que contenían el dolor de lo que me habían hecho. Ceder a la desesperación permitía que otras partes surgieran y compartieran el dolor de los ataques. Sentía dolor dentro de mí por las violaciones y sentía dolor en todo el cuerpo por haber sido golpeada y haber tensado mi cuerpo durante los ataques. Una parte tras otra me habían mantenido alejada del dolor mientras experimentaba el abuso, incluso ahora sentía que el estar recordando la experiencia me mataría. La mayor parte del tiempo *deseaba* que me matara.

"Dr. Summer", grité, "¡esto me duele tanto! No puedo soportar tanto dolor". Le supliqué que lo hiciera desaparecer.

"Ya has sobrevivido este dolor, Olga", dijo en voz baja, como me lo había dicho tantas veces. Me enfoqué en sus palabras, tratando de creer que, si había sido lo suficientemente fuerte para sobrevivirlo de niña, podría sobrevivir el recuerdo ahora. "Desearía poder pararlo, pero sabes que no puedo. A medida que avances en este proceso, verás que la disociación te mantuvo alejada del conocimiento, la sensación, el dolor y la emoción. Pero te dejó entumecida y sin defensas. Estás descifrando la disociación para que puedas estar a salvo, para que tu pasado no te controle".

El Dr. Summer me acompañaba en el proceso, recordándome una y otra vez, "Esto no está sucediendo hoy. Sólo parece estar sucediendo ahora. Trata de mantener una parte de ti en el presente cuando retrocedas en el tiempo". Pasé por este proceso con cada parte. La desesperación aparecía primero, arrastrándome hacia un agujero oscuro y llevándome hasta el borde de perderme en la oscuridad. *No tengo familia. Me atacaron como si fuera una cosa, un animal al que le podían hacer cualquier cosa. No me trataron como a una hija o a una hermana menor. No tuve padre. No tuve hermanos.* Entonces me rendía y dejaba de pelearme con lo que mi cuerpo intentaba mostrarme. Fue abrumadoramente doloroso que papi, Mike y Alex me violaran. Me violaron tan a menudo y tan brutalmente que yo habría querido morir. Recé por ello, lo deseé con cada onza de mi ser y de esa manera había creado partes para suicidarme. *No tenía a nadie. Estaba sola en una familia loca. No podía confiar en nadie.* Cada vez que caía en el agujero negro de la desesperación, lograba salir viva.

Habiéndome disociado durante la mayor parte de mi vida para mantener alejados todos los sentimientos, sentir tan profundamente era novedad para mí. Aunque la mayor parte de lo que sentía era angustia emocional y física, estaba vagamente consciente de que el Dr. Summer tenía razón: Mi capacidad para sentirme bien y sentir alegría también iba en aumento. Cuando era capaz de escucharlo, él alentaba mi progreso recordándome: "Todo esto se siente horrible en este momento, pero eventualmente también sentirás lo bueno en tu vida. Mientras más profundos sean los sentimientos que puedas alcanzar, más profundo será lo que puedas sentir en ambos extremos del espectro: lo bueno y lo malo".

Y gracias a David, quien tuvo la previsión de asegurarse de que fuéramos de vacaciones cada año, pronto tuve la oportunidad de experimentar el otro extremo del espectro. En medio de mi desesperación fuimos a Disneylandia. Fue tan divertido. Experimenté la alegría pura de estar en un lugar donde los personajes de las caricaturas caminaban, cobrando vida. Podía sentir partes adentro, especialmente las más jóvenes, sintiéndose más felices que nunca. Este nuevo nivel de alegría era radicalmente diferente de la desesperación de la semana anterior, cuando quería tan desesperadamente morir.

Durante un tiempo, mis sentimientos continuaron cambiando bruscamente. Todos los sentimientos me parecían nuevos y muy intensos. La alegría y felicidad intermitentes, cuando podía saborearlas, me ayudaron a darme cuenta de cómo sería la vida. Cuando me sentía feliz, era como una droga. Me impulsaba. Quería más, así es que seguí trabajando en mi sanación, incluyendo escuchar a mis partes. Por doloroso que fuera, tenía que hacerlo. Si las ignoraba, me causarían aún más dolor en un esfuerzo por obtener mi atención. El Dr. Summer ayudaba siendo testigo de sus historias. En nuestras sesiones, las partes se reunían, compartían todos sus recuerdos y se integraban a mí. A medida que integraba partes, sentía alivio del dolor. Tenía más claridad y estaba menos agobiada. Después, durante un rato me sentía enfocada y perspicaz en mi forma de pensar. Imaginé que así era como las personas que no estaban divididas se sentían todo el tiempo. Poco a poco me di cuenta de que, cuanto más me integraba, experimentaba menos dolor emocional y físico. En lugar de que partes individuales tuvieran que soportar solas la carga de lo sucedido, las emociones se repartieron por todo mi ser. Una sensación desconocida de tranquilidad comenzó a aflorar.

...

Me estaba volviendo más fuerte, pero los recuerdos estaban empeorando, como uno de esos juegos de computadora que se vuelve progresivamente más difícil para igualar tu habilidad cada vez mayor. Mi mente ágil todavía me protegía manteniendo alejados recuerdos hasta que yo estuviera suficientemente fuerte para enfrentarlos. Durante una sesión, hacia el final del trato de seis meses que había hecho con el Dr. Summer, surgió una parte de mí que sólo constaba de un par de ojos. No sabía de quién eran ni cuál era su significado. Luego, otra parte se presentó con más información sobre los ojos. Los ojos estaban viendo a Mike y a su amigo Harold violarme en el baño. No tenía sentido porque ya sabía que Mike y Harold me habían violado. Luego, otra parte me mostró el rostro al que pertenecían los ojos. Era la cara de mi mamá. De repente me inundaron partes que tenían más información sobre ese recuerdo. Mi mamá vio a Mike y a su amigo violarme en el baño cuando tenía dieciocho años. Al principio sus ojos estaban aturdidos y luego asqueados, y luego ella simplemente se alejó. Estos detalles se habían mantenido ocultos detrás de otra puerta dentro de la habitación que contenía el recuerdo original de la violación.

De repente, sentí que quería suicidarme. El Dr. Summer y yo trabajamos arduamente para identificar la parte que contenía los sentimientos de querer morir. Se suponía que esta parte suicida cuidaba esa habitación interior, la que contenía el recuerdo de que mi madre lo vio todo y se alejó. Su traición había sido devastadora. Lo que supe en esa sesión fue que después de esa violación abrí el botiquín y me tomé las pastillas que encontré allí. Fui a mi habitación, me arrastré al rincón de la cama y me quedé dormida sólo para despertarme vomitando a la mitad de la noche.

Estos recuerdos me sacudieron hasta la médula. Estaba empezando a recordar que mi madre podría haber parado los ataques de mis hermanos y por alguna razón no lo hizo. Durante este tiempo también comencé a recordar que mi padre me prostituía. Recordé que me llevaba a casas de hombres que me violaban delante de él y luego le pagaban. No fue hasta muchos años después que recordé la participación de mi madre en mi prostitución. También comencé a recordar que los amigos de Mike a veces le pagaban. El dolor de todo lo que estaba recordando era insoportable. *Nunca tuve una familia.*

Durante esos seis meses, cuando no estaba en el trabajo o en sesiones de terapia, estaba dormida en el sofá. Tenía tanto miedo de los ataques de pánico que evitaba todo lo que pudiera desencadenarlos y simplemente dejé de ir a lugares que pudieran abrumarme. Evité estar con personas en las cuales algunas de mis partes no confiaban. Dejé de correr en carreras, dejé de ir al gimnasio y al supermercado, y perdí el contacto con la mayoría de mis amigos.

David estuvo conmigo casi siempre. Escuchó todo lo que estaba recordando y fue testigo y me apoyó a través de toda la desesperación y el dolor. Sus ojeras y la pesadez en su andar mostraban lo agotador que el proceso era para él también. Los miembros del grupo de apoyo de David le dijeron que necesitaba tomar descansos. Necesitaba ver a sus amigos, pensar en otra cosa, jugar al golf. Necesitaba alejarse un poco de todo esto. Yo sabía que tenían razón, pero eso no impidió que me enojara.

Una noche, llegó a casa de después una reunión del grupo de apoyo y se sentó conmigo en el sofá. "Te amo, Olga, pero estoy cansado. Escuchar lo que descubres en tus sesiones diarias es agotador. Siento que estamos rodeados por un pantano de oscuridad y maldad". Suspiré. Sentí que yo era un problema. Mis pensamientos comenzaron a girar. *Él me va a* dejar. Está demasiado cansado. Todo esto es demasiado feo para que cualquiera lo escuche. Él quiere alejarse de mí. El miedo surgió dentro de mí. Tenía miedo de estar sola.

"¿Qué quieres hacer, David? ¿Me vas a dejar?" Lo desafié, sintiéndome fría por dentro. Sentí como si el corazón se me congelara. Había desaparecido el contexto de nuestra relación y cualquier sentimiento de amor hacia él. Mis pensamientos cambiaron drásticamente, pero no noté que yo estaba diferente. *Él quiere divertirse sin mí, tomar un descanso de todo esto. Pero incluso cuando yo salgo con mis amistades, esto es todo lo que pienso. En el trabajo, esto es en todo lo que pienso. No puedo alejarme de eso. Pero ¿él puede? ¿Cómo está bien eso?* No me di cuenta en ese momento de que esta reacción pertenecía a las partes cuyo trabajo es no confiar en los demás. En ese momento, solamente sentí que estaba enojada. Pero en estas situaciones, mis niveles de ira, frialdad y auto-justificación siempre eran muy exagerados, fuera de proporción con la situación. Esa noche estaba furiosa pero no lo admití. Estaba de acuerdo en que David debería tomar un descanso y lo castigué no contándole acerca de mis sesiones nunca más.

En mi mente, ya había perdido a David. Lo creía con vehemencia. Empecé una vez más a apoyarme en mis amigos, estando lejos fines de semana completos. Conducía hasta casa de mi amiga Bonnie, comía con ella y con su esposo, veía la televisión en el salón familiar y, a menudo, me quedaba dormida. Mis amigas Sue y Kathleen, a quienes conocía desde la primaria, se reunían conmigo con frecuencia a almorzar o cenar. Sólo les dije que estaba recordando que mi padre abusó sexualmente de mí y luego les dije que mis hermanos también habían abusado de mí. Ninguna de las dos se sorprendió. "Siempre pensé que había algo extraño en tu familia", comentó Kathleen. Fue un alivio escucharla decir eso. Si mis amigos más antiguos no me hubieran creído, no hubiera podido soportarlo.

Cuando no tenía la energía para salir, Sue y Kathleen venían y traían comida. Sentí fuertemente su calidez y apoyo. Eventualmente les conté sobre el TID y no parecían tenerme miedo. Hicieron preguntas, lo que me hizo sentir que les importaba mucho.

David y yo habíamos estado pasando por esto durante dos años y medio. Él estaba exhausto, yo estaba exhausta y había cambiado hacia él. Creí que me iba a dejar y tuve que dilucidar la forma de no sentir el dolor de perderlo. Me sentí abandonada y enojada cuando surgió la preocupación de David en relación a nuestros ahorros y cuando cuidaba de sí mismo reuniéndose con amigos y jugando al golf.

Mis dudas sobre él iban aumento y las partes que desconfiaban se acercaron a la superficie. Me sentía malhumorada y pesimista. Ya no confiaba en él ni era mi confidente. En el otoño de 1995, le dije que ya no lo amaba, que sólo me sentía triste y fría. La parte de mí que congeló mi corazón estaba tan arraigada y era tan normal para mí, que no me di cuenta de que sólo era una parte de mí. Genuinamente él se sentía como yo. Ni siquiera podía articular por qué ya no sentía algo por David ni por qué las cosas habían cambiado. Le pedí una separación. Él no discutió; sólo preguntó por qué. Le dije que era infeliz.

Empacó algunas cosas y se fue a quedar con un amigo. Nuestros dos gatos se quedaron conmigo. David creía que podríamos volver a estar juntos. Pero una vez que se fue, las partes que desconfiaban se calmaron y retrocedieron. El alivio que sentí con la ausencia de esas partes sólo pareció confirmar que estaba haciendo lo correcto. Estaba empezando a sentirme mejor. Podía cuidar de mí misma. Había podido soportar esos seis meses y me sentía mucho más fuerte. Mis amigos me ayudaban, mi oficina me apoyaba, y David no era quien yo pensaba que era. Era alguien cuyas palabras no concordaban con sus acciones.

En ese momento, ni David ni yo reconocimos lo que estaba pasando. Tardaba mucho para que alguien se ganara mi confianza, sin embargo, podían perderla en un instante, con una sola palabra o una acción, sin nunca saberlo. Perdí de vista quién era David en realidad: mi amigo de la Facultad de Derecho, el que me enseñó a estudiar, quien me ayudó a alejarme de mi pasado y el que se convirtió en mi primera familia de verdad. Perdí de vista al marido que dormía en el piso de la sala para estar a mi lado y se sentaba conmigo toda la noche mientras yo lloraba. Perdí a mi mejor amigo. David y yo nos divorciamos dos años después.

Tardamos dos años más, pero eventualmente David y yo logramos ser amigos. Él es uno de los hombres más increíbles que conozco y siempre lo amaré. En gran parte, mis problemas con la confianza fueron responsables de acabar con muchas de mis relaciones íntimas. Sólo mucho después conocería acerca de las partes desconfiadas que se desarrollaron en mí cuando era muy joven y trataría de aceptar por qué eran parte de mí. Eran muy buenas manteniéndome a salvo, pero lamentablemente también eran muy buenas evitando que mantuviera relaciones íntimas, lo que yo más quería en la vida.

13

Jan administraba la concesión de subvenciones, como parte de la Oficina para Víctimas del Crimen (OVC). Llevaba allí ya varios años trabajando y sentía gran pasión por el trabajo de apoyo a las víctimas y la misión del trabajo de la organización. Tenía opiniones fuertes sobre la concesión de subvenciones y sobre cuáles eran las víctimas en quienes debíamos concentrar nuestros esfuerzos. Bajo la supervisión de directores anteriores, Jan se había visto en una posición en la cual podía ejercer gran influencia. Pero Verónica había venido del campo de servicios para víctimas a ocupar ahora la posición de directora, y tenía su propia manera de ver la dirección que debía tomar la organización. Ella no consultaba la opinión de Jan tanto como lo había hecho el director anterior; y esto era algo difícil para Jan, cuya pasión podía dominarla.

Ocurría a menudo que Jan insistía con presión y voz alta que ciertos proyectos podían o no podían ser subvencionados. Ya cuando me trasladé a trabajar para OVC, conocía a Jan por sus frecuentes viajes a la oficina general para tratar de impedir que Verónica concediera financiamiento a ciertas organizaciones. Uno de mis trabajos como nueva asesora jurídica en OVC era determinar si el trabajo que estábamos haciendo era en concordancia con la Ley para la Protección de Víctimas de Crimen (*Victims of Crime Act*). Esto quería decir que ahora Jan y yo íbamos a estar trabajando más de cerca, lo que a menudo me resultaba muy desagradable.

Un día me di cuenta de que cada vez que me encontraba con Jan, mi cabeza se sentía aturdida. Si ella se dirigía a mí, me sentía aún más ansiosa y ofuscada, como si mi cabeza se llenara de algodón. Perdía la capacidad de pensar con claridad.

Me había estado disociando toda la vida, pero esta era una de las primeras veces en que lograba identificar que me estaba pasando, fuera de la oficina del Dr. Summer. Estaba tan acostumbrada a sentirme aturdida y adormecida que era difícil detectarlo; sentirme así siempre era un impedimento para reconocer que estaba sintiéndome de esta manera. Pero como había integrado más partes, esto me había empezado a permitir volverme más enfocada y tener más claridad. Cuanto más me integraba, más aguda se sentía mi mente. Me encantaba esta sensación de claridad y quería más.

Llegué a mi siguiente sesión con el Dr. Summer sintiéndome victoriosa por simplemente haber notado que me había disociado cuando vi a esta colega. Cuando describí los sentimientos que tenía cuando estaba cerca de Jan, el Dr. Summer confirmó que esta era la forma en que yo describía la disociación en nuestras sesiones, y luego me preguntó: "¿Por qué crees que te disocias cuando estás con Jan?"

"No lo sé. Pero no me gusta. Me gusta sentir mi mente aguda y clara".

El Dr. Summer sonrió. "Me gusta escucharte decir eso. Sin dudas es una buena sensación, ¿verdad? Esto va a seguir mejorando a medida que te sigas integrando y vayas dilucidando más las cosas".

Me di cuenta de que el Dr. Summer estaba orgulloso de mi progreso e hice una pausa para asirme a ese sentimiento. Era como enorgullecer a un padre. "Dr. Summer, cuando mis pensamientos se nublan cuando está Jan, me siento nerviosa y empiezo a sentir el dolor del pánico".

"Bueno, probemos esto: Cuando estés cerca de Jan, presta atención a la disociación. Cuando sientas el entumecimiento, detente y trata de darte cuenta de qué sucedió justo antes de que tuvieras esa sensación".

"Incluso pasa a veces que sólo pasa caminando por donde yo estoy o que las dos estamos en una reunión. Las partes de adentro le tienen miedo. Ella habla con fuerza y siempre pone la culpa de algo en otras personas".

"Ya veo. ¿Qué puesto ocupa ella en la oficina?"

"Es administradora de subvenciones".

"¿El puesto de ella está por encima del tuyo?"

"No, yo rindo cuentas directamente a la directora".

"¿Entonces realmente podría hacerte daño si quisiera?"

"No, la vedad es que no podría. Pero siento como si pudiera".

"¿Quién le tiene miedo?"

"Las partes jóvenes le tienen miedo. Ella grita mucho".

"Necesitas mostrarles a las partes jóvenes que puedes cuidarlas. Cuando descubras lo que ha ocurrido justo antes de que empiezas a sentir la sensación de aturdimiento, entonces vas a saber qué es lo que necesitas cambiar o no dejar que continúe pasando".

"Está bien, lo intentaré".

Después de eso, observé más cuidadosamente mis intercambios con Jan. Un día ella me vino a buscar a mi oficina para decirme que no estaba de acuerdo con mi opinión jurídica que justificaba que Verónica financiara un proyecto. El día anterior, Verónica había venido a hacerme una pregunta sobre el proyecto. Jan le había dicho que el proyecto era ilegal y Verónica quería saber si yo estaba de acuerdo. Investigué el asunto, consulté a un par de abogados y llegué a la conclusión de que el proyecto era permisible. Hice la recomendación de que Verónica financiara el proyecto y me ofrecí para supervisarlo si ella quería que lo hiciera.

Jan vino a mi oficina para oponérseme. Empleando una voz muy alta, me dijo que el proyecto no se podía hacer y que yo estaba violando la ley. Me entró el pánico y me disocié de inmediato. Se paró tan cerca de mí y me gritó tan fuerte que mis oídos sintieron un torrente de sangre y ya no pude oír nada más. Noté que estaba fuera de mi cuerpo como solía hacerlo cuando estaba con papi. Mis ojos tenían la mirada fija y desenfocada. Aun así, presté atención a cómo me sentía. No le dije una sola palabra. Sólo me quedé allí parada. Jan dejó de gritar, me miró, dijo que me iba a reportar y se salió como una tormenta.

Me quedé allí sintiéndome con la mente opaca y aturdida. *Esta mujer me gritó.* Más pensamientos le siguieron: *Eso es lo que ella hace antes de que empiezo a sentirme de esta manera. No es predecible y eso me asusta.* A estos pensamientos, 'Cinco' añadió, *También arruga la cara.* Con lentitud cerré la puerta, luego me dirigí a mi escritorio y me senté. Quedé durante un rato con la mirada fija mientras mis pensamientos volaban dentro de mi cabeza: *No sé cómo puedo detenerla. Ella asusta. ¿Qué puedo hacer?*

Me quedé pensando por un momento. La mayoría de las partes presentes eran jóvenes y no tenían ninguna idea de cómo manejar la situación. Lentamente y con cuidado, las partes mayores hicieron a un lado a las más jóvenes y sugirieron, *Podrías mantener cerrada la puerta de tu oficina.*

¿Y si ella la abre?

Podrías decirle que no grite. Podrías decirle que salga.

Todas estas sugerencias le parecían terribles a las partes más jóvenes en mi interior. Pero decidí que lo iba a intentar.

A la mañana siguiente llegué temprano a la oficina. Hice una colada de café, me acomodé en mi escritorio y saqué el expediente con la información del proyecto que Verónica me había dado. Llamé a la organización que había solicitado la subvención para informarles que su financiamiento había sido aprobado. Mantuve mi puerta cerrada. Estaba esperando a Jan y tenía miedo, pero sobre todo sentía la mente aguda y lúcida. No estaba segura de lo que iba a hacer o decir, pero estaba decidida a confrontarla. Acababa de agarrar el teléfono para hacer otra llamada cuando se abrió la puerta. Colgué el teléfono de un golpe y salté de mi silla.

Jan se veía enojada y estaba agitando una hoja de papel en dirección a mí. En voz alta reiteró que el proyecto que había sido aprobado era ilegal. *Esta vez voy a hacerlo. Voy a detenerla antes de que me empiece a sentir ofuscada.* Caminando me dirigí directamente hacia ella y con toda intención me le paré muy cerca, dentro de su espacio personal. "¡Jan, no sigas! No me importa cuál sea la razón, no me puedes gritar. ¿Me entiendes?" Se veía asombrada. Yo nunca había hecho nada así. Bajó la voz, pero continuó diciéndome que estaba infringiendo la ley.

Con voz baja y calmada le dije con firmeza, "Estoy cansada de tus acusaciones. Tú no puedes decirme qué dice o qué no dice la ley hasta que tengas una licenciatura en derecho". Le mostré con mi mano en dirección a los diplomas que tenía colgados en la pared. "Cuando tengas uno de estos, estás bienvenida a venir y a decirme con una voz calmada cuál es tu interpretación de la ley. Hasta que eso suceda, no lo puedes hacer".

Enmudecida, Jan se vía desubicada. Continué, "Si te preocupan los programas que financiamos con subvenciones, puedes hacer una cita conmigo para expresar tus inquietudes, pero no volverás a arremeter en mi oficina, no me vas a decir lo que dice la ley y nunca, jamás, me gritarás. Ahora, retírate, por favor".

Jan se quedó allí de pie, con la mirada fija. Noté que su mirada me era familiar; me hizo recordar cómo, a veces, yo sentía mi propio rostro. Me dio tristeza. Mi tono cambió, y le pregunté si estaba bien.

"Sí, estoy bien".

"¿Quisieras hacer una cita conmigo para que hablemos sobre tus inquietudes?", le pregunté, con más suavidad.

Siguió con la mirada fija, pero ahora parecía estar más presente y agradecida de mi cambio de tono. "Sí, por favor. Me preocupa que el dinero no se use de manera apropiada".

"Está bien", dije sintiendo tristeza dentro de mí. *Ella también ha sido lastimada. Se parece a nosotras. No es tan aterradora. Sólo está asustada.*

Concertamos una cita para esa tarde. Jan se fue, caminando menos confiada. Me sentí bien de haber cuidado de mí misma, pero me entristeció darme cuenta que esta mujer, a la que yo había considerado como una amenaza, también parecía haber sido lastimada.

Cuando le conté al Dr. Summer, se sintió orgulloso de mí por haberle puesto un límite a Jan, como también por haber podido ver el dolor de ella. Él me ayudó a entender que me había protegido al establecer un límite y que había funcionado. "Estás mostrando que puedes dejar de disociarte y te puedes cuidar. También estás mostrando compasión por aquellas personas cuyo dolor se expresa de una manera diferente". Sentada en su oficina lloré por lo que vi en Jan, por la desesperación y el dolor que sabía que ambas sentíamos.

Continué atenta a cuándo me disociaba y tomaba nota de lo que lo causaba. Así comencé a tomar medidas para detener o prevenir esas situaciones. Cada vez que lo sentía, le ponía un alto lo más pronto posible. Después de muchos meses, me empezó a suceder con más frecuencia que me sentía más clara y más presente que lo que me sentía disociada. Si alguien que no conocía estaba demasiado cerca de mí o trataba de dirigirse a mí en el metro para conversar, yo me alejaba. Tomó tiempo y esfuerzo y algunas veces volví a disociarme. Pero seguí trabajando en eso.

...

Después que David se mudó, empecé a hacer mis compras en un pequeño mercado cerca de donde vivía. Era caro, pero me gustaba porque era tranquilo y casi nunca había mucha gente, y podía llegar allí caminando. Eventualmente, después de meses de comer comida ordenada y de comprar en el mercado sólo productos básicos, quería ir al supermercado para reabastecer mi cocina y comprar comida para los gatos.

Un sábado por la mañana me armé de valor para ir a uno de los supermercados más grandes de la zona. Cuando vi la cantidad de autos en el estacionamiento, sentí que mi pecho se apretaba. Conduje en círculos y, finalmente, encontré un espacio para aparcar en el extremo más alejado del estacionamiento. El peso que sentía en mi pecho empeoró. Me senté en mi auto viendo cómo la gente a mi alrededor iba y venía, e intentaba retomar el aliento. *Hay gente en todos lados. ¿Cómo vamos a estar seguras entre toda esta gente? Se ven malvadas.* Salí del auto y al instante sentí un dolor en el abdomen. "Está bien", me dije en voz alta. "Estoy escuchándote". Mis pensamientos empezaron a rebotar. *Nos podrían lastimar. No podemos protegernos de toda esta gente.* El estacionamiento me daba una sensación de caos. Suspiré, volví a meterme en el auto y me detuve en el pequeño mercado camino de casa. Me sentí derrotada.

Durante la próxima sesión le dije a mi psiquiatra: "Dr. Summer, tengo problemas yendo al supermercado. Cuando traté de ir durante el fin de semana, mi pecho se oprimió y sentí dolor cuando salí del auto. Me quedé sentada un rato en el coche tratando de calmarme, pero lo único que me tranquilizó fue regresar a casa". Me sentía desalentada. Había tantas cosas que ya no podía hacer. "¿Cuándo va a parar esto, Dr. Summer? Tengo que ser capaz de ir de compras".

"¿Cuál es la razón por la cual te sientes decepcionada?"

"Quiero ser capaz de cuidar de mí misma y tengo que ser capaz de cuidar de mis gatos, pero me resulta muy difícil encontrarme rodeada de muchas gente".

"Ya veo. Está bien. Podemos hacer algo al respecto. Pero primero, déjame destacar tu progreso, todo lo que has alcanzado. Olga, has estado avanzando increíblemente bien en tu terapia. Estás prestando atención a lo que está sucediendo dentro de ti, estás aprendiendo a darte cuenta de cuando estás a punto de disociarte, y estás escogiendo permanecer presente y actuar de una manera asertiva. Ahora eres capaz de identificar cuando te empiezas a sentir abrumada antes de que te sobrecoja por completo. Cuando hacemos nuestro trabajo, eres más receptiva de tus partes. Estás desarrollando confianza en tu interior. Me siento orgulloso de ti, Olga. Todavía tenemos trabajo que hacer, pero en pocos años has logrado un progreso extraordinario".

Me detuve para pensar en lo que me estaba diciendo. Respiré profundo y me senté un poco más derecha en mi silla. Esto era algo que necesitaba de nuestro trabajo conjunto. El Dr. Summer constantemente le daba nueva dirección a mi enfoque de todo lo que yo pensaba que estaba mal y él me ayudaba a ver todo lo que había conseguido. Esto fue algo que hizo todo el tiempo que trabajó conmigo. Por alguna razón, escucharlo una vez nunca resultaba suficiente. Así que él me mostraba una y otra vez las formas en yo que estaba mejorando y luego me retaba a seguir adelante, a que diera el siguiente paso.

"Necesitamos desarrollar mejores estrategias para ayudarte a manejar situaciones que sientas son caóticas. Lo que yo veo es que están pasando dos cosas. Primero, necesitamos diseñar estrategias para que te puedas cuidar: ir a la tienda, subirte al tren subterráneo, cuidar a tus mascotas y, en general, moverte por el mundo sin disociación, dolor o pánico.

Lo segundo que escucho es que las partes jóvenes se alteran en ciertas situaciones, como en las multitudes y en entornos donde hay demasiada actividad y estímulo. ¿Te parece bien?"

Pude sentir un cambio dentro de mí cuando el Dr. Summer dijo eso sobre las partes más jóvenes. Mis pensamientos cambiaron rápidamente. Me encogí en mi silla y una voz pequeña dijo: "Sí".

"¿Parece que hay alguien nuevo aquí?"

Asentí.

"¿Está bien si hablo contigo?"

Asentí de nuevo.

"¿Eres tú a quien no le gusta el supermercado?"

"Sí", se escuchó la misma voz suave.

"¿Qué es lo que pasa en el supermercado?"

"No es la tienda, es la gente. Tenemos miedo de que una persona grande nos lastime. Así es que no la dejamos ir a lugares donde hay mucha gente".

Sentí mareo en la cabeza y, de seguido, una voz diferente, un poco más fuerte, pero aún joven, salió: "Y luego hay todo ese ruido. No la dejamos ir a lugares con demasiado ruido".

"¿Hay alguien nuevo aquí?"

"Sí".

"¿Está bien si hablamos?"

"Sí".

"¿Cuál es el problema con el ruido?"

"Siempre había ruido. Muchos gritos y llanto. Sucedían demasiadas cosas".

"¿Es ese el mismo tipo de problema que tiene la otra parte?"

"Sí. Es demasiado difícil para ella tenerle que prestar atención a toda la gente para descubrir quién es la siguiente persona que nos va a lastimar".

"¿No crees que Olga puede cuidarte?"

"Queremos creer eso, pero no estamos seguras".

"¿Por qué?"

"Porque no pudo cuidarnos antes".

"¿Saben todas ustedes qué año es?"

"¿Es el 1968?"

"Ah, ya veo. No, es 1996, y Olga ya es adulta. Todas ustedes viven dentro de ella, y ella ya sabe sobre ustedes. Ella también está aprendiendo cómo evitar que las personas las lastimen. Ella es fuerte y poderosa. ¿Estabas allí cuando le puso un alto a la mujer que les vino a gritar a la oficina?"

"¿Es 1996? ¿Ella es grande?" Hice una pausa para dejar que todas las partes digirieran la información que estaban escuchando. "¿Hizo que la gente dejara de gritarnos?"

"Sí". El Dr. Summer observó y se detuvo a esperar. La situación en mi casa había sido tan caótica. Yo tenía que prestar atención cuidadosa a papi, Mike, Alex y mi mamá. *Pero ya no vivo allí. Ya crecí. Soy adulta.*

Mis ojos se movieron rápidamente de un lado al otro. Me sentí mareada, y luego sentí una presión en el centro de mi frente. Sentí como si mis ojos estuvieran enfocados hacia el centro, dentro de mí. Reconocí esa sensación. Las partes se estaban juntando. Habían aprendido que ya no tenían que estar separadas de mí, ni entre ellas.

En mi voz adulta, le dije al Dr. Summer: "Las partes se están juntando".

"Cierra". Como siempre habíamos hecho, el Dr. Summer ayudó a las partes a que compartieran entre sí información, a través de la hipnosis; y muchas de mis partes jóvenes se integraron. Cuando me dijo, "Abre", abrí los ojos y me sentí más clara y más ligera, mi mente un poco más aguda. Me sentí relajada y orgullosa de mí misma.

Inmediatamente, mis pensamientos regresaron al supermercado. *Necesito poder comprar comida. Necesito ser capaz de cuidar de mí misma.* "Dr. Summer, ¿cómo voy al supermercado?"

"Ahora tal vez te va a ser más fácil. Intenta ir cuando no haya tanta gente y luego, cuando te sientas lista, haz los preparativos para que vayas en horarios más concurridos. Además, trata de buscar formas de dividir la experiencia en partes manejables, como lo hicimos cuando estabas deprimida. Haz una lista de compras, pero no sientas que tienes que comprar todo de una vez. Concéntrate en comprar los artículos de la lista, y no en todo lo que sucede a tu alrededor. Elige una tienda en la cual conozcas los pasillos y la distribución. Prueba hacer esto y modifícalo de acuerdo a lo que tú sientas dentro de ti funciona o no funciona".

Salí de su consultorio. Era mediodía del martes. Había regresado a ver al Dr. Summer dos veces por semana. Llamé a mi oficina para avisarles que me tomaría el resto del día libre y luego fui directamente al supermercado al que había intentado ir el pasado sábado en la mañana. Encontré mucho menos autos en el estacionamiento, me quedé sentada en mi auto y formulé una lista de compras. Dentro de la tienda me sentía nerviosa, pero no estaba aturdida ni sentía dolor.

Me gustaba este supermercado porque los pasillos eran amplios. Traté de no fijarme en todo y, en cambio, dividí mi lista en categorías. Estando en el pasillo de frutas y verduras, sólo miraba un sitio en específico y luego volvía a enfocarme en la lista para ver si necesitaba algo más de esa sección. Luego pasaba al otro lado, y cada vez que comenzaba a sentir peso en mi pecho, me enfocaba en la lista otra vez.

Recorrí cada pasillo en orden para que de esta manera me resultara más fácil. Podía tomarme mi tiempo. Sentí que eso era muy importante, aunque no estaba segura de por qué. Me cautivaba no sentirme presionada, estar en control. Para este entonces sabía que los sentimientos fuertes y convincentes provenían de las partes, así es que me tomé mi tiempo y tomé nota mentalmente para hablar con el Dr. Summer sobre el asunto.

Iba ya, más o menos, por la mitad de la tienda, y tenía un carrito lleno de compras. Una vez hiciera otra parada más en la carnicería iba a tener todo lo que había en mi lista. Pero estaba cansada. En la tienda las pilas de productos eran tan altas y los empaques eran coloridos, pero los colores eran demasiado estimulantes. El peso que sentía en mi pecho iba en aumento. Traté de concentrarme en la lista, pero me vino un pensamiento: *Me tengo que ir*. Ya había logrado hacer todo lo que era capaz aquel día.

Me di la vuelta y empujé mi carrito hacia las cajas registradoras. Descargué mi compra, pagué y me fui. Cuando ya estaba en casa, escuché una pequeña voz en mi cabeza que decía: "Gracias". Agradecí a las partes por permitirme ir al supermercado. Aunque habíamos terminado yendo antes de lo planeado, me sentía realizada de haber logrado algo que no había podido hacer en más de un año. Tenía todo lo que había anotado en mi lista, excepto la carne.

Fue así como, de manera gradual, me fui exponiendo a desafíos cada vez mayores. Con el tiempo, el poder negociar con las partes fue una estrategia esencial que me permitió regresar a actividades que había abandonado. Las cosas mejoraban cuando yo no peleaba con las partes, cuando no me embarcaba en batallas internas que yo percibía como ataques de pánico y dolor provocado por situaciones que parecían ser similares a las que habían causado trauma en el pasado.

Me seguía esforzando por dominar mis limitaciones, establecer la confianza de las partes en mí, demostrando que podía y escucharía sus miedos y preocupaciones; esto nos permitía unirnos y lograr una sensación de que podíamos cuidarnos de nosotras mismas y entre nosotras mismas.

Por mucho tiempo tuve que seguir batallando bastante para poder hacer las compras y, en general, para ir a las tiendas grandes. Cuando a las partes más jóvenes yo no les podía dar seguridad de que no había peligro, entonces negociaba con ellas para que me ayudaran a hacer lo que necesitaba hacer. *Si me dejan que vaya a la tienda de productos electrónicos para comprar sólo una cosa, entonces pasaré por helado de regreso a casa.* Las partes jóvenes se podían contener siempre que después pudieran pasar por un helado.

En nuestras sesiones, el Dr. Summer y yo nos enfocamos en lo que las partes sentían, sabían y necesitaban compartir y en integrarme y seguir viviendo mi vida al máximo. Me alentó a seguir corriendo y a que participar en maratones, a pesar de que las partes tenían miedo de las multitudes. Me retó a seguir con mi entrenamiento en el gimnasio.

Lentamente, mediante esfuerzos continuos, aprendí a desafiar el miedo interior y a tomar pasos constructivos para lidiar con él. Aprendí a establecer límites con las personas en el trabajo y en casa. Aprendí a comunicarme con las partes internas y a informarles en qué año nos encontrábamos y yo ahora no me hallaba en peligro.

También aprendí que ignorar el miedo flagrantemente no era una estrategia eficaz; me causaba mucha tensión demasiado rápido. Cuando un amigo mío y yo estuvimos en Indianápolis visitando a sus padres, me sentí orgullosa de poder hacer el viaje fuera de la ciudad y quedarme con personas que me eran relativamente ajenas. Greg y yo amábamos el fútbol americano, y sus padres sabían que yo era especialmente aficionada a los *Colts*. Su mamá logró conseguir entradas para que Greg y yo fuéramos al juego ese fin de semana, con asientos en la línea de las cincuenta yardas. Me conmovió su regalo, pero por dentro me sentí alarmada y con miedo. Los pensamientos que las partes empezaron a tener eran inconfundibles: *Nunca hemos estado allí. No sabemos qué esperar. Va a haber mucha gente. Queremos quedarnos aquí a ver el juego. Ya aceptamos el plan de venir acá a Indiana. Nos dijeron que, si veníamos acá, íbamos a poder estar con el padre de Greg y ver televisión todo el fin de semana. Esto es un cambio al plan.*

No hice caso de esos pensamientos. Quería ir. Eran asientos buenísimos, y no quería admitirle a la mamá de Greg ni a mí misma que necesitaba tiempo para considerar la propuesta. Así es que nos fuimos.

Sin embargo, cuando íbamos camino del estadio, mi pecho empezó a sentirse pesado y sentí un ligero dolor cuando pensé que ir podía ser peligroso. Me di cuenta de los sentimientos que estaba experimentando y les recordé a las partes qué año era y quién las estaba acompañando. Greg tenía conocimiento del abuso sexual que había sufrido en mi infancia y de los ataques de pánico que actualmente me daban; y siempre había sido considerado y atento. Era alto, fuerte y seguro en sí mismo. Él nos ayudaría a protegernos. Descarté el miedo que sentían las partes por encontrarse a proximidad con hombres que olían a alcohol, partes que habían sufrido violaciones colectivas de los amigos de mis hermanos o que habían sido prostituidas. Como no estaba activamente prestándole atención a sus miedos, no comprendía del todo lo que estaban sintiendo las partes que estaban activamente tratando de llamar mi atención.

Mientras más nos seguíamos acercando, más dolor sentía. Estaba empecinada en que realmente quería ir y no quería decepcionar a Greg ni a sus padres. Seguí ignorando las señales dentro de mí. Fuimos a buscar algo de comer y comenzamos a buscar dónde estaban nuestros asientos. Al mirar a mi alrededor, pude ver que casi todas las personas tenían gran alboroto, bebían cerveza y estaban divirtiéndose. Sabía que no había ningún problema y estábamos en un lugar totalmente seguro. Sin embargo, cuando nos sentamos, el dolor se puso peor. Al pararnos cuando entonaban el himno nacional, me dio pánico. Mis pensamientos comenzaron a acelerarse, mi cabeza se llenó de algodón y mis ojos se desenfocaron. Yo quería saltar y salirme de mi piel. Greg se dio cuenta del pánico que me había entrado y de que estaba sintiendo dolor. Me preguntó qué debíamos hacer. Apenas pude decirle: "¡Sácame de aquí!" El dolor en mi abdomen y espalda era insoportable.

Greg me tomó de la mano y me llevó para el baño más cercano, asegurándose de que fuera un baño de mujeres. Se disculpó con una mujer que estaba lavándose las manos y le explicó que yo me sentía enferma. Ella me miró y dijo que entendía. Greg abrió la puerta de uno de los cubículos dentro del cual estaba el inodoro y, con firmeza pero también muy amablemente, me dijo que me sentara y cerrara la puerta con llave. Me aseguró que estaría esperando allí mismo. Dentro del baño me sentí un poco mejor. Greg había sido tan increíble. Podía ver sus pies debajo de la puerta y se quedó allí protegiéndome. Cada vez que oía los gritos de la multitud, el dolor me invadía y no dejaba de temblar y llorar. Greg me preguntó si estaba bien.

Le dije: "Todavía no", y respiraba despacio y profundo.

Me concentré en las partes internas. Estaban enojadas porque habían tenido que armar un lío tan grande para llamarme la atención. *No nos sentimos seguras. Los hombres olían a alcohol. No podemos confiar en ti. Dijiste que nos protegerías. No nos escuchaste.* Me sentí mal. Algunas partes habían perdido la confianza en mí.

"Está bien, lo entiendo", pronuncié suavemente para que Greg no oyera. "Parece que a ustedes no les importa que ahora soy grande y que Greg puede ayudar a protegernos, ¿cierto?"

Nadie nos puede proteger de todas esas personas. Nos tenemos que ir.

"¿Saben qué año es?"

No nos importa.

"Está bien, nos iremos". Tan pronto como lo dije, dejé de temblar, el dolor disminuyó y pude empezar a respirar mejor.

Exhausta, abrí la puerta. Greg me miró, preocupado. Me partió el alma verlo. Lo había asustado y él estaba tratando tanto de ayudar.

"Voy a tener que irme. ¿Está bien?"

"Sí, por supuesto. ¿Es la multitud?"

Empecé a llorar nuevamente. "Siento mucho no haber podido hacer esto, Greg".

"A mi verlo aquí no me importa. Estaba feliz de verlo en casa con mi papá". Llegamos a casa a tiempo para ver la última cuarta parte del juego.

Aprendí una y otra vez que tenía que escuchar a mis partes. Si hubiera tomado el tiempo necesario para lidiar con el miedo que en un inicio habían sentido, tal vez hubiera podido asistir al juego. Podía haberles dejado saber qué año era antes de que comenzaran a sentir pánico, y les pudiera haber dicho que no las estaba llevando a ningún sitio para prostituirlas. Podía haber hablado con Greg sobre las cosas que temía y tal vez haber coordinado con él para que me ayudara a identificar posibles condiciones de peligro. Esto les hubiera dado seguridad a mis partes más jóvenes que se hallaban a salvo.

Llegué a mejorar mucho en este aspecto, pero aún había momentos en que el dolor de las partes intentaría llamarme la atención. Cuando eso sucedía, aprendí a medir cuánto tiempo podía resistir, cuánto podía negociar y cuánto ceder, tratando siempre de hallar un equilibrio entre mi interés principal que era que mis partes que todavía no estaban integradas ganaran confianza en mí; y expandir mi capacidad de poder hacer cosas. También continué tratando de buscar una solución a cualquier tipo de limitación. A veces, cuando me sentía incapaz de hacer algo que a otras personas parecía fácil de hacer (algo que incluso yo solía hacer antes de que recuperara todos los recuerdos), me sentía completamente desesperanzada y sin la capacidad de resolver las cosas, perdiendo de vista todo lo que había logrado.

Pero logré progresar mucho. Aunque las multitudes seguían resultándome difíciles, fui a la feria estatal donde había cientos de miles de personas. Me encantó haber ido, y de antemano medité con cuidado sobre cualquier posible temor que pudiera emerger; sobre algunos temores que habían emergido con mis partes recientemente descubiertas, y otros temores que podía predecir porque con anterioridad me habían causado ataques de pánico. Pero me fascinaba ir a la feria. Allí comí chuletas de cerdo en brochetas y a la parrilla; vi todos los pollos y las llamas, y realmente me la pasé genial.

14

La primera vez que hablé en público acerca de mi experiencia durante mi infancia fue en 1996. Todavía estaba recibiendo terapia, pero había vuelto a funcionarme bien. Estaba más fuerte y tenía una mejor idea de quién yo era y de lo que me había pasado. Había invertido mucho tiempo tratando de entender cómo mi familia pudo hacer lo que hizo.

Empecé a hablar en público cuando Verónica, mi jefa en la Oficina para Víctimas de Crimen, vino a mi oficina a hablar conmigo. Charlamos unos minutos antes de que me preguntara, "Entonces, ¿cómo estás realmente?"

"Estoy bien, gracias".

"Olga, al principio, cuando te acercaste a mí ofreciéndome que te contratara, aproveché la oportunidad por lo que estabas haciendo, porque querías sanar. Tenía la esperanza de que pudieras llegar a estar lo suficientemente fuerte para compartir con otras personas lo que has aprendido sobre la violencia que sobreviviste. ¿Crees que te sientes lo suficientemente fuerte? ¿Considerarías la posibilidad de hablar con los proveedores de servicios sobre el abuso infantil desde la perspectiva de una sobreviviente?"

"¿De veras?"

"Sí, creo que sería genial".

Lo pensé por unos minutos. "Sí, creo que sí".

"¿Crees que podrías asistir a una reunión en St. Louis? El tema es acerca de las familias en las que hay violencia doméstica y abuso infantil. ¿Crees que podrías ir y hablar de tu experiencia?"

Lo pensé nuevamente un poco más. "Sí, creo que puedo hablar al respecto, pero no estoy segura de que quiera volar. Eso me da un poco de miedo".

"Avísame si crees que puedes volar. De todos modos, me gustaría que supervisaras los proyectos de financiamiento que tenemos relacionados con el abuso infantil".

"Está bien, eso me gustaría". Me emocionaba trabajar en ese tipo de proyectos. Verónica parecía confiar en mis habilidades. *Quizá podría marcar una diferencia.* Verónica sonrió y salió de mi oficina.

Me quedé allí asida a las palabras de Verónica. *¿Realmente le importará a la gente lo que pienso? ¿Les importará lo que tengo que decir? Soy abogada, no psicóloga. Esta es una oportunidad increíble. ¿Pero, quiero que personas desconocidas sepan sobre mi TID? Tal vez podríamos hablar sólo sobre el abuso y no sobre mis partes.* Hubo un acuerdo interno de que compartiríamos sobre el abuso que sufrimos, pero no sobre la existencia de las partes.

Al día siguiente, me senté en la oficina del Dr. Summer esperando a que él preparara té. Estaba emocionada de contarle sobre mi nueva tarea. Mientras me daba mi taza, comencé a decirle: "Verónica quiere que supervise todas las subvenciones que manejamos en relación al abuso infantil. Ella cree que tengo algo que aportar a proyectos en los que otras personas en la oficina no están involucradas". Hice una pausa para estudiar su reacción. Cuidadosamente se tomó un sorbo de té. Cuando a él algo que yo hacía le preocupaba, generalmente tenía una mirada más seria, sus ojos se abrían un poco más y aparecían las arrugas de su frente. Era una mirada sutil, pero yo era capaz de detectarla. Ese día, no parecía sentirse preocupado.

"Suena genial, Olga. Lo que me resulta interesante es que pareces estar muy sorprendida. Tienes una perspectiva que otros no tienen. Sabes que lo que pasaste es algo que puede suceder, sabes cómo sucede y qué fue lo que te ayudó a sobrevivir".

Allí sentada, pensé en lo que Verónica me había dicho. "Quiere que asista a una reunión en St. Louis y que presente una ponencia. Es una gran oportunidad, y creo que quiero hacerlo".

"Percibo cierto titubeo. ¿Hay algo que te preocupa sobre la posibilidad de ir?"

"¿Crees que la gente le va a prestar atención a una abogada que venga a hablarles sobre las consecuencias del abuso infantil? ¿Crees que va a importarles lo que pienso? Yo no soy tú, Dr. Summer".

Él se sonrió ante lo obvio de mi declaración. *Claro que no soy él.*

"No, lo que estoy tratando de decir es que no soy psicóloga. No poseo el adiestramiento necesario".

"Eso no es cierto", me interrumpió. "Tienes mucho adiestramiento. Has sobrevivido años de abuso y tienes varios años de terapia en tu haber. Tú sabes más que muchos médicos e investigadores. Sabes lo que se siente. Sabes lo que te ayudó a sanar".

Permanecí callada. "Tengo miedo, Dr. Summer".

"¿De qué tienes miedo?"

"De todo. Tengo miedo de sentirlo todo de nuevo. Tengo miedo de decirlo otra vez".

"¿Crees que decirlo lo hará real?"

"Sí".

"Olga, es real. Mientras sigas viviendo, creciendo y continúes integrándote, cada vez más vas a sentir lo real que es y cómo, en efecto, esto es algo que a ti te sucedió. Cuanto más puedas sentir en general, más te podrás sentir bien acerca de las cosas en tu vida", me recordó. "Al mismo tiempo, también sentirás lo malo en tu vida y te dolerá más. Esa es la parte delicada. Ya no te estás disociando tanto. Entonces, puede que sientas mayor malestar si te dedicas a hacer esto. Pero creo que va a ayudarte con tu habilidad para sentir, incluso para sentir las cosas buenas. Y tienes la oportunidad de ayudar a otras personas".

Sentí el impulso tan conocido de evitar hacer algo nuevo, algo que podría sentir no era seguro de muchas e impredecibles maneras. Pero había estado aprendiendo cómo superar estos sentimientos, escuchando atentamente a las partes y siendo creativa para calmar sus miedos. Cuando podía superar una experiencia que me atemorizaba sin que me entrara pánico, las partes internas veían que me encontraba bien y entonces confiaban un poco más en mí. Poco a poco fui capaz de hacer más cosas nuevas.

"Me preocupa el avión", hice una pausa y me corregí: "Hay partes jóvenes que tienen miedo de volar".

"¿A qué le tienen miedo?"

"Los aviones son pequeños y están llenos de gente. Tienes que permanecer sentada y estás atrapada. Las partes tienen temor de quedarse atrapadas". Hice una pausa mientras escuchaba a otras voces dentro de mí. El Dr. Summer comenzó a responder, pero lo detuve. "Otras partes tienen miedo de enfermarse en el avión. Nos enfermábamos todo el tiempo cuando la gente nos hacía daño y papi nos golpeaba cuando nos enfermábamos. Así que la idea me hace sentir un poco de pánico".

"¿Me dejas ayudarte eso? La hipnosis y las imágenes que hemos usado cuando te alteras mucho pueden ayudarte a mantener la calma y evitar el pánico. Puedo hacer una grabación para que la escuches cuando subas al avión. Puedes imaginar que estás en un lugar tranquilo antes del despegue, durante el despegue y cuando estés volando y luego te despiertas cuando escuches el anuncio de que llegaron a St. Louis. ¿Crees que eso te facilitaría el viaje?"

"Sí. Eso sería magnífico".

"Bueno. Durante nuestra próxima sesión haremos una grabación".

"Gracias, Dr. Summer. Pero, ¿y si la grabación no funciona? ¿Qué pasa si mis partes se salen de la hipnosis?"

"Entonces puedes tomar Klonopin para calmar la ansiedad que puedan estar sintiendo las partes".

En 1996, volé a St. Louis con la ayuda de la grabación del Dr. Summer. No me dio pánico y no necesité tomar el Klonopin.

...

En St. Louis, hablé acerca de ver a mi padre golpear a mi madre y luego abusar sexualmente de mí. Opté por no hablar sobre el abuso que sufrí a manos de mis hermanos ni de nada de lo que sucedió tras la muerte de mi padre. Tampoco hablé de que había sido prostituida, pues sentí que era algo demasiado complicado y difícil, y todavía no me sentía lista para hablar sobre el tema con un gran grupo de personas desconocidas y tener que responder las preguntas que inevitablemente surgirían. Otra manera de demostrar a mis partes que iba a mantenerlas seguras para que vieran que podían confiar en mí, era escucharlas decirme lo que se sentían cómodas que yo dijera a otras personas, también pensando con cuidado lo que voy a decir y cómo voy a decirlo. Ese día yo sólo compartí con la audiencia lo más que pude de una manera general: "Yo fui una de los niños sobre los cuales vamos a estar hablando en los próximos dos días. Con agonía miré cómo mi padre le hacía cosas horribles a mi madre. Y tuve que sufrir las violaciones sexuales a las cuales mi padre me sometió. Por eso, a medida que continuemos compartiendo, voy a quererles recordar la razón por la que hoy estamos aquí, y para quienes estamos aquí".

Me sentí poderosa por haber dicho incluso sólo eso. Cuando ahora rememoro ese evento me doy cuenta de que en realidad no ofrecí mucha información sobre lo que me había sucedido. No dije mucho. Pero a la misma vez sentí que había dicho mucho y me sentí fuerte por haberlo hecho.

No fue hasta más tarde que me enteré de que en la audiencia se encontraban algunos de los expertos más conocedores en el campo de la violencia doméstica y el abuso infantil. De haberlo sabido me hubiera sentido demasiado vulnerable y no hubiera aceptado hablar. Pero, durante la próxima reunión, el diálogo continuó volviendo a mí. Mientras los participantes discutían sus ideas, alguien se dirigía a mí y me preguntaba, "¿Crees que esto te hubiera ayudado?" Pensaba en la pregunta y respondía lo mejor que podía. Fue una sensación increíble que me pidiera mi opinión sobre asuntos tan importantes; a la misma vez, quedé agotada. La reunión duró todo el día, y cuando todos fueron a cenar, yo fui a mi habitación. Habían estado hablando sobre cómo ayudar a los niños y sus madres; y yo les había estado hablando sobre mí. *Estas son las cosas que en realidad pasaron en mi vida. Irme a cenar no es un receso de esa realidad*. Me senté en la oscuridad de mi habitación y lloré tan fuerte que temí que alguien me oyera en el pasillo.

De vuelta en el consultorio del Dr. Summer, él me recordó la importancia de que hubiera experimentado tal nivel de emoción y me felicitó por haberme mantenido presente y por no haberme disociado durante todo el viaje. "Se volvió más real para ti".

"Sí, podía sentir que en realidad estaba hablando acerca de mí y no de otra persona".

"Me imagino que en este momento no lo veas así, pero lo hiciste bien. Olga, estás de luto por la familia que nunca tuviste y por la infancia que nunca tuviste. Lamento tu dolor".

Empecé a llorar. "¿Cuándo va a dejar de dolerme?"

"No lo sé. Ojalá te pudiera decir. Quisiera tener el poder de quitarte el dolor. Pero con el tiempo vas a mejorar y te va a ser más fácil".

Después de la reunión en St. Louis, recibí varias invitaciones para ir a compartir mi historia en diferentes conferencias: ante grupos de jueces, ente personal de la administración para el bienestar infantil y ante organizaciones contra la violencia doméstica. Acepté la mayoría de las invitaciones. Cada vez me sentía más fuerte, sentía que se tenía en cuenta y respetaba mi opinión y experiencia; y cada vez me sentía más triste por lo que mi vida había sido.

Incluso luego de que Verónica se fuera de OVC, continué trabajando en los proyectos de violencia doméstica, agresión sexual y abuso infantil que financiamos. También contribuí en la recaudación de fondos para programas enfocados en ayudar a mujeres de las comunidades de trabajadores inmigrantes y migrantes, las cuales son especialmente vulnerables al acecho y la coerción debido a su situación económica y estatus migratorio. Mi nuevo jefe permitió que yo continuara hablando al público sobre mi abuso. Cada ponencia que impartía era una experiencia muy poderosa para mí. Mejoré mi forma de presentar y comencé a mostrar imágenes de cuando era niña para que la gente pudiera verme y establecer una conexión con la niña pequeña que existía dentro de mí. Con el paso del tiempo, fui capaz de contar más sobre mis experiencias y creo que me convertí en una mejor oradora, pudiendo tantear cómo estaba la audiencia y ajustando mi presentación en consecuencia. Me acostumbré a la rutina de los aeropuertos y a volar. Después de varios meses ya no necesitaba la grabación del Dr. Summer. Sabía cómo hipnotizarme a mí misma. Al subir al avión guardaba mi portafolio, me sentaba, respiraba profundamente y cerraba los ojos. Lentamente iba quedándome dormida y casi siempre continuaba durmiendo durante toda la duración del vuelo. Me sentía bien.

Después de haber trabajado aproximadamente siete años en OVC, dejé de trabajar para el gobierno federal y me convertí en una consultora independiente, dedicándome a trabajar a tiempo completo en temas relacionados con el abuso infantil, la violencia doméstica, la agresión sexual y el trauma. Poco después de eso fue que finalmente hallé el valor para empezar a hablar sobre cómo desarrollé la disociación como un mecanismo de supervivencia cuando era niña y cómo esta condición me ha acompañado a lo largo de mi vida. Durante mis charlas y presentaciones hablé sobre cómo había aprendido, entrenada por la situación, a iniciar y permitir el abuso; y sobre cómo estos mecanismos de supervivencia que aprendí, los seguí usando cuando era una adolescente y una adulta joven. Le explicaba a mi audiencia cómo disociarme me había puesto en un peligro mayor ante las agresiones que luego sufrí en mi vecindario y en la escuela; pues hacía más fácil que los depredadores sexuales pudieran reconocerme. Finalmente, comencé a hablar de mis hermanos y de las violaciones en pandilla. Incluí una sesión de tiempo dedicada a responder preguntas de la audiencia, al final de mis presentaciones; y me sentía conmovida por las preguntas sensibles y consideradas que me eran hechas. Creé un sitio web donde explico los distintos adiestramientos, capacitaciones, presentaciones y apoyo técnico que ofrezco.

Por muchos años expliqué en qué consiste la disociación, pero no explicaba la condición de 'Trastorno de Identidad Disociativo (TID)'. A veces, basada en las preguntas que recibía, podía entender que las personas en la audiencia sabían que en mí tenía que haberse desarrollado el TID, para poder sobrevivir, pero no me hacían directamente la pregunta. No fue hasta el año 2005 que hablé sobre la condición públicamente, cuando produje el video de *La Historia de una Sobreviviente*, para su uso en adiestramientos; y envié un artículo al boletín del Centro Nacional de Recursos sobre Violencia Sexual, donde hablaba sobre mi vida con TID. Cuando por fin me decidí a hablar públicamente sobre la condición, lo hice en grande.

La acogida fue mayor de lo que había esperado. Recibí correos electrónicos e invitaciones para hacer presentaciones en todo el país. Esto me hizo sentir bien y ya no me importaba ser una abogada que hablaba sobre problemas psicológicos porque yo hablaba de mi propia experiencia, desde mi mundo interior hacia el mundo exterior. Hacerlo se ha vuelto la obra maestra de mi vida.

Epílogo

Estoy acostada en la habitación de mi hotel en Atlanta y echo de menos mi hogar. *Odio estar lejos*. Me levanto y me concentro en alistarme para empezar el día, preparándome mentalmente para el evento que va a tener lugar. Es una conferencia para trabajadores/as sociales de todo el estado, a la cual asistirán 250 participantes. Impartiré una conferencia de apertura sobre las consecuencias del trauma y voy a hacerlo desde un enfoque personal. También dirigiré varios talleres sobre el trauma y el TID, desde el punto de vista de una persona que lo ha vivido en carne propia.

Amo este trabajo. Por mucho que odio tener que viajar lejos de mi casa, me recuerdo a mí misma que me encuentro en una posición afortunada y única, porque puedo ayudar a profesionales a comprender cómo pueden surgir el trauma y el TID, de qué manera pueden reconocer las señales que indican la presencia de trauma y cómo pueden trabajar de la manera más eficaz con personas que tienen TID.

Por ejemplo, si una persona les dice que sufrió una agresión sexual violenta y se los dice de manera monótona y con un semblante inexpresivo; este comportamiento sería normal si la persona se disoció cuando tuvo lugar la agresión. Los agentes de policía y los fiscales pueden llegar a entender que incluso cuando una persona no actúa de la manera que ellos creen que debería hacerlo, aun así, es posible que un crimen se haya cometido.

Las conferencias que imparto se han ido incrementando en los últimos años. En las mismas muestro fotografías de cuando era niña y termino con una presentación de diapositivas de mi vida actual: facilito talleres, me paro en podios a contar la historia de mi vida y paso tiempo en mi granja con Casey, el amor de mi vida.

Cuando me encuentro lejos extraño tanto a Casey que hasta me causa dolor. Ella es una compañera increíble: inteligente, ingeniosa, considerada, compasiva y amorosa. A lo largo de los años, me ha enseñado a ser una mejor compañera. Cuando algunas partes de mí salen a la superficie, a ella no le da miedo y me menciona el cambio que está observando en mí. Gracias a nuestra relación he continuado mejorando y he podido reconocer otras de mis partes.

Nos conocimos hace años a larga distancia porque trabajábamos juntas, pero no nos conocíamos en persona. Mientras más la fui conociendo por teléfono, descubrí su bondad y su naturaleza amorosa. En aquel momento no me había dado cuenta, pero me había empezado a enamorar de esta maravillosa mujer antes de conocernos en persona. Nunca voy a olvidar la vez primera que la vi. Había ido a Minnesota para una conferencia y llegué un poco más tarde de lo que se esperaba, por lo que el adiestramiento al que yo iba a asistir estaba a punto de empezar. Me sentía un poco alterada. Alrededor mío la gente estaba firmando el registro de asistencia. Algunos instructores revisaban el plan del día y otros/as estaban ocupándose de los detalles de último momento. Había tanto que asimilar de un golpe. Entonces, en medio de todo el movimiento, Casey se me acercó y se me presentó. Al levantar mi vista para darle un saludo me quedé sin palabras. Fue casi un cliché, como sucede en las películas cuando se detiene el torbellino de actividad que rodea a los dos personajes. Para mí ella exudaba tranquilidad en medio del caos.

Me hizo recordar los ojos de Doña Graciela y la gentileza de su alma llena de amabilidad y amor, diferente de todo lo que había experimentado con anterioridad. Y desde aquel entonces ya había encontrado gentileza en los ojos de muchas personas, pero ese día, al mirar a los ojos de Casey, sentí que había estado buscándola toda mi vida. *Por fin la encontré.* Después de haber terminado mi matrimonio hacía ya unos diez años, no me extrañaba en lo absoluto que se desarrollara en mí un interés en salir con mujeres. Por primera vez en mi vida vivía sola y estando en esa situación me di cuenta de que sentía atracción por las mujeres y que la había sentido desde que tenía doce años. No obstante a ello, en mi familia y mi cultura jamás se hubiera visto bien que yo fuera lesbiana.

Mientras estaba en Minnesota me pasé la mayor parte de la conferencia conversando con Casey tanto como me fue posible, a la vez que trataba de que mi interés no se volviera demasiado obvio. Cuando regresé a casa me di cuenta de que a mi vida le faltaba algo y poco después decidí que me iba a mudar a Minnesota. Ya hacía varios años me quería ir del área de Washington D.C., con sus vías rápidas congestionadas y el alto costo de la vida. Nunca antes había encontrado el momento ideal. Esta era la oportunidad perfecta, y ya hacía tiempo el medio-oeste del país había despertado mi interés, con la amabilidad de su gente y un estilo de vida más relajado.

Me enamoré de St. Paul y me encantaba estar lo suficientemente cerca de Casey para poderla ver de vez en cuando. Me tomó mucho tiempo poder decirle lo que sentía por ella, por miedo de que eso la asustara y entonces perder por completo nuestra relación. Era mejor poder ser su amiga que no tenerla en mi vida para nada. Finalmente, terminamos por compartir nuestros sentimientos mutuos y, poco después, juntas compramos una pequeña granja que restauramos. En años recientes hemos plantado un área con moras orgánicas, un maravilloso jardín de verduras y hierbas olorosas. Hacemos jabones, criamos abejas y mantenemos un pequeño corral con gallinas ponedoras de huevos. Tenemos un pequeño negocio que llevamos desde la granja (Granja Mirasol) y vendemos los jabones que hacemos y lociones de ingredientes orgánicos que elaboramos. Tenemos tres perros y dos gatos. El lugar es hermoso y tranquilo; y es una vida diferente de cualquier otra que jamás yo me hubiera imaginado tener.

...

Poco después de haberme mudado a Minnesota, me llamó mi mamá. Dijo que me extrañaba. En 1994, cuando estaba inmersa en mi terapia, les escribí a mis hermanos y a mi madre, describiéndoles el proceso de recuperación en el que me encontraba y pidiendo su apoyo. Les expliqué el proceso lo mejor que pude, les recomendé algunos terapeutas que podrían ayudarles a que entendieran mejor el TID y les recomendé una lista de libros. Les dije que, a menos que tuviera su apoyo, no me iba a ser posible tener con ellos una relación. Ninguno de los tres volvió a comunicarse conmigo.

Esta vez, cuando habían pasado casi doce años y mi mamá llamó, no mencionó mi carta ni me preguntó cómo yo había seguido progresando. No obstante a eso, yo me sentía agradecida y emocionada de que me hubiera buscado y titubeé ante la idea de poder tener una relación amorosa con mi madre, ahora que las dos éramos adultas. Nos mantuvimos reconciliadas aproximadamente seis meses. Visité su casa y hablamos por teléfono varias veces. Nuestras conversaciones eran muy importantes para mí.

Me dijo que lamentaba todo lo que había ocurrido cuando yo era una niña; y yo, con orgullo, la puse al tanto de mi carrera, de mis logros, del trabajo que realizaba y por qué me parecía tan crucial. Sin darme cuenta de cómo sucedió, ya le había comprado una cámara nueva y le había abierto una cuenta bancaria en la que regularmente le depositaba dinero. Estas cosas las había hecho sin pensar, sin que tuviera un plan. La necesidad de hacerlas era imperante.

La última vez que habíamos hablado era porque ella me había dejado un mensaje por mi cumpleaños cuarenta y seis. Que ella se hubiera recordado de mi cumpleaños me había afectado tan profundo que me hizo llorar con más fuerza de lo que había llorado en años. Al llamarla de vuelta me dijo que su computadora se había roto y no tenía dinero para comprase otra. Se me hundió el alma y, como había hecho anteriormente, acudí a su rescate. Estábamos todavía conversando y aún con ella en el teléfono me metí en internet a comprarle una nueva computadora portátil, de las mejores que había en el mercado. Esa era realmente la razón por la cual me había llamado. Me dio las gracias y colgó.

Llorando, me fui a buscar a Casey. Poco tiempo después cerré la cuenta bancaria y le pedí a mi mamá que no me pidiera ningún otro regalo ni dinero. En el presente, mi relación con mi mamá es muy limitada y todavía me resulta muy dolorosa. De vez en cuando me manda facturas que no puede pagar. Le respondo diciendo que la amo, pero que no voy a poder pagar sus cuentas. Mi hermano Mike es quien lleva el manejo de sus finanzas, y yo le doy la sugerencia de que se dirija a él.

...

Todavía no he llegado a entender totalmente el mecanismo interno que me hace desconfiar de los demás, el mecanismo que se interpuso entre David y yo. A veces me resulta difícil confiar en Casey, en nuestros amigos e incluso en el Dr. Summer. Creo esto es algo con lo que voy a tener que lidiar toda mi vida.

Ya llevaba dos años de no ir a terapia con el Dr. Summer antes de que me mudara al medio-oeste del país. Ya había pasado bastante tiempo desde la última vez que encontramos nuevas partes y desde que no había sentido el dolor del pánico. Por eso había creído que realmente ya estaba totalmente integrada, que todas las partes en mi interior habían sido acogidas e incorporadas a mi yo central, a quien yo era. Sin embargo, la primera Navidad que pasé con Casey fue difícil y me demostró lo contrario. Nos pasamos el día con dos familias que Casey conocía desde hacía mucho tiempo, personas que para mí se estaban convirtiendo en amistades cercanas.

No me había puesto a pensar con detenimiento en cómo iba a ser el día. No sé siquiera qué expectativa había tenido de cómo iba a transcurrir. Cuando llegamos, la proximidad a ocho adultos y tres niños, y el caos de la situación me hizo sentir abrumada. Algo dentro de mí cambió y despertó a una de mis partes cuya función es detectar peligro en situaciones que son impredecibles. No vi las señales de lo que había sucedido, ya que mis sentimientos parecían totalmente normales.

Mis pensamientos pasaron a ser, de amorosos y cariñosos, a negativos y enojados. El deleite que anteriormente me había causado la compañía de los niños y el agradecimiento que sentía por la manera que todos me habían acogido, habían desaparecido. Estas personas tan amables ahora parecían una amenaza contra mí y mi seguridad. Me volví inflexible. Sentía como si estuviera sentada dentro de un caparazón y si alguien hacía un sonido o un movimiento inesperado el caparazón que me estaba protegiendo se podía romper. Permanecí callada, con desapruebo en mi interior e impaciente. Las risas y la alegría del intercambio de regalos me causaban molestia. Seguir en compañía de los demás mientras el día transcurría me causaba impaciencia. Me hallaba a mí misma cada vez más enojada cada vez, pero no me quería ir porque temía quedar mal y ofender a todos. Casey no parecía tener prisa alguna para irse. *Es su culpa que estoy atrapada en medio de este caos. A estas alturas Casey me conoce suficiente como para saber que esto me iba a resultar difícil. Debía haberme dicho que iba a ser así.* Cuando por fin llegamos a la casa, compartí con Casey todo lo que estaba pensando, y no lo hice de una manera amable. Me sentía enojada con ella por haberme decepcionado y permitir que me hubiera sentido infeliz.

En ese momento percibía a Casey de una forma bidimensional. Me sentía lastimada y me aislé, pensando que no le importaba en lo absoluto. Entonces empecé a dudar de quién era Casey para mí. Se me olvidó que era el amor de mi vida, la mujer que me ayudó a construir esta vida en una hermosa granja con todas nuestras mascotas. Se me olvidó que había sido ella quien había compartido conmigo con tanta generosidad su familia y sus amistades más cercanas. Llena de incertidumbre y, de pronto, volviendo a sentirme muy sola en el mundo; mi fuerte caparazón volvió a emerger: *Se preocupa más por sus amistades que de mí. No soy una prioridad para ella, como mismo nunca he sido una prioridad para nadie.* Creía que era una prioridad para ella y estaba desesperada por aclarar esta discrepancia. Tenía todo tipo de preguntas. Casey trató de aclarar y de explicar, pero se sintió lastimada y se puso a la defensiva como respuesta a mi tono enojado, a mi insensibilidad, a las preguntas sospechosas y comentarios sobre el desacuerdo.

Me tomó tiempo darme cuenta, en realidad me tomó varios días, pero por fin pude ver que había emergido una de mis partes que no confiaban, la cual era desconocida para mí. Casey había visto los cambios en mí y trató de ayudarme a descubrir qué estaba sucediendo. Me di cuenta de que no estaba tan integrada como había pensado. Poco después volví a llamar al Dr. Summer y decidimos continuar trabajando por teléfono.

Estoy descubriendo que toda esta seguridad y estabilidad que para mí son nuevas —el haberme mudado del sitio donde tanto me habían hecho daño, tener una relación tremendamente íntima, haber encontrado una nueva comunidad de personas que me acogen y me aman— me ha permitido trabajar aún a más profundidad de lo que había podido trabajar anteriormente. El hecho de sentirme con fuerza y en un lugar seguro le da a las partes mías, que anteriormente no sabía que existían, la oportunidad de salir adelante y presentarme sus recuerdos. Irónicamente, sus recuerdos han sido, hasta ahora, los más dolorosos de enfrentar. La desconfianza que sienten estas partes está muy arraigada, y existe precisamente con el objetivo de que yo no la pueda detectar. Pero mientras más fuerte me vuelvo, mejor sabe mi mente que soy capaz de enfrentarme al reto.

Aunque he conseguido mejorar muchísimo desde aquella primera Navidad, incluso hoy día me es difícil controlar mi cotidiana desconfianza. Con frecuencia Casey nota algún cambio en mi comportamiento (ya sea algo diferente en las expresiones de mi rostro, en mi tono de voz, en las palabras que escojo usar) e incluso antes de que yo me dé cuenta ella me pregunta con amabilidad cómo me encuentro. A veces, lo único que necesito que me recuerden es quién es ella. Otras veces ese recordatorio no me ayuda y no puedo dejar de sentir sospechas. Repito mis preguntas una y otra vez hasta que encuentro la respuesta que confirma la discrepancia que yo había percibido. Pero ahora soy totalmente consciente de lo difícil que me resulta confiar y Casey es también consciente.

El Dr. Summer también conoce este problema. A veces me descubro enredada en pensamientos negativos y sospechosos y le puedo decir a Casey que mis problemas de desconfianza están activos. Cuando esto sucede, casi siempre lo puedo mantener bajo control. Pero cuando me toman desprevenida y no puedo evitar que surjan, entonces Casey y yo solemos discutir, a ella no le es posible penetrar mi caparazón protector. Cuando esto sucede nos es a las dos muy doloroso. Al final, mi caparazón termina disolviéndose, ya sea a través de muchas discusiones o de negociaciones, o simplemente con el paso del tiempo; y así logramos superar los momentos difíciles.

...

Aquí en Atlanta, parada en el podio, cientos de personas han escogido estar aquí a pesar de que es sábado; mujeres y hombres de todas las edades, razas y profesiones. Me siento conmovida. Estas personas trabajan con menores, ancianos, con familias de escasos recursos, adultos con discapacidades y víctimas de violencia. Trabajan en escuelas, hospitales, agencias públicas y organizaciones sin fines de lucro. Están aquí para aprender cómo pueden mejorar el trabajo que hacen.

De pronto empiezo a sentirme más nerviosa de lo que me he sentido toda la semana. La audiencia es muy diversa. ¿De qué manera puedo hacer uso de mi experiencia personal y tratar de aplicarla a lo que hacen? Si consigo que abran sus corazones, ¿qué mensaje les puedo dar que les pueda ayudar? *No estoy segura. Pero tengo que comenzar.* En el pasado, si llegaba a este punto me hubiera automáticamente disociado. En cambio, siento el nerviosismo, me mantengo presente y, de algún modo, como por arte de magia o intervención divina, casi siempre todo sale bien.

"Les doy las gracias por darme hoy la bienvenida. Es para mí un honor encontrarme entre tantas personas que tienen tanto interés en este tema que han dedicado un día de su fin de semana para venir aquí. Estoy aquí como sobreviviente para contarles sobre mis experiencias de haber crecido en un hogar donde mi padre era violento con mi madre y a mí me abusaba sexualmente. Estoy aquí como una persona que encontró mecanismos para lidiar con el abuso, mecanismos que hicieron posible que hoy me encuentre aquí; pero que a la vez me hicieron vulnerable al abuso durante mis años adolescentes y de adultez temprana...."

Durante la siguiente hora de conferencia yo le cuento a la audiencia sobre mi experiencia de abuso y de supervivencia. Les hablo sobre Doña Graciela, los abrazos que ella me daba y su amor. Le recuerdo a la audiencia que ellos/as podrían ser la persona que un día podría marcar la diferencia en las vidas de los niños/as y adultos/as con quienes trabajan, que con frecuencia son esas acciones pequeñas y habituales como son los elogios, las pequeñas señales que constituyen gestos de afecto, o tan sólo las muestras de respeto y la importancia de que exista una relación. Cuando termino me comentan que agradecen el mensaje que compartí con ellos. Hablamos todo el día, de manera formal, en los talleres; y de forma informal, en los pasillos, durante el tiempo del almuerzo e incluso cuando nos tropezamos en el baño. Es para mí un honor escuchar sus historias y cómo se dedican a la erradicación del sufrimiento.

La conferencia terminó y una de las trabajadoras sociales me llevó al aeropuerto. Pasé por el puesto de seguridad y continué a la sala de espera donde aguardé pacientemente a que llegara la hora de abordar el avión y despegar. Todavía uso la hipnosis que me enseñó el Dr. Summer, de modo que me duermo la mayor parte del vuelo a casa. Al salir del aeropuerto, vi que Casey me estaba esperando. Mi corazón se llenó de amor. La extrañé tanto. La saludé y entré al auto con una sonrisa. En el asiento trasero estaba nuestro perro Griffin meneándose, lamiéndome la cara y canturreándome a su manera. Me incliné y besé a Casey, luego me relajé en el asiento mientras ella conducía hacia la casa. Esto es lo que siempre he querido: ser amada y amar de manera recíproca. Toda mi vida lo busqué y finalmente lo encontré. Ahora estoy en casa.

Acerca de la autora

Olga Trujillo es abogada, oradora y autora, quien en 1993 fue diagnosticada con Trastorno de Identidad Disociativa. Su experiencia en los últimos 30 años ha sido como abogada en el Departamento de Justicia de los Estados Unidos, asesora de muchas organizaciones locales, estatales y nacionales. Olga es oradora y autora a nivel internacional y aparece en el video "A Survivor's Story" ("Historia de una Sobreviviente"), un video documental y de capacitación basado en su experiencia personal con la violencia.

El libro de sus memorias, *The Sum of My Parts,* fue publicado por New Harbinger Publications en octubre de 2011. Se tradujo al japonés en 2017, al chino en 2018 y recientemente al español.

Olga es una de las pocas personas en los Estados Unidos que habla y realiza capacitaciones a nivel internacional sobre el

Trastorno de Identidad Disociativa desde una experiencia vivida y el proceso hacia la sanación.

www.ingramcontent.com/pod-product-compliance
Lightning Source LLC
Chambersburg PA
CBHW020352080526
44584CB00014B/988